教育部人文社会科学重点研究基地
复旦大学美国研究中心

中美关系战略报告
2022 年
Strategic Report on
Sino–U.S. Relations in 2022

吴心伯◎主编

| 动荡与冲突的中美关系 | 2022 年的中美经贸关系 | 美台关系的升级与中美台海博弈 | 拜登政府"印太战略"态势与走向再分析 |

世界知识出版社

前　言

2022年，是中美关系经历动荡与冲突的一年，拜登政府竭力推进遏制打压中国的政策，中国则顽强展开对美博弈，中美关系呈现某些新的特点。《中美关系战略报告 2022年》总结了2022年中美关系演变的态势和特点，剖析了中美经贸关系的发展趋势，分析了美台关系的走势与中美台海博弈，考察了拜登政府印太战略的实施状况。

参加本年度报告编写的人员及分工情况如下：第一章，吴心伯（复旦大学美国研究中心教授、主任）；第二章，宋国友（复旦大学美国研究中心教授、副主任）；第三章，信强（复旦大学美国研究中心教授、副主任）；第四章，韦宗友（复旦大学美国研究中心教授）；大事记，潘亚玲（云南大学国际关系研究院副研究员）。

复旦大学美国研究中心从2013年起组织编写《中美关系战略报告》，用这种方式记录中美关系的发展历程。这项工作得到校内外专家的支持，出版后得到学术界同行的肯定，这鼓励我们把这项有意义的工作继续下去，并不断完善。本书的大事记参考了中外相关网站的内容，特此致谢。我们期待着读者对《中美关系战略报告 2022年》的批评与建议。

吴心伯

2023 年 3 月 21 日

目　录

主　题　报　告

大 事 记

主题报告

第 一 章
动荡与冲突的中美关系

吴心伯

2022年以来的中美关系，摩擦不断、持续紧张，并因台湾问题而爆发严重危机。与执政第一年相比，拜登政府在执政第二年里处理对华关系思路更明确，行动更聚焦，手段更凶狠。中国保持战略定力，顽强应对美方的遏制打压，坚定反击美方的各种挑衅，加强对美国对华政策的引导与塑造。在中美各自战略和双边关系的基本格局难以发生重大变化的情况下，两国都有意加强对双边关系的管理，增加接触与对话，提升可预测性，避免严重冲突，并寻求在一定程度上开展务实合作。2022年11月，习近平主席与拜登总统的首次线下会晤取得了积极成果，落实两国元首达成的共识成为2023年双方互动的核心课题，其中探索中美战略博弈的边界将是新一年中美双方重要的共同任务。

一、2022年中美关系的特点

拜登政府执政第一年的外交政策重点是重振盟友关系，对华政策尚处于构想、探索和形成过程中。2022年，随着《美国国家安全战略》报告、"美国印太战略"报告的发布，以及国务卿布林肯发表对华政策演讲、商务部长雷蒙多就美国对华经贸关系发表演讲，[①] 拜登政府对华政策脉络更加明晰，政策行为风格更鲜明。中方在2021年与拜登政府打交道的基础上，形成了更加明确的对美政策思路，对美博弈更加坚定有力。此外，第三方因素也更加直接地作用于中美关系。总体来看，2022年的中美关系呈现出以下主要特点。

第一，美国强化对华遏制打压。拜登政府对华基本判断是，中国对美国构成"最重大的地缘政治挑战"，中国是美国唯一既有意图，也越来越具有经济、外交、军事和技术力量来重塑国际秩序的竞争对手，未来十年的中美博弈将是决定性的。[②] 基于这一认知，拜登政府以战略竞争的名义对华实施外交围堵、经济施压、技术封锁和军事威慑等措施，其中最突出的是推进美

---

① The White House, "National Security Strategy," November 2022, accessed February 5, 2023, https://www.whitehouse.gov/wp-content/uploads/2022/11/8-November-Combined-PDF-for-Upload.pdf; The White House, "Indo-Pacific Strategy of the United States," February 2022, accessed February 5, 2023, https://www.whitehouse.gov/wp-content/uploads/2022/02/U.S.-Indo-Pacific-Strategy.pdf; Anthony J. Blinken, "The Administration's Approach to the People's Republic of China," U.S. Department of State, May 26, 2022, accessed February 5, 2023, https://www.state.gov/the-administrations-approach-to-the-peoples-republic-of-china/; Gina M. Raimondo, "Remarks by U.S. Secretary of Commerce Gina Raimondo on the U.S. Competitiveness and the China Challenge," U.S. Department of Commerce, November 30, 2022, accessed February 5, 2023, https://www.commerce.gov/news/speeches/2022/11/remarks-us-secretary-commerce-gina-raimondo-us-competitiveness-and-china.

② The White House, "National Security Strategy," November 2022, accessed February 5, 2023, https://www.whitehouse.gov/wp-content/uploads/2022/11/8-November-Combined-PDF-for-Upload.pdf.

国"印太战略"和在半导体领域的对华脱钩断供。

拜登政府认为,"印太"地区是中美战略竞争的首要之地,因此积极实施以中国为主要目标的"印太战略"。2022年2月,拜登政府发布了《美国印太战略》报告,提出了美国"印太战略"的目标和行动方案。[①]5月,拜登在东京宣布启动"印太经济框架",企图借此将"印太"地区国家纳入美国的经济轨道,抵消中国在该地区经贸领域日益增强的影响力,削弱中国推动的"一带一路"倡议的效果。美日印澳四国安全合作不断推进,其中,美日澳三国聚焦台海的军事合作显著增强。外交上,拜登政府加大了拉拢东南亚和南太平洋岛国的力度,将美国—东盟关系从"战略伙伴关系"升级为"全面战略伙伴关系",联手日本、英国、澳大利亚和新西兰打造"蓝色太平洋伙伴关系",并召开首届"美国—太平洋岛国"峰会,发布首个"太平洋伙伴战略"等。

美国强化对华遏制打压的另一抓手是在科技领域。拜登政府认为,维持对华科技优势是美国在对华战略竞争中保持经济和军事优势的关键。白宫国家安全委员会顾问沙利文称,未来十年至关重要的科技包括与计算相关的技术(例如微电子、量子信息系统、人工智能)、生物技术与生物制造、新能源技术

---

① The White House, "Indo-Pacific Strategy of the United States," February 2022, accessed February 5, 2023, https://www.whitehouse.gov/wp-content/uploads/2022/02/U.S.-Indo-Pacific-Strategy.pdf.

等。[①] 2022年美国对华科技打压的重点是半导体领域。10月7日，美国商务部工业与安全局正式宣布对华芯片出口管制新规定，全面限制全球半导体企业对华出售任何超级计算、人工智能、量子计算芯片，该禁令还包括生产设备、技术、关键材料、开发工具软件、服务与人才等。这是迄今为止美国对华半导体产业最全面、最严厉的遏制政策。11月25日，美国联邦通信委员会以威胁"国家安全"为由，全面禁止华为公司等5家中国企业在美销售新的设备。12月中旬，美国又扩大对中国芯片产业的打击范围，将中国存储器芯片制造商长江存储科技控股有限责任公司等36家科技公司列入贸易黑名单。除了这些出口管制和市场封锁措施外，拜登政府还指示美国外国投资委员会进一步加强对外资的安全审查力度，防止美国对华投资导致相关技术外流。此外，美国还竭力向日本、荷兰等国施压，要其配合美国对华半导体产业的打压，日、荷两国也不得不对美国的施压作出让步。美国也在推动组建包括美国、日本、韩国和中国台湾在内的"芯片四方同盟"，以实现高端芯片产业链对华脱钩。值得注意的是，拜登政府对华科技封锁与打压越来越受到安全因素的驱动，这使得中美"技术冷战"的氛围越来越浓厚。

第二，中美在台湾问题上的对抗加剧。拜登政府从中美地缘政治竞争和科技竞争的角度看待美国在台湾问题上的重大利

---

① The White House, "Remarks by National Security Advisor Jake Sullivan at the Special Competitive Studies Project Global Emerging Technologies Summit," September 16, 2022, accessed February 1, 2023, https://www.whitehouse.gov/briefing-room/speeches-remarks/2022/09/16/remarks-by-national-security-advisor-jake-sullivan-at-the-special-competitive-studies-project-global-emerging-technologies-summit/.

益，中国则坚定反对外部势力干涉和"台独"分裂活动，积极谋求把握两岸关系的主导权和主动权，中美在台湾问题上的交锋越来越激烈。在执政的第一年，拜登政府即谋求提升在台海的对华威慑。① 乌克兰危机爆发后，美国加大了介入台湾问题的力度，一是提升对中国台湾地区的支持，二是强化对华威慑。一方面，华盛顿通过向台北派出高层级代表团传递安抚信号，同中国台湾地区开展"战略对话"讨论美台军事合作，向中国台湾地区出售更多的武器装备，为中国台湾地区武装力量提供训练支持，密切美台经济联系，与中国台湾地区开展"21世纪贸易倡议"谈判，推动台积电赴美建厂，等等。另一方面，美国积极加强在西太平洋的军事部署和存在，拉拢盟友介入台湾问题，谋求提升中国台湾地区的所谓"国际空间"，力推台湾问题的国际化。作为美国亲台势力大本营的美国国会在台湾问题上也动作不断。2022年，数十名美国参众议员接连访台以显示对中国台湾地区的支持，其中众议院议长佩洛西在8月初窜访中国台湾地区，是25年来美国访台最高级别官员。中方为反击美方这一严重挑衅，对佩洛西及其直系亲属实施制裁，对美采取8项反制措施，在台海举行大规模军事演习。

美国参议院外委会通过"2022台湾政策法案"，要取消美台官方交往限制，将"台北经济文化代表处"更名为"台湾代表处"，赋予中国台湾地区"主要非北约盟友"身份，在未来四年内向中国台湾地区提供65亿美元的安全援助等，这一法案等

---

① 吴心伯：《塑造中美战略竞争的新常态》，《国际问题研究》2022年第2期，第39页。

同于正式恢复美台官方关系和《美台共同防御条约》，颠覆美国一个中国政策框架，掏空中美建交的政治基础。虽然在中方强烈反对下该法案最终未能被参众两院通过，但国会在12月通过的《2023财年国防授权法案》要求美国国务院在未来五年向中国台湾地区提供总额100亿美元的军事援助和20亿美元的军事融资直接贷款，并呼吁邀请中国台湾地区参加2024年的环太平洋军演。

在美国行政、立法部门的联手推动下，美国对台政策的挑衅性和冒险性大幅上升。中方则加大反制力度，大幅提升中国人民解放军舰机在台海的活动，并加强对台湾海峡的管控。[①] 中美在台湾问题上的对抗呈加剧之势。

第三，美国利用乌克兰危机加大对华压力。2022年2月爆发的乌克兰危机是冷战结束后在欧洲大陆发生的最大规模军事冲突，它不仅关系到北约东扩和欧洲安全结构的前景，也关系到世界战略格局的走向。面对乌克兰危机，拜登政府要全力以赴对付俄罗斯，又要继续推进以中国为主要战略对手的既定战略，试图利用乌克兰危机服务于对华政策目标。俄罗斯对乌克兰发起"特别军事行动"后，美国首先是要求中国站在美国一边谴责俄罗斯，支持对俄实施国际制裁，在未能得逞后，华盛

[①] 例如，中国外交部发言人汪文斌在2022年6月13日的记者会上表示："中国对台湾海峡享有主权、主权权利和管辖权，同时也尊重其他国家在相关海域的合法权利。此外，国际海洋法上根本没有'国际水域'一说。有关国家声称台湾海峡是'国际水域'，意在为其操弄涉台问题、威胁中国主权安全制造借口。中方对此坚决反对。"《2022年6月13日外交部发言人汪文斌主持例行记者会》，外交部网站，2022年6月13日，https://www.mfa.gov.cn/web/fyrbt_673021/jzhsl_673025/202206/t20220613_10702387.shtml，访问日期：2023年2月2日。

顿诬蔑中方事先知晓俄罗斯对乌克兰采取"特别军事行动"的计划，指责中方在2月份普京访华期间与俄方达成的一系列合作协议是在为俄罗斯提供支持。在美国及其盟友不断强化对俄制裁以及乌克兰危机呈现出持久战态势后，美国施压中国不得帮助俄罗斯规避制裁，不得向俄提供军事支持。与此同时，美国通过宣扬"中俄轴心"挑战"自由国际秩序"的歪曲叙事，贬损中国的国际形象，离间其欧洲盟友与中国的关系，推动北约更多地关注所谓来自中国的挑战，呼应美国的"印太战略"。在2022年6月举行的北约马德里峰会出台了新的战略概念文件，文件首次提及中国，强调中国对北约的价值观、利益和安全造成了挑战，并对中国国防建设、经济政策、技术发展等领域多加指责，峰会还首次邀请了日本、韩国等亚太国家领导人参会。显而易见，一方面，在乌克兰危机的背景下，华盛顿竭力推动北约效力于美国对华战略博弈。另一方面，乌克兰危机也在一定程度上牵制了美国"印太战略"的实施，使其不得不把更多的精力和资源投向欧洲。

第四，中美沟通与交往的增加。拜登执政第一年，外交重点在于修复与盟友的关系，在对华关系上，为显示其对华强硬姿态和摒弃接触政策的决心，对中国采取冷淡态度，中美沟通交往有限。执政第二年，拜登政府越来越意识到加强对华沟通交往的重要性。在美方的邀请下，习近平主席与拜登总统2次通话、1次会晤。2022年11月，中美两国元首在出席巴厘岛20国集团峰会期间举行了拜登执政以来的首次线下会晤，双方就中美关系中的战略性问题以及重大全球和地区问题深入交换了看法。这次会晤有助于改善双边关系气氛，推动两国开展外交、经贸领域的高层对话，开展在一些具体领域的务实合作。①
其他高层互动包括：中央外办主任杨洁篪与美国总统国家安全
事务顾问沙利文会晤2次、通话1次，国务委员兼外交部长王
毅与美国国务卿布林肯会晤2次、通话5次，国防部长魏凤和与
美国国防部长奥斯汀（Lloyd Austin）通话1次、会晤2次，中
央军委委员、军委联合参谋部参谋长李作成与美军参联会主席
米莱（Mark Milley）通话1次，央行行长易纲与美国财政部长
耶伦（Janet L. Yellen）、商务部长王文涛与美国贸易代表戴琪
（Katherine Tai）各举行了1次会晤。与2021年相比，2022年中
美外交团队的沟通交往显著增加，两国经贸团队和军方高层也
首次实现了线下会晤。根据中美元首巴厘岛会晤达成的共识，
美国国务卿布林肯计划在2023年访华，这是拜登政府执政两年
后首次计划派国务卿访华。②

二、拜登政府多维度推进对华战略

继2021年提出以竞争为主、兼顾必要的对抗与可能的合作
这一对华政策方针之后，拜登政府在2022年进一步推出了包括
"投资、联盟、竞争"三部分内容的对华战略，其要旨就是增强

---

① 《习近平同美国总统拜登在巴厘岛举行会晤》，2022年11月14日，外交部网
站，https://www.fmprc.gov.cn/web/zyxw/202211/t20221114_10974651.shtm，访问日期：
2023年2月3日。

② 布林肯原定于2023年2月5—6日访华，后因发生中国气象飞艇因不可抗力
进入美国空域事件，美方以"气氛不合适"为由推迟了布林肯访华。

国内实力、对外加强与盟友合作、对华强化竞争。[①]拜登政府基于这一思路实施对华战略，既有收获，更有挫折。

在国内层面，拜登政府对华战略推进较为顺畅。首先，美国民主、共和两党在对华问题上形成了高度的政治共识，行政当局与国会亦同频共振。其次，拜登政府强化美国实力的一些举措也取得进展。旨在重振美国半导体产业的《芯片与科学法案》以及支持电动汽车、关键矿物、清洁能源及发电设施的生产和投资的《通胀削减法案》先后落地。于2021年11月生效的《基础设施投资和就业法案》在实施的第一年里，已投入1850亿美元资金，启动了6900个项目，其中包括2800个桥梁修复和更换项目。[②]最后，继续为长期对华战略竞争提供制度支持。

美国国务院成立"中国事务协调办公室"，在人员配备、层级和资源上都大大超过之前处理对华事务的"中国和蒙古事务处"，以便为美国对华政策和战略的实施提供人员、工具、资源保障。国务院还设立了"关键与新兴技术特使办公室"，以协助制定和协调关键和新兴技术外交政策，并与美国的盟友开展合作，该特使办公室无疑是美国开展对华"技术冷战"的重要工

---

① Anthony J. Blinken, "The Administration's Approach to the People's Republic of China," U.S. Department of State, May 26, 2022, accessed February 5, 2023, https://www.state.gov/the-administrations-approach-to-the-peoples-republic-of-china/.

② The White House, "Fact Sheet: One Year into Implementation of Bipartisan Infrastructure Law, Biden-Harris Administration Celebrates Major Progress in Building a Better America," November 15, 2022, accessed February 5, 2023, https://www.whitehouse.gov/briefing-room/statements-releases/2022/11/15/fact-sheet-one-year-into-implementation-of-bipartisan-infrastructure-law-biden-%e2%81%a0harris-administration-celebrates-major-progress-in-building-a-better-america/.

具。国家安全局设立专注对华情报活动的"中国战略中心"及"中国事务小组",加强对华情报工作。2023年1月,共和党控制的新一届众议院决定设立"美中战略竞争特别委员会",针对中国经济、技术和安全发展及其与美国的竞争情况提交政策建议,以应对所谓中国对美国构成的"多方面威胁"。

在与盟友的合作方面,拜登政府竭力打造三大"遏华联盟"。一是"经济联盟",包括七国集团成员、"印太经济框架"参加国以及中国台湾地区,目的是要阻碍中国的技术发展,减少对华投资,限制中国海外投资,在重要产业链上去中国化。2022年,对中国的技术封锁大幅收紧,这突出表现在半导体芯片领域;对中国境外投资的限制不断加大,同时也在积极酝酿限制美国企业对华高技术投资;在重要产业链去中国化方面正在加紧布局,例如,美印双方于2023年1月宣布正式启动"关键和新兴科技倡议",将重点推进在半导体、量子科技、国防制造、航空航天等高新科技领域的合作。此举是为了将某些关键零部件的制造业务从中国转移到印度。二是"外交联盟",成员包括美国的盟友和重要伙伴,目的是要抑制中国的国际影响力,阻止中国通过国际机制促进自身的国家利益。"外交联盟"的核心是"新八国集团"(七国集团加澳大利亚)。七国集团的议程越来越聚焦中国,"新八国集团"加强在对华问题上的协调,在涉疆、涉港、涉台等问题上竭力对华施压,同时联手对抗中国的共建"一带一路"倡议,在国际机制下共同牵制中国。三是"安全联盟",成员包括美国在亚太地区的盟友与伙伴以及北约,目的是在台海、南海和东海加强对华军事威慑。"安全联盟"的核心是美日澳三边合作,三国积极加强政策协调和联合军事行动,以打造在台湾问题上对华威慑的"三国轴心"。北约也加大了对亚太地区的关注,一些北约成员企图干预台海、南海事务。

在双边层面,拜登政府主要着眼于获取对华竞争优势,争取中方在美方关切的问题上给予合作,以及管控风险。为了在经济和地缘政治竞争中胜过中国,美国对华科技打压的冲动加剧,实施前所未有的对华科技打压措施,继续维持特朗普执政时期对华加征关税,在台湾问题上的焦虑感上升,不断提升在西太平洋对华军事威慑水平。为了争取中方在美方关切的一系列问题上,如应对气候变化、公共卫生、粮食安全、乌克兰危机、朝鲜半岛问题、宏观经济协调等领域的合作,美方加大了与中方的接触力度。在中美元首巴厘岛会晤中,双方同意在公共卫生、农业和粮食安全等领域开展合作。在不断加剧对华遏制打压的同时,美方又表示要管控分歧,避免和防止由于误解误判或激烈竞争演变成对抗甚至冲突。[①] 中美两军高层在会晤和通话中也都强调要管控风险危机,并就海空安全问题交换了意见。[②] 双方还同意安排中美两军战区领导通话、举行中美国防部工作会晤以及中美海上军事安全磋商机制会议。但是,由于佩洛西窜访中国台湾地区严重冲击中美关系,导致这些两军交流活动未能实现。

---

① 《习近平同美国总统拜登在巴厘岛举行会晤》,2022年11月14日,外交部网站,https://www.fmprc.gov.cn/web/zyxw/202211/t20221114_10974651.shtm,访问日期:2023年2月3日。

② 《魏凤和同美国国防部长通电话》,中央人民政府网站,2022年4月20日,http://www.gov.cn/xinwen/2022-04/20/content_5686326.htm;《李作成与美军参联会主席米莱视频通话》,国防部网站,2022年7月8日,http://www.mod.gov.cn/topnews/2022-07-08/content_4915002.htm,访问日期:2023年2月8日。

拜登政府对华战略与政策在实践中面临一系列的问题。第一，美国视中国为最严峻的地缘政治挑战和最主要的竞争对手，以竞争的名义实施对华遏制打压政策，但中国又是世界经济的重要组成部分，对美国经济的稳定与发展至关重要，美国在处理气候变化、公共卫生等跨国挑战方面也离不开与中国的合作。如何处理这两者之间的张力是美国对华战略与政策的最大挑战。第二，美国基于所谓经济和安全考虑，对华实施贸易保护、科技封锁、投资限制、产业链脱钩等措施，在打击中国的同时，也使美国自身付出巨大代价，引起美国工商界和科技界的不满与反对。① 第三，美国在经贸、科技、外交、军事等领域全方位实施对华遏制打压，不断强化对华军事威慑，推升两国和两军间的敌意与对抗，同时美方又表示"不寻求冲突或新

---

① 例如，美国史带投资集团董事长、美中关系全国委员会副主席莫里斯·格林伯格（Maurice R. Greenberg）于2022年7月在《华尔街日报》发表评论文章呼吁重建美中关系。他在文章中指出，中美经贸联系给两国带来巨大经济利益，美中事态恶化已经破坏世界上最重要的双边关系，尽可能改善美中关系比以往任何时候都更符合美国的国家利益。格林伯格宣布成立一个由美国资深商业和政策人士组成的小组，推动中美关系改善。该小组的创始成员包括美中贸易全国委员会会长克雷格·艾伦（Craig Allen）、前美国商会主席兼首席执行官托马斯·多诺霍（Thomas Donohue）、泛大西洋投资集团董事长兼首席执行官威廉·福特（William Ford）、威达信总裁兼首席执行官丹·格雷泽（Dan Glaser）等。Maurice R. Greenberg, "We Want to Rebuild U.S. Relations with China," *The Wall Street Journal*, July 6, 2022, accessed February 5, 2023, https://www.wsj.com/articles/we-want-to-rebuild-us-china-relations-trade-business-economic-growth-antony-blinken-foreign-policy-11657141306?mod=article_inline.

的冷战"，要管控风险和危机，[①] 这在现实中是不可能的任务。实际上，美国对华战略正在导致中美之间的冷战气氛越来越浓、政治互信越来越低、对抗的风险越来越大。第四，由于美国国内在对华问题上的政治气氛极端消极、非理性，两党都竞相打"中国牌"，国会在涉华问题上表现得空前活跃而强硬，加之拜登政府处理国内政治的能力较弱，从而严重制约了其所声称的"负责任地管理竞争"的努力。例如，2022年7月28日，中美元首通话并就双边关系发展达成一些重要共识，然而3天之后，佩洛西就窜访中国台湾地区，给中美关系带来严重冲击。第五，拜登政府为阻挠中国力量的增长和塑造中国的外部环境，积极拉拢盟友和其他国家随美国起舞，然而，美国通过贸易战、科技战等方式打压中国，破坏了国际经贸规则，严重扰乱了全球产业链与供应链稳定；其"印太战略"过分依赖安全手段，加剧对华军事对抗，升高地区紧张局势；美国经贸政策中的保护主义倾向越来越突出，侵蚀着许多国家包括其盟友的经济利益。这些因素都影响了其他国家配合美国对华战略的意愿。

三、中国稳健开展对美博弈

2022年，中国对美博弈延续了上一年的风格，一是坚决斗争，二是积极引导美国对华政策，三是善于调动第三方因素。

2022年，美国不断在台湾问题上挑战中国利益，中方坚决

① Anthony J. Blinken, "The Administration's Approach to the People's Republic of China," U.S. Department of State, May 26, 2022, accessed February 5, 2023, https://www.state.gov/the-administrations-approach-to-the-peoples-republic-of-china/.

对美开展外交和军事斗争。在美众议院议长佩洛西窜访中国台湾地区后，中方出台一系列重大反制措施。一是对佩洛西及其直系亲属实施制裁。二是对美采取8项反制措施：取消安排中美两军战区领导通话；取消中美国防部工作会晤；取消中美海上军事安全磋商机制会议；暂停中美非法移民遣返合作；暂停中美刑事司法协助合作；暂停中美打击跨国犯罪合作；暂停中美禁毒合作；暂停中美气候变化商谈。① 这些反制措施使拜登政府对华外交严重受挫。三是在台海举行大规模军事演习。8月4—10日，解放军东部战区在台湾岛周围六个区域组织海空实弹演习。军演展示了中国捍卫国家主权和领土完整的坚强意志和强大实力，打击了岛内"台独"分裂势力，对美国在台湾问题上的挑衅和冒险行为发出了严重的警告与吓阻。

2022年，中方在网络安全问题上也针对美方的无理举措开展了有力的斗争。美国长期以来在网络安全问题上不断指责中国，而中方由于技术能力的限制，难以发现美国对我国的网络监视、窃密行为并掌握确切证据。2022年3月，360数字安全集团（以下简称"360公司"）发布报告，公开披露美国国家安全局（NSA）为达到美国政府情报收集目的，针对全球发起大规模网络攻击，其中我国是美国国家安全局组织的重点攻击目标之一。360公司还首次对外界完全披露美国国家安全局针对中国境内目标所使用的代表性网络武器——量子攻击平台的技术特点，同时证明美国的网络攻击属于无差别攻击，可以劫持全世

---

① 《外交部宣布针对佩洛西窜台反制措施》，外交部网站，2022年8月5日，https://www.mfa.gov.cn/web/gjhdq_676201/gj_676203/bmz_679954/1206_680528/xgxw_680534/202208/t20220805_10735604.shtm，访问日期：2023年2月13日。

界任意地区任意上网用户的正常网页浏览流量。9月，中国国家计算机病毒应急处理中心和360公司发布美国国家安全局下属部门对中国西北工业大学实施网络攻击的调查报告，报告显示，美方先后使用41种专用网络攻击武器装备，对西北工业大学发起攻击窃密行动上千次，窃取了一批核心技术数据。美方还长期对中国的手机用户进行无差别语音监听，非法窃取手机用户的短信内容，并对其进行无线定位。中方强烈谴责美方严重危害中国国家安全和公民个人信息安全的行径，要求美方作出解释并立即停止不法行为。外交部美大司司长杨涛就美国对我西北工业大学实施网络攻击窃密向美国驻华使馆提出严正交涉，强调"美方行径严重侵犯中国有关机构的技术秘密，严重危害中国关键基础设施、机构和个人信息安全，必须立即停止"。[1]在网络安全领域的对美斗争，有利于改变中美在这一领域的博弈态势，也向世界揭露了美国在网络空间的种种不法行为。

对美斗争也越来越多地在多边机制中展开。一是在国际经贸领域。2022年12月14日，在世界贸易组织举行的美国贸易政策审查会议上，中国代表李成钢对美国的一系列政策和做法提出批评，称美国是"多边贸易体制的破坏者""单边主义霸凌行

---

[1] 《2022年3月24日外交部发言人汪文斌主持例行记者会》，外交部网站，2022年3月24日，https://www.fmprc.gov.cn/web/fyrbt_673021/jzhsl_673025/202203/t20220324_10655050.shtml；《2022年9月5日外交部发言人毛宁主持例行记者会》，外交部网站，2022年9月5日，https://www.fmprc.gov.cn/web/fyrbt_673021/jzhsl_673025/202209/t20220905_10762291.shtml；《外交部美大司司长杨涛就美国对我高校实施网络攻击窃密向美方提出严正交涉》，外交部网站，2022年9月11日，https://www.mfa.gov.cn/web/gjhdq_676201/gj_676203/bmz_679954/1206_680528/xgxw_680534/202209/t20220911_10765059.shtml。访问日期：2023年2月14日。

径实施者""产业政策双重标准操纵者""全球产业链供应链扰乱者"。① 在这次会议上，来自欧盟、加拿大、土耳其、俄罗斯等国的代表也对美国提出了批评。2023年1月27日，在世界贸易组织争端解决机构的会议上，李成钢再次谴责美国是"单边主义霸凌行径实施者、多边贸易体制的破坏者和全球产业链供应链扰乱者"。② 此外，针对美国在2022年10月实施的对华半导体出口管制措施，中国在世界贸易组织对美提起诉讼。二是在国际安全领域。2022年9月，国际原子能机构第66届大会审议美英澳三国核潜艇合作问题，美英澳三国强行推动在有关决议中写入修正案，意图为三国核潜艇合作谋求"合法化"。中方据理力争，打掉了三国的修正案，促使机构预算决议中成功写入"机构预算的使用需符合《规约》所有相关条款，重申这些条款有效性和完整性"的修正案，获得协商一致通过。美英澳三国旨在为三国核潜艇合作谋求"合法化"的企图未能得逞。③ 中国在多边机制中的对美斗争中，丰富了对美博弈手段，体现了中国作为国际机制和规则维护者的形象，更凸显了美国对国际秩序的破坏与侵蚀，削弱了美国的国际道义地位。

---

① 《李成钢大使在世贸组织对美国第十五次贸易政策审议会议上的发言》，商务部网站，2022年12月14日，http://wto.mofcom.gov.cn/article/hyfy/202212/20221203373784.shtml，访问日期：2023年2月14日。

② 青木、倪浩、任重：《美向世贸组织施压，中方对贸易霸凌说不，中美代表日内瓦激烈交锋》，环球网，2023年1月29日，https://world.huanqiu.com/article/4BTdib9yZGr，访问日期：2023年2月14日。

③ 《三国行径合法化企图无法得逞，机构政府间审议进程不可阻挡》，常驻维也纳联合国和其他国际组织代表团网站，2022年10月1日，http://vienna.china-mission.gov.cn/dbthd/202210/t20221001_10776268.htm，访问日期：2023年2月14日。

　　在与美方进行坚决斗争的同时，中方也积极引导美国对华政策。习近平主席在与拜登总统的每次通话和会晤中，都围绕中方关切的问题同对方坦诚、深入地沟通。在2022年3月18日的视频通话中，习近平主席强调美方要落实两国元首达成的共识，要兑现拜登关于对华关系的积极表态。在7月28日的通话中，习近平主席重点阐述了中方在台湾问题上的原则立场，要求美方言行一致，恪守一个中国原则，履行中美三个联合公报。在11月14日的会晤中，习近平主席系统阐述了台湾问题的由来以及中方原则立场，强调台湾问题是中国核心利益中的核心，是中美关系政治基础中的基础，是中美关系第一条不可逾越的红线，要求美方将拜登关于不支持"台独"、无意将台湾问题作为谋求对华竞争优势或遏制中国的工具的承诺落到实处。[①] 除了元首外交外，中方也通过其他高层交往引导美国对华政策走向。例如，在两军高层交往中，中方重点强调台湾问题的敏感性。[②]

———————————

[①] 《习近平同美国总统拜登在巴厘岛举行会晤》，外交部网站，2022年11月14日，https://www.mfa.gov.cn/web/zyxw/202211/t20221114_10974651.shtml；《习近平同美国总统拜登视频通话》，外交部网站，2022年3月18日，https://www.fmprc.gov.cn/web/gjhdq_676201/gj_676203/bmz_679954/1206_680528/xgxw_680534/202203/t20220319_10653187.shtml；《习近平同美国总统拜登通电话》，外交部网站，2022年7月29日，https://www.fmprc.gov.cn/web/gjhdq_676201/gj_676203/bmz_679954/1206_680528/xgxw_680534/202207/t20220729_10729582.shtml。访问日期：2023年2月15日。

[②] 《魏凤和同美国国防部长通电话》，中央人民政府网站，2022年4月20日，http://www.gov.cn/guowuyuan/2022-04/20/content_5686326.htm；《魏凤和与美国国防部长奥斯汀举行会谈》，中央人民政府网站，2022年6月10日，http://www.gov.cn/guowuyuan/2022-06/10/content_5695178.htm；《李作成与美军参联会主席米莱视频通话》，国防部网站，2022年7月8日，http://www.mod.gov.cn/gfbw/qwfb/4915002.html；《魏凤和与美国国防部长会谈》，中央人民政府网站，2022年11月22日，http://www.gov.cn/xinwen/2022-11/22/content_5728253.htm。访问日期：2023年2月15日。

在7月9日王毅国务委员兼外长与布林肯的会晤中，中方向美方提出四份清单：要求美纠正错误对华政策和言行的清单、中方关切的重点个案清单、中方重点关切的涉华法案清单、中美八个领域合作清单，[①] 既敦促美方解决中方的重要关切，又引导两国关系朝着增加合作的方向发展。在为两国元首首次线下会晤的筹备工作中，中方积极推动确立中美关系指导原则，并主张双方应坚持相互尊重、和平共处、合作共赢。中方强调，"有了原则，才有方向，有了方向，才能妥处分歧、拓展合作"。[②]

面对中方引导两国关系健康稳定发展的努力，美方的反应虚多实少。虽然2021年9月成立的中美联合工作组在解决双边关系中的一些具体问题上取得了一些进展，但美方在对华关系上总体缺乏积极和建设性的姿态。拜登政府似乎满足于以空洞的承诺和表态来应付中国。例如，在2022年3月18日中美元首通话中，拜登重申美国不寻求同中国打"新冷战"，不寻求改变中国体制，不寻求通过强化同盟关系反对中国，不支持"台独"，无意同中国发生冲突。[③] 在11月14日的巴厘岛会晤中，拜登除了重申上述承诺外，还表示美方无意寻求同中国"脱钩"，

---

① 《王毅同美国国务卿布林肯举行会晤》，外交部网站，2022年7月9日，https://www.mfa.gov.cn/web/gjhdq_676201/gj_676203/bmz_679954/1206_680528/xgxw_680534/202207/t20220709_10717967.shtml，访问日期：2023年2月15日。

② 《王毅就中美元首会晤向媒体介绍情况并答问》，外交部网站，2022年11月15日，https://www.mfa.gov.cn/web/gjhdq_676201/gj_676203/bmz_679954/1206_680528/xgxw_680534/202211/t20221115_10975081.shtml，访问日期：2023年2月15日。

③ 《习近平同美国总统拜登视频通话》，外交部网站，2022年3月18日，https://www.fmprc.gov.cn/web/gjhdq_676201/gj_676203/bmz_679954/1206_680528/xgxw_680534/202203/t20220319_10653187.shtml，访问日期：2023年2月15日。

无意阻挠中国经济发展，无意围堵中国。[①] 然而，征诸美国对华政策的实际，可以看出拜登的表态纯属口是心非。由于美国对华战略基调已定，美国国内存在着强大而活跃的对华强硬势力，而拜登政府在对华问题上应对国内政治挑战的能力较弱，因此美方缺乏意愿和能力与中方相向而行，无法以实际行动推进双边关系的改善。

2022年，中国在对美博弈中继续调动第三方因素。尽管发生了乌克兰危机，中俄关系仍然保持了平稳发展的态势，两国高层交往密切，两军合作继续推进，两国经贸关系创新高。在中方的努力下，中欧关系在波动中趋稳向好。德国总理朔尔茨在中共二十大后访华，传递了德国在经济上不与中国"脱钩"、在政治上与中国保持接触的重要信号。欧盟理事会主席米歇尔在中国之行中，表达了要深化欧中各领域互利合作的意愿。2022年12月习近平主席对沙特的访问提升了两国在各领域的合作水平。2023年2月伊朗总统莱希的中国之行推动落实中伊全面合作计划，深化中伊全面战略伙伴关系。2022年澳大利亚工党政府执政后，中澳关系出现改善契机，经过双方共同努力，两国关系有望重回正轨。在美国实施全面对华打压政策的大背景下，中方积极调动第三方因素，有利维护国际战略格局的稳定，拓展中国对外政治、经济、安全合作空间，提升中国的国际影响力，有效抵制美国的战略压力。

---

① 《习近平同美国总统拜登在巴厘岛举行会晤》，外交部网站，2022年11月14日，https://www.mfa.gov.cn/web/zyxw/202211/t20221114_10974651.shtml，访问日期：2023年2月15日。

四、探索中美战略博弈的边界

从特朗普政府到拜登政府，美国以中国为主要战略竞争对手、以遏制打压为对华政策主旨的战略设计在理念上不断强化，在实践中不断深化。针对美国对华战略的重大变化，中国也不断调整对美战略，中美战略博弈愈加激烈。越来越多的国家感受到中美关系变化的压力，在立场选择和利益权衡上面临更大的挑战。

在强化对华战略竞争的思维指导下，美国不断限制在经济、科技、人文交流等领域的对华联系，不断加剧在外交、军事领域与中国的对抗。美国持续推动"脱钩"与对抗，对华施加经济、政治与安全压力，中国坚定而顽强地抵御来自美国的压力，中美关系正面临着巨大的不稳定性、不确定性和走向严重冲突的风险。由于趋势性和结构性因素的作用，期待在可预见的将来显著改善中美关系是不现实的，真正迫切的任务是界定中美战略博弈的边界：在何种程度上"脱钩"，以及在多大程度上对抗。明确这个边界将为管理日趋棘手的中美关系提供有益的框架：它赋予具体问题的处理以分寸感，并增加整体关系的可预测性。

对中美博弈边界的探索主要有两条路径：一是通过对事件与危机的处理总结经验，二是通过政策和战略对话获得启示。一方面，2022年佩洛西窜访中国台湾地区所引起的中美关系与台海局势的紧张，表明在处理双边关系中的重大问题上不能突破底线的重要性。2023年2月美方对中国气象飞艇因不可抗拒力进入美国空域反应过度，给双边关系造成不必要的负面冲击，凸显了在处理意外与偶发事件时保持冷静、在国内压力下行为克制的重要性。此外，评估美国对华贸易战以及技术"脱钩"、封锁的成本与效用，也有助于美方正确认识在对华经贸领域采取单边强制性手段的限度。另一方面，通过持续和高质量的政策与战略对话有助于两国就如何处理这一极端重要而异常复杂的双边关系形成原则共识。这一对话应基于以下基本认知：两国在经贸和人文领域不可能完全"脱钩"；中美战略博弈将是长期的，一方不可能完胜另外一方；两国在众多领域有合作与协调的必要；防止发生重大冲突符合双方的利益；其他国家主要基于自身利益的考虑处理与中美两国的关系，选边站不是多数国家的政策偏好。对话达成的共识将使双方更好地处理两国关系中的竞争与合作、交往与限制、对抗与妥协等。政策与战略对话可以通过多种渠道举行：政府层面的对话问题意识更强，更有实质性；其他多层面和多渠道的对话能带来更大的灵活性；专家学者之间的对话有研究和学理支撑，有助于透过现象看本质。① 鉴于中美关系的复杂性，两国之间常态化地开展多渠道多层次的政策与战略沟通是非常必要的。

---

① 2022年11月在美国纽约举行的中美前政府官员和工商界人士对话，是拜登执政以来中美之间一次重要的政策沟通，有助于增进相互理解。《中国人民外交学会代表团访问美国》，中国人民外交学会网站，2022年11月22日，http://www.cpifa.org/article/2337，访问日期：2023年2月28日。

五、结束语

　　动荡与冲突是当前中美关系的主要特征，是这一关系经历重大结构转型所带来的震荡效应。两国关系告别了以合作共赢为基调的模式，随着战略博弈的激化，它带有越来越多的"冷战"特征，然而又不可能是"冷战"的简单重演。时代条件和两国关系的现实状况决定了中美之间将会形成一种新的更加复杂的关系模式。这种新的关系模式不会自动生成，它需要双方不断地思考和探索，作出共同努力，而这一过程将极大地考验双方的政治魄力、远见与智慧。就当下来说，认识到这一探索的必要性与紧迫性，尽快开启这一进程，至关重要。

第 二 章
2022年的中美经贸关系

宋国友

中美经贸关系总体向前发展，但干扰因素明显增多，发展动力已显不足，部分指标下滑明显。拜登政府在延续特朗普政府对华高关税和"脱钩断链"的基础上，又融入了反映民主党理念的政策工具，着力构建"遏华"经济盟友体系，拓展了对华经贸政策工具箱。中美经贸关系的发展逻辑正在重塑，市场逻辑仍旧发挥重要作用，但战略竞争和国家安全因素凸显。中美经贸关系遭遇新的挑战。虽未滑向经济"冷战"，但中美经贸关系正处于十字路口，经济相互依赖的政治和安全后果并不确定。

一、中美经贸关系发展趋势

总体上，中美经贸关系由于市场力量及其惯性的推动而继续发展，但在美方持续"脱钩"以及限制政策作用下，部分指标上已经呈现见顶下滑的迹象。

在双边贸易方面，根据中国海关总署数据，2022年中美两国货物贸易总额为7594亿美元，其中中国对美出口5818亿美元，自美进口1776亿美元。根据美方统计，两国货物贸易总额为6906亿美元，美国对华出口1538亿美元，自华进口5368亿美元。[①] 无论是根据中方统计，还是美方统计，2022年中美货物贸易额创下历史新高。这是总量情况，但如果依照占比计算，中美双边贸易额在两国对外贸易中的重要性却相对降低。从中美贸易在中国对外贸易的相关指标看，2022年中美货物贸易额、对美出口额和自美进口额的比重相应分别为12.0%、16.2%和6.5%，均低于上一年度比值。美国数据变化大致类似。2022年中美双边货物贸易额、对华出口额和自华进口额占美国相应总指标的比重分别为12.9%、7.4%和16.4%，也均低于上一年度。因此，中美双边贸易额虽然仍在攀升，但从在各自对外贸易的总量看，已经出现缓慢下降的趋势。

在金融方面，中国持有美国国债金额大幅下降，从2021年底的10403亿美元降至2022年底的8671亿美元，减少1732亿美元。[②] 从历史维度看，2022年中国持有美国国债变动情况有三点尤为值得关注。一是2022年的年度降幅是中国加入世界贸易组织以来降幅最大的年份之一，仅次于2016年的降幅。二是2022年中国持有美国国债金额，也是自2010年稳定超过1万亿美元以来，首次跌落万亿美元以内的规模。不仅如此，2022年的持有规模直接冲破9000亿—10000亿美元的区间，快速回落

---

① Bureau of Economic Analysis, "U.S. International Trade in Goods and Services, December and Annual 2022," February 7, 2023, accessed March 21, 2023, https://www.bea.gov/news/2023/us-international-trade-goods-and-services-december-and-annual-2022.

② Department of the Treasury/Federal Reserve Board, "Major Foreign Holders of Treasury Securities," February 15, 2023，accessed March 21, 2023, https://ticdata.treasury.gov/resource-center/data-chart-center/tic/Documents/mfh.txt.

至8000亿—9000亿美元的区间。三是2022年中国持有美国国债占外国政府持有美国国债的比重为11.9%，是2004年以来最低。中国持有美国国债大幅减少，并不是因为中国外汇储备减少而导致。2022年中国外汇储备规模与之前相比，仍较为稳定地保持在3.2万亿美元左右。

中国企业赴美上市融资急剧减少。据统计，2022全年共有12家中国企业赴美上市，募资资金4.03亿美元，同比分别下降了71%和97%。导致中国企业赴美融资急剧下降的重要原因是美国证监会执行国会通过的《外国企业问责法》及其实施细则，要求在美国上市的外国企业遵守美国公众公司会计监督委员会（PCAOB）的审计标准，否则将予以强迫退市。经过磋商，2022年8月，中国财政部、证监会与美国公众公司会计监督委员会达成了审计监管合作协议。美国公众公司会计监督委员会也因此获得了检查和调查中国在美上市企业的全部权限，进而消除了中国企业的退市风险，但这个法案仍给在美上市中国企业带来巨大变数，产生重大不确定性，大大降低了中国企业在美上市的热情。美国资本市场对中国企业的吸引力大幅下降。中国国有企业，已经全部完成从美国股市退市。

中美双边直接投资严重受限。双向流量缓慢下降，最近几年一直在低位徘徊，存量投资也大致维持在之前水平，未有显著增长。美国对华投资政策更为严厉。一方面，美国继续收紧外国对美投资审查。2022年9月，拜登总统发布了一项新的总统行政令，扩展了外国投资审查委员会（CFIUS）在审查国家安全风险交易时考虑的现有因素清单，并明确要求外国投资审查委员会对其审查的交易进行评估时必须对新增国家安全因素作出界定。[①] 这在外国投资审查委员会1975年成立以来属于首次。该行政令本身虽未针对特定国家，但白宫提供的事实清单中专门提到来自"竞争对手或敌对国家"的外国投资者所带来的风险，并详细阐释了未来将加强审查的领域，其中包括半导体、人工智能、生物技术、量子计算和先进清洁能源等技术领域，针对中国意图明显。[②] 另一方面，美国还计划进一步限制美国公司对中国科技企业直接投资。在之前禁止对与中国国防或监控技术部门有关联实体进行投资的行政令的基础上，拜登政府还试图进一步限制美国企业对华投资，要求对美国在中国等"竞争对手国家"的投资进行审查，以避免所谓美国资本和技术"资助"中国发展。尤其是美国对中国高科技企业投资，将是重点审查对象。

---

① The White House, "Executive Order on Ensuring Robust Consideration of Evolving National Security Risks by the Committee on Foreign Investment in the United States," September 15, 2022, accessed March 21, 2023, https://www.whitehouse.gov/briefing-room/presidential-actions/2022/09/15/executive-order-on-ensuring-robust-consideration-of-evolving-national-security-risks-by-the-committee-on-foreign-investment-in-the-united-states/.

② The White House, "Fact Sheet: President Biden Signs Executive Order to Ensure Robust Reviews of Evolving National Security Risks by the Committee on Foreign Investment in the United States," September 15, 2022, accessed March 21, 2023, https://www.whitehouse.gov/briefing-room/statements-releases/2022/09/15/fact-sheet-president-biden-signs-executive-order-to-ensure-robust-reviews-of-evolving-national-security-risks-by-the-committee-on-foreign-investment-in-the-united-states/.

二、美国对华经贸政策

2022年，美国对华经贸政策基本已经成型。

第一，大力推行过去曾经反对的产业政策，实施现代产业战略。拜登总统在其2023年度国情咨文中，明确表示为了与中国竞争，美国要加大投资使自身更为强大，重点是要投资于美国的创新，投资于着眼未来的行业，投资于中国政府打算主导的行业。[①] 事实上，此前拜登政府就已推行产业政策。2021年通过的《美国救援计划》和《两党基础设施法案》包含了大量公共补贴的产业政策内容。2022年8月通过的《2022年芯片与科学法案》（CHIPS法案）和《2022年通胀削减法案》更是提供了巨量的产业补贴。《2022年芯片与科学法案》旨在通过补贴，扩大美国国内芯片生产，扼制中国芯片产业的成长。为鼓励半导体企业在美国内投资，《2022年芯片与科学法案》将在五年内提供总额高达760亿美元的补贴。《2022年芯片与科学法案》还通过设置护栏和贸易倡议，强化对华竞争。该法案明确规定，如果接受了美国政府的补贴，该公司就被禁止未来10年在中国扩大或升级先进芯片产能。这属于典型的"专向性产业补贴"，公开歧视和排除中国，迫使相关企业在中国和美国之间作出选择。《2022年通胀削减法案》则计划投入3690亿美元用于投资补贴清洁能源与气候变化产业，为购买电动车的美国消费者提供税

---

① The White House, "President Biden's State of the Union Address," February 7, 2023, accessed March 21, 2023, https://www.whitehouse.gov/state-of-the-union-2023/.

收抵免。该法案旨在通过补贴提升美国国内电池和电动汽车供应链和制造能力，减少从中国进口电池和电动车。该法案打击中国的要害在于，为了获得税收抵免，消费者所购买的车辆最终组装必须在美国本土或是在与美国签署自由贸易协定的国家进行，且电池中至少有40%的金属原料和矿物要在美国或者与美国签署自由贸易协定的国家开采、提炼。

第二，拜登政府基本上已经把特朗普政府所制定的高关税作为对华经贸关系开展的前提条件，不愿主动放弃这一手段。在2021年和2022年国内严重通货膨胀的背景下，拜登政府内部有数次围绕是否通过降低中国输美产品关税以减轻通胀压力的讨论，但最终仍维持了对华高关税政策。美国贸易代表戴琪作为坚持高关税的官员，强调要从战略高度看待高关税的重要性，而不能仅仅将其作为解决通胀的手段。美国国家安全顾问沙利文也持类似立场。由于内部意见分歧，拜登政府搁置了借减免对华关税以缓解国内通胀压力的方案，只是排除了部分中国产品的惩罚性关税。此外，美国政府还依据2022年6月生效的所谓"维吾尔强迫劳动预防法案"（UFLPA），大范围没收中国输美相关产品，变相提高中国产品出口美国成本。根据这一"法案"，除非得到美国当局的无强迫劳动认证，否则美国海关和边境保护局（CBP）一律需要假定全部或部分在中国新疆地区制造的商品，或由这一"法案"实体清单上的实体参与制造的商品均使用了强迫劳动，并因此进行扣留、排除或者扣押。这其中包括在中国其他地区和其他国家制造或经由运输，但含有新疆因素的货物。棉花、多晶硅、番茄及番茄制品以及铝制品成为美国海关和边境保护局的重点关注货物。据统计，"维吾尔强迫劳动预防法案"生效后的四个月内，美国海关和边境保护局就扣押了电池板、多晶硅电池等1053批光伏设备。受其影响，中国多个相关行业面临一定的冲击，对美出口面临阻碍。

第三，在对华技术限制领域，美国明确了对华从保持相对竞争优势到保持绝对领先优势的理念转变，采取一系列措施打压中国高科技发展。[①] 出口管制是美国限制中国技术进步的核心政策。为提升对华出口管制效果，美国商务部工业与安全局（BIS）2022年以来多次发布公告，推出新政策，扩大管制名单，收紧对华技术限制。一些新内容包括：

一是增加对中国半导体产业发展的技术管制条目。例如，在2022年8月的修改中，把氧化镓、金刚石、特定的计算机辅助软件以及压力增益燃烧技术新列入管制目录。

二是美国商务部工业与安全局突破了原有的以物项为对象的管控模式，在2022年10月的修改中，直接限制"美国人"从事支持中国集成电路开发活动以及半导体制造活动。而且"美国人"定义宽泛，任何美国公民、持有美国绿卡的外国人、位于美国的外国人以及在美国设立公司的法人都在管控范围。

三是在2023年1月的修订中，美国商务部工业与安全局宣

---

① 美国国家安全顾问杰克·沙利文（Jake Sullivan）称，当前的战略环境已经改变，考虑到先进逻辑和存储芯片等基础技术的性质与特点，美国必须放弃之前与竞争对手保持"相对优势"的做法，转而寻求尽可能保持"领先优势"。The White House, "Remarks by National Security Advisor Jake Sullivan at the Special Competitive Studies Project Global Emerging Technologies Summit," September 16, 2022, accessed March 21, 2023, https://www.whitehouse.gov/briefing-room/speeches-remarks/2022/09/16/remarks-by-national-security-advisor-jake-sullivan-at-the-special-competitive-studies-project-global-emerging-technologies-summit/.

布对中国澳门实施与中国大陆和中国香港相同的管制政策。美国紧锣密鼓地推出新的对华技术管制措施，意图加大对中国半导体和人工智能等技术的控制，增强对华竞争的技术优势。

第四，美国通过所谓"民主对抗威权"的叙事，突出价值观的作用，渲染中国对国际经济体系和全球供应链的"威胁"，加快推行"友岸外包"，借此构建对华双边和多边贸易和技术封锁阵营，协调盟友，打造针对中国的盟友经济体系。在"印太"地区，美国加快构建"印太经济框架"（IPEF）。在拜登总统2022年5月份宣布正式启动"印太经济框架"后，美国及其他成员国进行了多轮线上及线下的部长级会晤，推进贸易、供应链、清洁经济和公平经济四大支柱谈判。尽管印度宣布退出"贸易"支柱谈判对美国的"印太经济框架"倡议带来了一定的冲击，但印度作为东道国于2023年2月组织了"印太经济框架"中供应链、清洁经济和公平经济等三个支柱的谈判。"印太经济框架"总体上持续推进。在跨大西洋层面，美国继续借助美欧贸易和技术委员会（TTC）推动双边合作。2022年美欧贸易和技术委员会举行了两次会晤，就劳工权利、供应链韧性、新兴技术、半导体产业链、反对"经济胁迫"以及所谓中国"非市场经济政策与实践"等议题进行协调，针对中国意图更为明显。拜登打造对华技术同盟体系的重点是半导体，为强化对华半导体技术控制，美国积极推动与韩国、日本和中国台湾地区组成所谓"芯片四方联盟"的构想，谋求在瓦森纳机制下不断收紧对华多边半导体出口管制协议。此外，美国还对荷兰和日本不断施加更大压力，胁迫荷兰和日本公司同意限制对华先进制程芯片制造技术和设备。

三、中国对美经贸政策

中国正在加快构建新发展格局，着力推动高质量发展，希望中美经贸关系能够稳定，愿意同美方开展合作，但这是以平等尊重为前提。[①] 对美方基于对华战略竞争所制定的限制性经贸政策，中方必须进行针对性反击。当前，对美经贸斗争而非合作成为中国对美经贸政策的特征。

第一，中国意识到美国正在滥用其在中美相互经济中相互依赖的市场优势和科技优势，压制中国未来发展。因此，要避免在中美经贸关系中陷入被动，被美国所攻击，中国需要不断提升发展的自主性和安全性，减少对美国的市场和技术依赖。这就要求加快科技自主创新，提升中国经济竞争力，增强抵御经济风险的综合能力。在降低对美市场依赖方面，美国在中国对外贸易中的比重近几年稳中有降。与拜登就任前的2020年相比，2022年美国在中国对外货物总出口中的比重下降1.2%。该数值也是中国加入世界贸易组织以来对美市场依赖度最低的年份。在减少对美科技差距、推动科技自立自强方面，2022年中国研发经费投入达30 870亿元，首次突破3万亿元大关，比上年增长10.4%。中国的研发经费投入强度达到2.55%，比上年提高0.12个百分点，继续缩小与美国的差距。[②]

---

① 王毅：《中美新时代正确相处之道》，《国际问题研究》2022年第6期，第7页。

② 汪文正：《中国加快实现高水平科技自立自强》，《人民日报（海外版）》2023年2月25日，第3版。

第二，中国坚决与美国对华无理制裁进行斗争。在反制裁的具体政策实践中，中国进一步完善出口管制和反经济制裁措施，提升对美反制裁的力度和震慑力。在出口管制方面，2022年4月，为实施《出口管制法》，中国商务部公布《两用物项出口管制条例》的征求意见稿，完善出口管制执法协调机制，管理既有民事用途，又有军事用途或者有助于提升军事潜力的货物、技术和服务。2022年年底，中国商务部发布了《中国禁止出口限制出口技术目录》的修订草案，光伏硅片制备技术、激光雷达系统等中国具有相对优势的技术新被列入了该目录，限制对外出口。① 在对美制裁方面，为反制美国众议院议长窜访中国台湾地区以及美国对台军售，中国外交部宣布采取多轮制裁措施，对美国的有关个人和实体实施制裁。中国对美反制裁有两大突破：

一是2022年年底，针对美国借口所谓"西藏人权"问题对中方官员进行非法制裁的行为，中国首次以外交部令形式作出反制裁决定，对美方相关人员采取反制措施，首次明确依据《中华人民共和国反外国制裁法》的第4、5、6条规定，明确列出了反制裁措施的内容、生效日期，并以附件形式列出反制裁清单。②

二是2023年2月，中国依据《对外贸易法》《国家安全法》

① 《商务部、科技部修订发布〈中国禁止出口限制出口目录〉》，商务部网站，http://www.mofcom.gov.cn/article/zqyj/zqjy/202212/20221203376695.shtml，访问日期：2023年3月21日。

② 《中方决定对余茂春、托德·斯坦恩采取反制裁措施》，《人民日报》2022年12月24日，第2版。

等有关法律，根据《不可靠实体清单规定》第2条等规定，将美国洛克希德·马丁公司、雷神导弹与防务公司列入不可靠实体清单并采取罚款等措施。[①] 中国依据反制裁相关法律所作出的具体实施措施，使得中国在对美反制裁方面更加规范化、常态化，也更具威慑力和操作性。

第三，中国多管齐下，破解美国构建对华经贸盟友封锁圈，积极构建对我友好的经贸合作关系。中国坚持经济全球化正确方向，推进双边、区域和多边合作，促进国际宏观经济政策协调，共同营造有利于发展的国际环境。首先，稳定欧洲，争取欧洲。中国克服乌克兰危机对中欧关系的冲击，保持中欧双边关系总体稳定。2022年欧盟27国对华贸易额为8563亿欧元，同比增长22.8%。中国为欧盟第二大贸易伙伴，占比为15.4%。中国在2022年对欧盟出口同比增长6.4%，远高于对美出口1.2%的增幅。[②] 中国还支持欧盟反对美国《通胀削减法案》的立场，谴责该法案为典型的贸易保护主义做法，涉嫌违反世贸组织的非歧视等原则。其次，在亚太地区积极参与和引领地区经济一体化，提供更多公共产品，提升与包括美国盟友在内的广大地区国家的经贸合作水平。2022年1月正式生效的《区域全面经济伙伴关系协定》（RCEP）为包括中国在内的成员国带来积极影响，密切了区域内国家机制化经贸联系。中国继续积极推进

---

① 《我国将洛克希德·马丁公司、雷神导弹与防务公司列入不可靠实体清单》，《新华每日电讯》2023年2月17日，第2版。

② 《2022年12月进出口商品国别（地区）总值表（美元值）》，海关总署网站，2023年1月18日，http://www.customs.gov.cn/customs/302249/zfxxgk/2799825/302274/302277/302276/4806965/index.html，访问日期：2023年3月21日。

加入《全面与进步跨太平洋伙伴关系协定》和《数字经济伙伴关系协定》。最后，中国继续扩大对外开放，降低外商准入门槛，压缩外资负面清单，从经济利益方向调动美国盟友的战略独立性和自主性，为包括美国盟友在内的贸易伙伴提供更大的市场，形成更为密切的经贸合作格局。在中国积极作为下，不少美国盟友强调合作，反对拜登政府肆意对华搞经济封锁和对抗，成为平衡中美经贸关系的重要力量。

四、当前中美经贸关系中的重大问题

在国际变局和乱局交织的情况下，中美经贸关系发展也更为复杂。传统因素和突发事件交织，经济因素和非经济因素共塑，导致当前中美经贸关系存在若干重大问题，对中美经贸关系乃至世界经济产生影响，需要深入思考。

第一，美国对华征收高关税的持续问题。距离特朗普政府以其国内"301条款"为理由所发起的对华高关税已经5年有余，至今未有明确的结束迹象。虽然中美两国签署了第一阶段协议暂时避免了双方更为严重的关税报复，但已经确定的高关税措施一直持续。这不仅深刻影响了中美关系，而且产生了更为广泛的全球消极后果。首先，5年多的美国对华高关税并未实现美国所宣称的预期目标，即大幅改善美国对华贸易逆差。与高关税前的2017年相比，2022年美国对华贸易逆差反而有所扩大。根据美方数据显示，2017年美国对华货物贸易逆差为3743亿美元，2022年美国对华货物贸易逆差是3829亿美元。其次，美国持续对华高关税造成了"双输"局面。美国消费者付出巨大代价，中国出口也面临额外成本。数据显示，截至2023年1月，美国已对中国商品征收了价值超过1688亿美元的关税，其中包括特朗普时期的约770亿美元和拜登执政以来的830亿美元。这些关税主要由美国消费者和中国生产商一起承担。再次，其他经济体遭遇美国对华高关税冲击。例如，东亚作为全球生产链中心，不得不为美国对华高关税及中美经济对抗付出更多代价，面临潜在的生产链和价值链分裂。最后，全球经济遭受重大损害，不但原先中美经贸分工所带来的自由化福利效应急剧缩减，而且需要应对中美高关税所导致的脱钩风险。根据国际货币基金组织数据，中美如果分裂为对立的两个阵营，世界经济将萎缩1.5%，损失超过1.4万亿美元。[①]

第二，乌克兰危机的冲击问题。乌克兰危机作为冷战结束以来最大的地缘政治事件，不仅对中美短期内的经贸关系带来扰动，更重要的是，美国在危机爆发后所采取的经济措施深刻塑造了中美经贸未来发展的可能路径。在很大程度上，美国经济手段的使用已经成为极端情况下未来中美经贸关系发展的"预演"。中美在乌克兰危机冲突中的经贸立场分歧严重。在乌克兰危机爆发后，美国对俄迅速推出一系列经济制裁措施，把国家安全扩大化，把经济要素武器化，把国际结算体系等国际公共产品私有化，把经济关系阵营化，极力通过各种极限经济手段消耗俄罗斯经济实力，挤压俄罗斯国际经济活动空间。国

---

① Daniel Flatley and Christopher Condon, "US Treasury Warns Chinese Companies on Tech Supplies to Russia," Bloomberg, Feb. 21, 2023, accessed March 21, 2023, https://www.bloomberg.com/news/articles/2023-02-21/us-treasury-warns-chinese-companies-on-tech-supplies-to-russia.

际贸易、金融、能源以及技术合作遭遇严重的美国制裁后遗症。中美经贸关系也遭受波及。一方面，中国对美国把经济关系武器化表达强烈担忧，认为这极大扰乱国际经贸秩序，影响包括中国在内的各国经济正常发展。事实上，2022年全球能源价格和粮食价格高涨，与美国对俄实施制裁有高度关联。另一方面，美在对俄制裁时，压迫中国，要求中国在贸易、金融和能源等议题上遵守制裁条款，不向俄罗斯提供物质支持或协助其系统性规避制裁，威胁对中国实施"长臂管辖"。这种经济霸权行为，损害了中国的经济主权，干扰了中国对外经贸关系。更为重大的影响是，美国在乌克兰危机中各种经济手段的使用，大大突破了以前的政策底线，刺激了经济冒险，促使中国更为清醒地认识到美国对华经济制裁的可能性和严峻性，加速了推出确保经济主权和安全的防范措施。这客观上也强化了中美经贸"脱钩"的心理，加速了中美经贸"脱钩"的实际进程。

第三，中美经贸合作的动力问题。通常认为，中美经贸的合作意义重大，特别是处于全球经济危机或者本国经济困难时刻，两国经济合作动力较强，合作效果也较为明显。例如，在2007年的世界金融危机中，中美通过双边合作不仅为本国经济稳定，也为全球经济复苏作出重大贡献。然而，随着美国对华战略竞争加强，中美经贸合作的政治基础遭遇严重冲击，动力大为降低。新冠疫情暴发后，两国经济都遭遇了严峻挑战，遗憾的是，中美未能就应对经济危机进行深度合作。2020年，中美两国本可以通过宏观政策协调与合作以更好应对全球经济困难，但最终主要通过国内经济政策来加以应对，未能形成有效的政策合力，当年中美各自的国内生产总值增速为2.3%

和–3.4%。2021年中美两国经济状况虽有所好转，但并未真正走出疫情冲击，2022年均又面临严重挑战。在中国方面，是国内生产总值增速放缓的压力，在美国方面，是通货膨胀失控的压力，但中美两国仍没有选择通过双边合作克服经济困难。2022年，中国GDP增速为3%，而美国GDP增速为2.1%。总体上，近年来中美经贸合作的动力明显下降，虽未滑入经济冷战，但经济竞争加剧，经济合作的冷感显著增强。[①] 从对华竞争出发，美国精英主要从相对收益角度考虑合作，因此对华少合作或者不合作更有利于美国利益。在美国合作立场不断回撤之下，如果说中美之间有经贸合作，更多地表现为"问题解决"型的消极合作，而非"做大蛋糕"型的积极合作，难以推动中美经贸关系在"量"上迈上更高台阶，无法在"质"上形成更为深度的相互依赖格局。中美经贸合作不进则退，经贸关系的"压舱石"作用遭遇挑战。

第四，美国对华"脱钩断链"的实际影响问题。美国不断加大高科技和产业链脱钩力度，试图在脱钩断链中打击中国技术和经济发展，确保自身经济优势和维护经济安全。美国对华脱钩历经数年，对华确实产生挑战。但其对中美各自的整体经济影响并不确定。在高科技方面，美国不断扩张其对华出口控制工具箱，把更多中国企业和机构列入各种清单。在科技打压

---

① 关于拜登政府对华经贸政策的系统阐释，可参见："Remarks by U.S. Secretary of Commerce Gina Raimondo on the U.S. Competitiveness and the China Challenge | U.S. Department of Commerce," November 30, 2022, accessed March 21, 2023, https://www.commerce.gov/news/speeches/2022/11/remarks-us-secretary-commerce-gina-raimondo-us-competitiveness-and-china。

下，中国科技进步确实遭遇挑战和麻烦，比如光刻机等先进半导体设备制造进展缓慢，但总体情况却所好转，新能源、卫星导航、量子信息等部分战略性新兴产业发展强大，载人航天、探月探火、深海深地探测、核电技术等关键核心技术取得重大突破。更为重要的是，美国在对华脱钩问题上，面临着两难选择。一方面，已有的脱钩措施未能取得实质效果。美国商务部等部门近期宣布牵头设立"颠覆性技术打击部队"，加大调查和起诉违反出口法的犯罪行为，加强出口管制的行政执法，固然说明美国对华出口脱钩更为严厉，但也说明此前对华出口控制并未取得预期效果，只能诉诸更为严格的措施。另一方面，美国越推进对华脱钩，美国对中国经济和科技发展的重要性就越低，中国发展的独立性和自主性就会越强。美国对华只能再次增加出口管制力度，但新措施的边际效用对中国仍然有限。在产业链方面，中国对美出口比重有所下滑，美国部分产品"友岸"和"近岸"对中国输美产品替代明显。但从中国与世界的产业链关系看，中国占全球贸易比重更高，影响力更大，在全球产业链中的地位也逐年上升。以出口比重为例，2017—2021年，中国货物出口占全球出口比重分别为12.8%、12.8%、13.2%、14.7%和15.1%。[①] 在对美出口比例下降的情况下，中国对全球出口比重稳步提升。这表明美国对华产业链脱钩并未损害到中国整体产业链，中国与美国之外的其他经济体贸易联系更为紧密。中国目前已经是全球140余个国家的首要贸易伙伴。

---

① 根据世界贸易组织数据库数据计算结果。

五、结束语

中美经贸关系已经进入新的历史阶段，其逻辑出现了重大调整，经贸因素的自身塑造相对弱化，而国家安全考虑、地缘政治冲击，甚至类似于"流浪气球"等偶然突发事件对经贸关系的影响都在加大。非经济因素的塑造作用日益增多，经贸关系的政治化和安全化的进程被迫加速，对中美关系的压舱石作用越发形成挑战。作为全球前两大经济体，中美经贸关系发展正处于十字路口。从底线思维出发，中国不能排除美国制定极端的经贸政策、武器化政策，必须对极限的"脱钩断链"行为加以应对。中国要掌握中美经贸关系的主动权，加强对中美经贸关系的塑造力，不能把中美经贸关系的发展方向任由美国塑造，按照美国的剧本发展。这就要求必须要始终聚焦于国内高质量增长，用高质量发展提升在全球经济体系中的系统影响力。这是稳住中美经贸关系的根本，是赢得中美经贸竞争的基础，也是争取其他国家重视和加强对华经贸联系的关键。

第 三 章
美台关系的升级与中美台海博弈

信 强

随着拜登政府进入执政的第二年，其对华战略以及对台政策也日渐清晰并逐步趋于定型。为了更有效地遏制中国的发展，实现"竞赢"（out-compete）中国的战略目标，美国加大了打"台湾牌"的力度，全面强化和提升美台"实质性关系"，尤其是一向以"亲台反华"立场著称的国会，更是显著提高了"以台制华"的挑衅力度。2022年，美国行政和立法部门一唱一和，联手虚化和掏空美国的一个中国政策，使得中美两国围绕台湾问题的战略博弈日趋激烈。

一、行政部门强化美台"实质性"关系的举措

如何应对中国的崛起，可谓是拜登政府自上台以来便念兹在兹的核心任务。经过一年多的部门协调和政策试探之后，美国逐渐确立了对华战略的基本框架。2022年2月11日，拜登政府发布首份美国"印太战略"报告，明确宣称要"塑造中国所处的战略环境，在世界范围内建立一个对美国、我们的盟友和伙伴以及我们共同的利益和价值观最有利的影响力平衡"，以

维护美国在"印太地区"以及全球的主导地位和战略优势。[①] 5月 26 日，美国国务卿安东尼·布林肯发表对华政策演讲，直言中国是唯一具有重塑所谓的"国际秩序"的意图与能力的国家，而中国"带来的挑战的规模和范围将对美国外交构成前所未有的考验"。[②] 10 月 12 日，白宫发布《国家安全战略》报告，明确将中国定位为"最重大的地缘政治挑战"，将中国视为"唯一既有重塑国际秩序意图，也有愈来愈强的经济、外交、军事和技术力量来推进这一目标的竞争对手"。[③] 美国国防部随即于 10 月27 日公布新版《国防战略》报告，不仅将中国视为美国"最重大的战略竞争者"，甚至声称"中国在未来数十年对美国国家安全构成最根本威胁"，是"美国面临的重要与步步紧逼的挑战"，明白无误地展现出要与中国展开竞争甚至不惜进行对抗的战略态势。[④]

随着对华战略的确立，美国"以台制华"政策——利用台

① The White House, "Indo-Pacific Strategy of the US," February 11, 2022, accessed February 21, 2023, https://www.whitehouse.gov/wp-content/uploads/2022/02/U.S.-Indo-Pacific-Strategy.pdf, p. 5.

② US Department of State, "The Administration's Approach to the People's Republic of China," May 26, 2022, accessed February 25, 2023, https://www.state.gov/the-administrations-approach-to-the-peoples-republic-of-china/.

③ The White House, "Biden-Harris Administration's National Security Strategy," October 2022, available at: https://www.whitehouse.gov/wp-content/uploads/2022/10/Biden-Harris-Administrations-National-Security-Strategy-10.2022.pdf, p. 23.

④ U.S. Department of Defense, "2022 National Defense Strategy, Nuclear Posture Review, and Missile Defense Review," October 27, 2022, accessed March 2, 2023, https://media.defense.gov/2022/Oct/27/2003103845/-1/-1/1/2022-NATIONAL-DEFENSE-STRATEGY-NPR-MDR.PDF, p. III.

湾问题来制衡和遏制中国的崛起——也得到了巩固和强化。例如，在美国"印太战略"报告中，拜登政府不仅首次公然宣称要阻止"跨越台海的军事侵略"，更鼓吹美国"将与区域内部和外部的伙伴一起维护台湾海峡的和平与稳定"，试图推动盟国和伙伴在中美之间"选边站队"，甚至直接卷入台海事务的意图可谓跃然纸上。① 《国家安全战略》报告也宣称：美国对于维护台海和平与稳定具有"持久的利益"，并"反对任何对现状的单方面改变"。② 《国防战略》报告则进一步指出：中国大陆"针对台湾不断增加的挑衅性言辞和胁迫性行为破坏稳定，有导致误判的风险，并且威胁到台海和平与稳定"，为此五角大楼将继续支持台湾建构"与不断演变的威胁相称的非对称自我防卫"能力。③

根据上述战略方针，美国行政部门在政治、经济和安全领域动作频频，使得美台"实质性"关系得到了进一步的全面

---

① The White House, "Indo-Pacific Strategy of the US," February 11, 2022, accessed March 11, 2023, https://www.whitehouse.gov/wp-content/uploads/2022/02/U.S.-Indo-Pacific-Strategy.pdf, U.S. Department of Defense, "2022 National Defense Strategy, Nuclear Posture Review, and Missile Defense Review," October 27, 2022, accessed March 11, 2023, https://media.defense.gov/2022/Oct/27/2003103845/-1/-1/1/2022-NATIONAL-DEFENSE-STRATEGY-NPR-MDR.PDF, pp.14-15.

② The White House, "Biden-Harris Administration's National Security Strategy," October 2022, accessed March 1, 2023, https://www.whitehouse.gov/wp-content/uploads/2022/10/Biden-Harris-Administrations-National-Security-Strategy-10.2022.pdf.

③ U.S. Department of Defense, "2022 National Defense Strategy, Nuclear Posture Review, and Missile Defense Review," October 27, 2022, accessed March 12, 2023, https://media.defense.gov/2022/Oct/27/2003103845/-1/-1/1/2022-NATIONAL-DEFENSE-STRATEGY-NPR-MDR.PDF.

提升。

第一，在政治上继续掏空一个中国原则的内涵。尽管包括拜登总统和国务卿布林肯在内的美国高官在口头上一再向中方表示，美国将恪守"一个中国政策""不支持台独"，但是在实际政策层面却持续将其一个中国政策予以"空心化"，弱化其"不支持台独"的立场。例如，2022年5月5日，美国国务院网站修改了沿用多年的"美台关系事实清单"。在更新后的内容中，美方公然删除了先前版本中"认识到中国有关世界上只有一个中国，且台湾是中国一部分的立场""美国不支持台湾独立"等文字表述，而一个中国政策在新的页面上仅只是作为一个简单的名词概念被提及，标志着美国"一个中国"立场再度遭到弱化。① 9月26日，当美国国务院发言人内德·普莱斯（Ned Price）被问及美方一个中国政策关于中国领土完整的表述时，普莱斯声称：美国政府在"台湾主权"问题上"不持立场"，并重申这是美国在公开场合"非常明确的立场"。② 此外，继2021年4月拜登政府制定新版"美台交往准则"之后，无论是2022年2月公布的美国"印太战略"报告，还是5月布林肯发表的美国对华战略演讲，抑或是10月发布的《国家安全战略》报告中，美国在表述其一个中国政策时均无一例外地将"与台湾关系法"置于中美三个联合公报之前，使之固定成为美国一个中国政策

---

① U.S. Department of State, "U.S. Relations with Taiwan," May 28, 2022, accessed March 11, 2023, https://www.state.gov/u-s-relations-with-taiwan/.

② Price Ned, "Department Press Briefing, September 26, 2022," US Department of State, *Press Briefings*, September, 2022, accessed January 18, 2023, www.state.gov/briefings/department-press-briefing-september-26-2022/.

的标准表述格式。

第二，加强美台经贸科技合作。2022年6月，台美宣布正式启动"美台21世纪贸易倡议"（U.S.-Taiwan Initiative on 21st Century Trade）协商谈判，围绕贸易便利化、监管实践、农业、反腐败、支持中小企业贸易、数字贸易、促进以工人为中心的贸易、支持环境和气候行动、劳工标准、"国有企业"等11个关键领域展开磋商。8月18日，台美双方宣布正式启动协商谈判。11月8日，双方在纽约举行了首次"美台21世纪贸易倡议"实体谈判，并聚焦于贸易便捷化、中小企业、反贪污和良好法规实务等4项议题展开了深入磋商。对此高度重视的民进党当局动员近20个部门、100多位官员，共计组建了11支团队，全力投入到对美相关经贸协商之中。美台上述谈判不仅是台湾当局加入世贸组织20年来最大规模的涉外经贸谈判，也势必将进一步强化美台经贸、外事、法务等部门之间的沟通与协作。尤为值得注意的是，随着美国不断加大对华"芯片遏制"力度，台湾当局也在半导体生产领域积极跟进美国的步伐，并予以大力配合。早在2022年3月，拜登政府便提出要建构包括美、日、韩和中国台湾地区在内、刻意将中国排除在外的"芯片四方联盟"，美台随即于4月29日在"科技贸易暨投资合作架构"（US-Taiwan Technology Trade and Investment Collaboration，TTIC）下，举办了首次以"台美合作提升全球半导体供应链韧性座谈会"为主题的研讨，讨论美台加强半导体产业链、供应链合作的思路。12月6日，全球芯片生产的龙头企业台积电为其美国亚利桑那州新厂举办了"首批机台设备到厂"（first tool-in）典礼，包括拜登总统在内的美国政要以及苹果公司首席执行官蒂姆·库克（Tim Cook）等科技公司巨头均到场致贺。而台积电则借机宣布将其在美投资总金额从120亿增加至400亿美元，并将展开亚利桑那州厂区的第二期工程建设，预计于2026年开始在美生产最先进的3纳米制程技术。

第三，美台军事合作的进一步升级。以美国对台军售为例，拜登政府在2022年对台售武的频率急剧升高，可谓进入"狂飙突进"的超级快车道。例如，仅在2022年12月一个月之内，美国便于6日和29日连续宣布两项金额共计6亿多美元，包括"弹簧刀"无人机、空军F-16战机零部件、陆军"火山反坦克布雷系统"等武器装备在内的军售案。而且美国根据乌克兰危机的所谓经验教训，开始明确转向以帮助台湾当局建构"非对称战力"作为其对台军售的核心目标。2023年2月9日，常务副国务卿温迪·舍曼（Wendy Sherman）在国会参议院外交关系委员会举行的"评估战略竞争时代美中政策"听证会上公开表示，美国需要在"非对称"武器能力方面帮助台湾，协助后者训练和整合后备军，并确保其拥有机动和敏捷的武器系统。而据舍曼透露，仅在2022年一年时间里，美国便通告了多达13项对台军售，其中包括10项新军售，以及3项对此前军售的修改决定，这是"过去20年里对台军售项目数最多的一年"。[①]

第四，就美台安全合作而言，根据美国的提议，台湾已然被纳入美国国民警卫队的"州合作伙伴计划"（State Partnership Program, SPP）。据此，台湾当局可以参与由美国各州国民警卫

---

① "US Official Backs Taiwan Arms Sales," *Taipei Times*, February 11, 2023, accessed March 11, 2023, https://www.taipeitimes.com/News/front/archives/2023/02/11/2003794149.

队组织举办的联合军事演习、训练行动，借以提升台军战力以及后备动员能力。时至今日，美台业已建立起台军与美国民警卫队之间的常态化交流及协调机制。[①]2022年9月，新成立的台湾当局"全民防卫动员署"首次获准派员前往夏威夷州国民警卫队司令部观摩演习，开启了"美台军事"交流合作的"新窗口"。此外，2022年5月，美国海军"印太"情报指挥官迈克·史达德曼（Michael Studeman）少将飞抵台湾，这是继2020年11月22日首次访台之后史达德曼再次来台，标志着美军现役将级军官访台以及美台高层情报合作日趋公开化和常态化。[②]

第五，更为值得关注的是，拜登政府高层持续鼓噪大陆将"武力攻台"，并据此鼓吹美国须调整两岸政策，甚至为"协防台湾"预做准备。近年来，美国内部关于向中国传达美方将"坚定捍卫台湾"的立场、"协助台湾防卫"、呼吁改变"对台战略模糊政策"的声音可谓不绝于耳，尤其是在2022年2月乌克兰危机爆发之后，美国更是大肆鼓噪"今日乌克兰、明日台湾"的论调，密集炒作大陆将会很快"对台动武"，并放言要使美军在"印太"的存在"更具杀伤力、更机动、更有弹性"，以让中国"知难而退"，表明阻止中国大陆收复台湾已经成为美国两岸政策的核心关切，也显示出美国试图将此前双向的"战略模糊"逐步调整为单向的"战略清晰"的危险动向。2022年5月23日，首次访日的拜登总统在与日本首相岸田文雄举行联合记者会时，

---

① 《国民兵合作 台美将互设窗口》，中国台湾地区《联合报》，2022年12月12日，https://udn.com/news/story/10930/6831755，访问时间：2023年1月9日。

② 《美军印太司令部少将情报处长访台》，中国台湾地区《联合报》，2022年5月24日，https://udn.com/news/story/10930/6337833，访问时间：2023年2月2日。

宣称当台湾受到解放军"攻击"时，美国会履行承诺，出兵"保卫"台湾，引发国际舆论的一片哗然。时隔仅数月，拜登总统又于9月18日接受哥伦比亚广播公司（CBS）专访时再度声称，如果发生"史无前例的攻击"（an unprecedented attack），美国军队会"保卫台湾"。[①] 尽管白宫每次都会在事后紧急"灭火"，声称美国一个中国政策没有改变，但是，值得注意的是，这已经是拜登在2021年8月和10月之后，短短两年内连续第四次在有关"军事协防台湾"这一重大问题上发生所谓"口误"，从而被外界广泛解读为美国的对台"战略模糊"正在走向清晰化，而事后的澄清则只不过是在一个中国政策旗号下，掩盖其推行"一中一台"政策的敷衍托词而已。

此外，国务卿布林肯于2022年10月17日论及台海局势时也无端臆测"中国已经作出根本性的决定，不再接受现状，决心在更快的时间内实现统一"，并声称中国大陆的政策是"如果和平手段不起作用，就采取胁迫手段，如果胁迫手段还是不起作用，那么也许会采取武力手段。这正是深刻地扰乱现状，并造成巨大紧张的原因。"[②] 时隔仅两天，美国海军作战部长迈克尔·吉尔迪（Michael Gilday）上将于10月19日也危言耸听

---

① "Biden Tells 60 Minutes U.S. Troops Would Defend Taiwan, But White House Says This Is Not Official U.S. Policy," CBS News, September 18, 2022, accessed February 17, 2023, https://www.cbsnews.com/news/president-joe-biden-taiwan-60-minutes-2022-09-18/.

② "Blinken Says China Wants to Seize Taiwan on 'Much Faster Timeline'," Bloomberg, October 17, 2022, accessed February 21, 2023, https://www.bloomberg.com/news/articles/2022-10-17/blinken-says-china-wants-taiwan-on-much-faster-timeline?leadSource=uverify%20wall.

地扬言中国大陆"最快可能在2022年或2023年入侵台湾",并公开鼓吹美军必须为近期爆发冲突而作好"今晚开战"的心理准备。[①] 12月16日,中央情报局局长威廉·伯恩斯(William Burns)在接受美国公共广播电视(PBS)专访时再次表示,大陆计划"最迟在2027年前为武力攻台作好准备",因此在2020年代的接下来的数年,两岸可能发生冲突的风险将逐渐提升。[②] 美国高官之所以频频作出上述臆断,其真实目的就是为美国加大对台湾当局的军事支持甚至"协防"台湾寻找和制造借口。

二、立法部门涉台挑衅的急剧升级

随着"保台""反华"成为美国国内蔚然成风的"政治正确",拥有大量反华议员的美国国会也成为对华挑衅的"急先锋"。就其手段而言,主要是通过高频率展开对台所谓"国会外交",以及利用其所掌握的立法权力提出和通过涉台法案两种方式,借以介入和影响美国涉台决策,并配合甚至推动和引导行政当局在"以台制华"的道路上越走越远。

首先,为了显示对台湾当局的支持,国会参众两院议员在

---

① "Worried China Might Seize Taiwan Sooner, Navy Chief Pushes Readiness," *Defense News*, October 20, 2022, accessed February 12, 2023, https://www.defensenews.com/naval/2022/10/19/worried-china-might-seize-taiwan-sooner-navy-chief-pushes-readiness/.

② "CIA Director Bill Burns on War in Ukraine, Intelligence Challenges Posed by China," PBS, December 16, 2022, accessed February 13, 2023, https://www.pbs.org/newshour/show/cia-director-bill-burns-on-war-in-ukraine-intelligence-challenges-posed-by-china.

2022年组团窜访的数量和频率均创下历史记录。据不完全统计，当年至少有10个美国国会议员团、共计30余位两党参众议员窜访中国台湾地区进行"政治秀"，其中不乏参议员林赛·格雷厄姆（Lindsey Graham）和鲍勃·梅内德兹（Bob Menendez）等两党重量级议员。而就其性质和影响而言，无疑当属众议院议长佩洛西（Nancy Pelosi）对中国台湾地区的窜访最为恶劣。2022年8月2日，佩洛西领衔的议员代表团搭乘行政专机从马来西亚首都吉隆坡起飞，于当晚10时抵达台北。[①] 在抵台后，佩洛西方面随即发表声明，妄称在"当今世界正面临着集权与民主的抉择"之际，此行"彰显了美国对台湾民主的坚定支持"，展示了美国对台湾的"坚定承诺"。[②] 8月3日上午，佩洛西一行首先前往台湾当局"立法院"，与朝野党团代表就"安全、经济、治理"三大议题举行闭门探讨。中午时分，佩洛西又与台湾地区领导人蔡英文、行政部门管理机构负责人苏贞昌等人会晤，声称美国"绝对不会背弃对台湾的承诺"，并且对于美台"长久的友谊感到骄傲"，甚至表示"希望会有机会"邀请蔡英文前往美国国会演讲。当晚，佩洛西在结束访台行程后再度发表声明称，台湾是"和平与安全领域的关键盟友、经济动能方面的全

① Alexandra Stevenson, "Pelosi's Widely Watched Flight to Taipei Took a Circuitous Route. Here's why," *New York Times*, August 2, 2022, accessed February 9, 2023, https://www.nytimes.com/2022/08/03/world/asia/pelosis-widely-watched-flight-to-taipei-took-a-circuitous-route-heres-why.html?_ga=2.260868173.1580052261.1667230403-1104949222.1653470156.

② "Pelosi, Congressional Delegation Statement on Visit to Taiwan," Speaker of U.S. House of Representatives Nancy Pelosi, August 2, 2022, accessed February 10, 2023, https://www.speaker.gov/newsroom/8222-2.

球领袖以及民主治理的模范",此行"应该被视为美国与台湾站在一起的有力声明",并重申国会将在安全领域"帮助台湾在面对侵略时捍卫自身的自由"。[①] 作为美国立法部门的领导人以及美国政坛第三号政治人物,佩洛西不顾中方的坚决反对执意窜访台湾,使其本人成为近25年来首位访问中国台湾地区的在任众议院议长。佩罗西此举不仅是美国纵容支持"台独"分裂势力的最新例证,更是升级美台官方交往的重大政治挑衅,也就此将台海局势推向了极度危险的危机边缘。而白宫对于这一严重违反一个中国原则的挑衅行径不仅未采取必要措施予以阻止,反而寻找种种托词进行推诿塞责,甚至在事后指责中国"反应过度""试图改变台海现状",从而令中美台海博弈变得更加激烈和紧张。

其次,在为数众多的参众两院议员络绎于途,通过窜访台湾地区进行"挺台"政治表演的同时,反华议员更是运用其手中所掌握的立法权力提出了大量"友台"法案和决议案。相关法案不仅名目繁多,而且极具挑衅意涵,包括由阿拉斯加州参议员丹·沙利文(Dan Sullivan)和威斯康星州众议员迈克·加拉格尔(Mike Gallagher)于2022年1月提出的"与台湾站在一起法案"(Stand with Taiwan Act);由佛罗里达州参议员里克·斯科特(Rick Scott)和北达科他州参议员凯文·克拉默(Kevin Cramer)等人于3月领衔推出的"以金融制裁威慑共产主义中国入侵台湾法案"(Deterring Communist Chinese

---

① "Pelosi Statement on Congressional Delegation Visit to Taiwan," Speaker of U.S. House of Representatives Nancy Pelosi, August 3, 2022, accessed February 5, 2023, https://www.speaker.gov/newsroom/8322-2.

Aggression against Taiwan through Financial Sanctions Act）；由密苏里州参议员乔希·霍利（Josh Hawley）于4月提出的"台湾武器出口法案"（Taiwan Weapons Exports Act）；佛罗里达州参议员马克·卢比奥（Marco Rubio）于5月推出"以实力促进台湾和平法案"（Taiwan Peace through Strength Act）；由俄亥俄州众议员史蒂夫·夏伯特（Steve Chabot）与加利福尼亚州众议员布莱德·谢尔曼（Brad Sherman）于9月提出的"加速军备转让台湾法案"（Accelerating Arms Transfers to Taiwan Act）等，不一而足。

纵观林林总总的诸多涉台法案和决议案，其中最引起各方广泛关注的法案是"台湾政策法案"（Taiwan Policy Act, TPA）。2022年6月16日，参议院外交关系委员会主席鲍勃·梅嫩德斯和该委员会首席议员林赛·格雷厄姆联袂向参议院提出了"台湾政策法案"，声称要"提升台湾的安全，确保地区稳定，阻止对台湾的侵犯，并通过建立广泛的经济制裁机制，对针对台湾的敌对行动进行制裁"，而其实质目的就是企图通过对台提供军事、资金和科技援助，强化美台"准同盟"关系，进一步动摇和掏空美国的一个中国政策。就其具体内容而言，包括要求将台湾当局指定为"主要非北约盟国"；将"台北经济文化代表处"更名为"台湾代表处"；"美国在台协会"（American Institute in Taiwan, AIT）台北办事处处长的任命须经参议院批准；扩大美售台武器的范围，从"防御性"武器扩大到所谓的"有助于阻止侵略行为的武器"；向台湾当局提供资金和技术援助，包括四年内提供45亿美元的外国军事资助等。此外，该法案还要求美国通过安全援助和增加国防开支，支持并与台湾合作实施有效的"防卫战略",增加资源,实现"台湾军力现代化";评估台湾当局获得和部署反干预能力,包括远程精准火力、整体空防导弹系统、反舰巡航导弹、陆地攻击巡航导弹、岸防能力、反装甲能力、水下武器等;要求美国防部长与国务卿与台湾方面就台湾面临的威胁进行联合评估,提出整合优先名单和解决方案;加强美台之间的军事互操作性和联合行动能力;加强美台两军训练合作,协助台湾当局保持部队战备状态;落实对台军售,实现美国在台湾的"持久性的轮替军事存在";等等。①毫无疑问,上述"法案"内容不仅意在将台湾当局当作"主权国家"来对待,直接挑战一个中国原则,而且将进一步强化美国对中国台湾地区"防卫战略"的控制,升级美台防卫安全合作,进而使中国台湾地区彻底沦为围堵遏制中国大陆的战略前沿和反华"马前卒"。一旦该"法案"获得通过,将标志着自1979年通过"与台湾关系法"以来,美国对台政策最为全面的调整和升级。

由于该"法案"遭到了中方的强烈反对和抗议,深知该"法案"危害性的拜登政府也对国会进行了一定的斡旋工作,因此,参议院外委会对该法案部分条款的内容作出了调整,包括不再要求"美国在台协会"台北办事处长的任命需要参议院批准确认;"台北经济文化代表处"的更名也从强制"要求"变成建议性的"国会意见",并将"指定"台湾为"主要非北约盟友"的表述调整为"对待台湾应该形同它被指定为主要非北约盟友"

---

① "S.4428–Taiwan Policy Act of 2022," U.S. Congress, accessed October 4, 2022, https://www.congress.gov/bill/117th-congress/senate-bill/4428/text/is.

等，以便让美国行政部门在实施时拥有更为灵活的行动空间。2022年9月14日，参议院外交关系委员会以17票赞成、5票反对，表决通过了调整后的"台湾政策法案"。与之相呼应，时任国会众议院外交关系委员会首席议员的迈克·麦考尔（Michael McCaul）又与36名共和党众议员联名于9月28日提出了众议院版的"台湾政策法案"。值得注意的是，与参议院外委会此前经过调整后而通过的"台湾政策法案"相比，众议院版本的议案保留甚至恢复了遭参议院修改或删除的、极富争议性的条款内容，其挑衅意味不言而喻。① 而麦考尔在法案提出的当天也公开声称，提出该"法案"的目的就是要通过以下方式，包括建立综合性工具以提高台湾的军力、加强美国对台政策的"现代化"、提高美国对台"战略清晰度"、加强美台"双边"关系等，借以加强台湾的防卫和阻止中国大陆的"进攻"。②

三、中国的坚决反制与中美博弈的升温

面对美国政府、国会政客在台湾问题上的大肆挑衅，中国不仅频频发出警告，并在政治、外交、军事、经济等多个领域展开强力反击，以遏制日益升级的美国"以台制华"以及台湾

① "H.R. 9010–Taiwan Policy Act of 2022," U.S. Congress, accessed October 5, 2022, https://www.congress.gov/bill/117th-congress/house-bill/9010/text?s=1&r=7&q=%7B%22search%22%3A%5B%22taiwan+policy+act%22%5D%7D.

② "McCaul, 36 House Republicans Introduce Bill to Support Taiwan's Defense," House Foreign Affairs Committee GOP, September 28, 2022, accessed October 4, 2022, https://foreignaffairs.house.gov/press-release/mccaul-36-house-republicans-introduce-bill-to-support-taiwans-defense/.

当局"倚美谋独"的恶劣行径。

例如，在2022新年伊始，时任国务委员兼外长王毅便在1月27日与美国国务卿布林肯通话时明确指出：时值中美"上海公报"发表50周年之际，美方应"停止在台湾问题上玩火打牌，停止打造各种反华遏华'小圈子'"。① 而针对美方推出的新版"印太战略"，王毅再次告诫美方，美国公开把中国列为地区"首要挑战"，试图把"以台制华"纳入美地区战略，这明显是在发出对华围堵遏制的错误信号。② 6月12日，国务委员兼国防部长魏凤和上将在香格里拉对话会上明确宣示：中方将"不惜一切代价"粉碎"台独"图谋，搞"以台制华"是不可能得逞的，为了维护国家统一，中国政府和军队将"不惜代价""不惜一战"。③ 7月28日，习近平主席在同拜登总统通话之际，再度重点阐述了中方在台湾问题上的原则立场，要求美方恪守一个中国原则，履行中美三个联合公报，并明确警告美方，坚决维护中国国家主权和领土完整是14亿多中国人民的坚定意志。民

① 《王毅应约同美国国务卿布林肯通电话》，外交部网站，2022年1月27日，https://www.mfa.gov.cn/web/wjbz_673089/xghd_673097/202201/t20220127_10634923.shtml，访问时间：2023年2月9日。

② 《王毅应约同美国国务卿布林肯就中美关系交换意见》，外交部网站，2022年2月22日，https://www.mfa.gov.cn/web/wjbz_673089/xghd_673097/202202/t20220222_10644342.shtml，访问时间：2023年2月7日。

③ 《魏凤和在第19届香格里拉对话会上作大会发言》，中国政府网站，2022年6月12日，http://www.gov.cn/guowuyuan/2022-06/12/content_5695345.htm，访问时间：2023年1月5日。

意不可违，"玩火必自焚"。①9月23日，王毅在亚洲协会纽约总部发表以《中美新时代正确相处之道》为题的主旨演讲并明确指出："当前，台湾问题越来越成为中美关系的最大风险。处理不好，很可能对两国关系造成颠覆性破坏影响。"②在佩洛西窜访台湾之后，习近平主席在11月14日于印尼巴厘岛举行的中美元首峰会上当面向拜登总统强调指出，台湾问题是"中国核心利益中的核心"，是"中美关系政治基础中的基础"，是"中美关系第一条不可逾越的红线"，"台独"同台海和平稳定水火不容，并郑重要求美方言行一致，恪守一个中国政策和中美三个联合公报。面对中方的严正立场，拜登再次重申不支持"台湾独立"，也不支持"两个中国""一中一台"，无意同中国发生冲突的立场。③在党的二十大报告中，习近平总书记再次对外部势力干涉提出了严正警告，明确指出为了维护国家主权和领土完整，大陆"决不承诺放弃使用武力，保留采取一切必要措施的选项"。④

---

① 《习近平同美国总统拜登通电话》，新华网，2022年7月29日，http://www.gwytb.gov.cn/zt/xijinping1/202207/t20220729_12456374.htm，访问时间：2023年2月10日。

② 《王毅在亚洲协会发表演讲》，新华网，2022年9月26日，http://www.gwytb.gov.cn/zt/zylszl/speech/speech/202209/t20220926_12473043.htm，访问时间：2023年1月9日。

③ 《习近平同美国总统拜登在巴厘岛举行会晤》，外交部网站，2022年11月14日，https://www.mfa.gov.cn/zyxw/202211/t20221114_10974651.shtml，访问时间：2023年1月9日。

④ 习近平：《高举中国特色社会主义伟大旗帜　为全面建设社会主义现代化国家而团结奋斗——在中国共产党第二十次全国代表大会上的报告》，人民出版社，2022年，第59页。

又如，针对佩洛西窜访台湾事件，中国在第一时间便明确将此举定性为"升级美台官方交往的重大政治挑衅"和"在台湾问题上消极动向的重大升级"，并警告美方必须为其所造成的一切严重后果承担责任。^①随后，中方开始针对佩洛西访台作出全方位、多维度的系统性反制。在8月2日佩洛西抵台当晚，中国外交部副部长谢锋便紧急召见美国驻华大使尼古拉斯·伯恩斯（Nicholas Burns），指出美国政府必须承担责任，必须为自己的错误付出代价，并要求美方立即纠正错误。中国驻美使馆也向美国国安会和国务院表达了强烈抗议，并敦促美方管控和消除佩洛西访问中国台湾地区的恶劣影响。3日，王毅专门就美方侵犯中国主权发表谈话，对佩洛西窜台表达强烈抗议，警告美国不要幻想阻挠中国的统一大业。5日，中国外交部宣布取消中美两军战区领导通话、中美国防部工作会晤以及中美海上军事安全磋商机制等三个军事对话机制，同时暂停包括中美气候变化商谈、中美刑事司法协助合作、中美打击跨国犯罪合作、中美禁毒合作、中美非法移民遣返合作等五个对话机制。10日，国务院台湾事务办公室发布《台湾问题与新时代中国统一事业》白皮书，这是中国大陆在1993年8月发表《台湾问题与中国的统一》、2000年2月发表《一个中国的原则与台湾问题》两份白皮书之后，时隔22年后发表的第三份涉台白皮书。该白皮书不仅全面系统阐述了新时代中国解决台湾问题的基本方针和有关政策，全面揭批民进党"挟洋谋独"、危害台海和平稳定的行

---

① 《中华人民共和国外交部声明（全文）》，外交部网站，2022年8月2日，https://www.fmprc.gov.cn/web/ziliao_674904/1179_674909/202208/t20220802_10732287.shtml，访问时间：2023年2月9日。

径，更是明确指出"外部势力干涉"已然成为推进中国统一进程的"突出障碍"，并直接点名美国出于霸权心态和冷战思维，变本加厉推行"以台制华"，刻意歪曲台湾问题纯属中国内政的性质，企图否定中国政府维护国家主权和领土完整的正当性与合理性，对美国"以台制华"、阻挠中国统一的图谋进行了严正谴责。[①]

在政治和外交施压之外，大陆也显著加强了在军事领域的威慑和反击力度。自8月2日晚至8月10日期间，解放军东部战区海军、空军、火箭军兵力持续在台岛北部、西南、东南海空域进行高强度、成体系、环台岛的联合演训，聚焦联合封控、对海突击、对陆打击、制空作战等实战化科目，旨在检验和提高解放军一体化联合作战的能力。8月4日，火箭军部队对台岛东部外海预定海域实施了多区域、多型号常导火力突击，而空军、海军航空兵则出动战机100余架次，在预定海空域开展跨昼夜联合侦察、制空作战等实战训练，演练长时间持续制空、高强度精确打击等实战能力。据外媒报道，在当日解放军演习中，有22架次军机穿越所谓"海峡中线"，另有多枚"东风"系列弹道导弹的轨迹被判断为飞越了台湾本岛上空。[②]就实弹射击范围、"东风"导弹发射数量、穿越所谓"台海中线"次数等数据而言，解放军此次军演的强度不仅远超以往，更是实

---

① 《台湾问题与新时代中国统一事业》白皮书（全文），中华人民共和国国务院新闻办公室网站，2022年8月10日，网址：http://www.scio.gov.cn/zfbps/32832/Document/1728489/1728489.htm，访问时间：2023年2月8日。

② Jesse Johnson, "Japan Says Five Chinese Ballistic Missiles Landed Inside EEZ Near Okinawa," *Japan Times*, August 4, 2022, accessed January 24, 2023, https://www.japantimes.co.jp/news/2022/08/04/national/japan-china-missiles-eez/.

现了"四个首次"突破，即"首次离台岛最近演习、首次对台岛实施合围、首次在台岛东部设实战射击靶场、火力试射首次穿越台岛空域，是数次台海演习中力度最大、反应最激烈、最具威慑力的一次"，借以震慑美国国内的亲台势力和台湾岛内的"台独"分裂势力，并展示了大陆坚决反制美台勾连的决心和意志。[1]

再如，在拜登总统于2022年12月23日签署"2023财年国防授权法"之后，由于该法包含大量涉台条款，包括未来五年向台湾当局提供总额100亿美元的"军事援助"、加速处理台湾军购请求、建议邀请台湾当局参与2024年美军"环太平洋军演"等内容，大陆迅速针对这一升级美台关系的法案作出了强硬反击。在法案得到签署后仅两天，解放军东部战区即宣布于12月25日开始，在台湾周边海空域组织诸军兵种联合战备警巡和大规模联合火力打击演练。据统计数据显示，在25日上午6时到26日上午6时的短短24小时里，共有71架解放军军机、七艘解放军军舰在台海周边活动，其中47架解放军军机飞越所谓"海峡中线"，进入台湾西南空域，创下了当年解放军军机出动数量的单日纪录。[2]而正在太平洋进行"跨年远洋训练"行动的"辽宁"号航空母舰编队也在数日之后首次抵进距离美军关岛基地仅600公里的附近水域，这是解放军海军航母编队首次大规模

---

[1]　专家解读:《解放军常规导弹穿越台岛意味着什么?》，新华网，2022年8月5日，http://www.news.cn/politics/2022-08/05/c_1128891912.htm，访问时间：2023年1月10日。

[2]　"Dozens of Chinese Warplanes cross Taiwan Median Line," *The Guardian*, December 25, 2022, accessed January 24, 2023, https://www.theguardian.com/world/2022/dec/26/dozens-of-chinese-warplanes-cross-taiwan-median-line.

抵近关岛，展示了解放军突破西太平洋"第一岛链"封锁甚至"第二岛链"围堵的能力，对美方的挑衅行径释放出了强有力的威慑信号。[①]

四、结束语

在拜登政府明确将中国定位为"最主要战略对手"和"最严峻的长期挑战"的背景下，美国政府、国会等反华势力罔顾美方在台湾问题上所作出的"奉行一个中国政策，不支持'台独'"的明确政治承诺，通过持续虚化、掏空一个中国原则，加强与中国台湾地区"官方往来"，不断策动"对台军售"，加深美台军事勾连，炮制损害中国主权的涉台议案等手段，纵容和支持"台独"分裂势力冒险挑衅，借此实现其"以台制华"的战略图谋。如此种种，不仅进一步破坏了中美之间本已十分脆弱的政治互信，对中美关系造成了严重损害，也使得台海紧张局势陷入持续的高度紧张之中，且有可能出现螺旋升级的态势，从而对亚太地区的和平稳定产生极为恶劣的影响。

---

① "China Sails Warships near Guam in Warning to U.S. over Taiwan," U.S. News, December 29, 2022, accessed January 4, 2023, https://www.usnews.com/news/world-report/articles/2022-12-29/china-sails-warships-near-guam-in-warning-to-u-s-over-taiwan.

第 四 章

拜登政府"印太战略"态势与走向再分析

韦宗友

2022年，拜登政府全面推进、落实"印太战略"。是年2月，拜登总统发布了新政府的"印太战略"，进一步明确美国在"印太"地区的利益、面临挑战及战略目标，强调要从外交、经济及军事等领域全面推进，与中国展开全方位战略竞争，维护有利于美国的地区秩序。一年来，拜登政府在外交、经济和安全三大领域，都采取了一系列新的政策和举措，全力推进"印太战略"，企图对冲中国地区影响，塑造地区秩序走向，维护美国地区霸权。

一、推进"前沿外交"，提升美国软实力

拜登政府高度重视外交在美国"印太战略"推进中的作用，与特朗普政府动辄退群，不顾盟友感受、"乱打一气"的做法，明显拉开距离。拜登在竞选时宣布，"作为总统，拜登将把外交

提升为我们全球接触的首要工具"。[①] 在"印太战略"报告中，拜登强调，为了维护美国在"印太"地区的利益，应对日益严峻的挑战，美国必须"在外交、安全、经济、气候、疫情应对和技术领域，继续发挥领导作用"，并计划提升在东南亚和南太地区的外交存在。[②] 拜登政府将大力推进美国在"印太"地区的前沿外交，拓展在"印太"地区的外交存在，作为笼络人心，与中国争夺地区影响，以及提升美国地区软实力的重要步骤。2022年，拜登政府在推进前沿外交方面，主要采取了如下举措。

（一）推进首脑外交，极力笼络人心

拜登政府高度重视首脑外交，积极通过双边和多边首脑外交，强化与日韩澳等的传统双边军事同盟关系，积极发展与东南亚、南太等国的伙伴关系。2022年，拜登访问了"印太"地区四个国家，分别是：5月20—22日，访问韩国，与韩国新当选总统尹锡悦举行会晤，并参观了韩国三星电子集团工业园区，加强与韩国在半导体芯片等领域合作；5月22—24日，访问日本，拜会日本天皇，与日本首相岸田文雄举行双边会谈，并出席了在日本东京举行的美日印澳四方首脑会谈；11月12—13日，出席在柬埔寨举行的东亚峰会和美国—东盟峰会，与柬埔寨首相洪森举行双边会晤，并与出席会议的日本首相岸田文雄、韩

① Medea Benjamin and Nicolas J.S. Davies, "If Biden's Serious about Bringing Back Diplomacy, He Should Make These Appointments," Foreign Policy in Focus, November 16, 2020, https://fpif.org/if-bidens-serious-about-bringing-back-diplomacy-he-should-make-these-appointments/.

② The White House, The Indo-Pacific Strategy of the United States, February 2022, pp.10, 18.

国总统尹锡悦分别举行双边会晤；11月13—16日，出席在印尼巴厘岛举行的二十国集团领导人会议，与印尼总统佐科举行双边会晤，并与中国国家主席习近平举行双边会晤。

5月12—13日，拜登总统在首都华盛顿召开美国—东盟特别峰会，庆祝东盟美国对话关系成立45周年，并承诺在年底11月召开的第十届东盟—美国峰会期间，将美国东盟关系升级为全面战略伙伴关系。[1] 在11月柬埔寨举行的美国—东盟峰会上，双方发表联合声明，宣布将美国东盟关系升级为全面战略伙伴关系，美国将向东盟提供8.25亿美元援助，发展双方经贸关系。拜登表示，东盟是"美国'印太战略'的核心"。[2] 同年9月，拜登政府邀请南太岛国领导人赴华盛顿参加首届美国—太平洋岛国领导人峰会，宣布向太平洋岛国提供8亿美元额外援助，加强与太平洋岛国在外交、经贸、环境、安全、卫生、基础设施及人文交流等方面的合作。拜登政府还发布了首份《太平洋岛国伙伴关系战略》报告，强化美国在南太地区的外交、经济、安全和人文等领域的存在。[3]

此外，韩国尹锡悦、菲律宾马科斯等亚洲国家领导人还在

---

[1] The White House, "ASEAN-U.S. Special Summit 2022, Joint Vision Statement," May 13, 2022, https://www.whitehouse.gov/briefing-room/statements-releases/2022/05/13/asean-u-s-special-summit-2022-joint-vision-statement/.

[2] The White House, "Remarks by President Biden at the Annual U.S.-ASEAN Summit," November 12, 2022, https://www.whitehouse.gov/briefing-room/speeches-remarks/2022/11/12/remarks-by-president-biden-at-the-annual-u-s-asean-summit-2/.

[3] The White House, "Fact Sheet: Roadmap for a 21st Century U.S.-Pacific Island Partnership," September 29, 2022, https://www.whitehouse.gov/briefing-room/statements-releases/2022/09/29/fact-sheet-roadmap-for-a-21st-century-u-s-pacific-island-partnership/.

当选后访问了华盛顿，与拜登总统会晤。

（二）内阁高官频繁到访，改善美国地区形象

拜登总统除了亲自出面与"印太"地区国家领导人举行首脑会晤外，还频繁派遣内阁成员到访"印太"地区，增加美国的存在感，体现美国对该地区的重视。其中仅仅是国务卿布林肯就访问了11个"印太"地区国家，并出席了一系列重大外事活动，分别是：2月9—12日，出席在澳大利亚举行的第四次美日印澳"四方机制"外长会；2月12日，访问南太岛国斐济；5月21—25日，伴随拜登总统参加美日印澳"四边机制"领导人峰会，与美日印澳四国外长举行了美日印澳"四边机制"外长会；7月6—11日，先后访问印度尼西亚参加二十国集团外长会，访问泰国曼谷，与泰国领导人及外长会晤，访问日本东京，吊唁日本前首相安倍晋三去世；8月3—5日，访问柬埔寨首都金边，出席东亚峰会外长会和东盟地区论坛，会见柬埔寨首相与外长；8月5—6日，访问菲律宾，拜会菲律宾新总统马科斯；11月12—13日，伴随拜登总统访问柬埔寨，出席美国—东盟峰会和东亚峰会；11月13—16日，伴随拜登总统访问印尼，出席二十国集团领导人峰会；11月16—17日，伴随哈里斯副总统访问泰国，出席亚太经合组织领导人非正式会议，并参加亚太经合组织部长级会议。

此外，副总统哈里斯、国防部长奥斯汀、贸易代表戴琪等内阁高官，都对"印太"地区国家进行了访问或参加重大外事活动，增加美国在该地区的存在感，提升美国在该地区的影响力。

（三）增加在东南亚和南太地区外交存在，与中国争夺地区影响

拜登政府认识到，要与中国在东南亚和南太地区"争夺"影响，仅仅依靠首脑会晤、高官到访等吸引眼球的"一锤子买卖"是不够的，美国必须在当地持续经营、精耕细作。为此，拜登政府将拓展在东南亚和南太地区的持续外交存在，作为与中国"争夺"地区影响的重中之重。在第十届美国—东盟峰会上，拜登宣布将美国东盟关系升级为全面战略伙伴关系，并成立5个新的美国—东盟高层对话机制，覆盖卫生、交通、女性赋权、环境与气候变化以及能源领域。[①] 2022年，美国在所罗门群岛和马尔代夫开设了使馆，并就在汤加和基里巴斯两个太平洋岛国开设使馆进行磋商。在首届美国—太平洋岛国峰会上，拜登总统还宣布向太平洋岛国论坛派驻首任大使。[②]

二、推进以"印太经济框架"为核心的经济外交，试图对冲中国经济影响

拜登将"补齐经济短板"视为矫正特朗普"印太战略"的

---

① The White House, "Fact Sheet: President Biden and ASEAN Leaders Launch the U.S.-ASEAN Comprehensive Strategic Partnership," November 12, 2022, https://www. whitehouse.gov/briefing-room/statements-releases/2022/11/12/fact-sheet-president-biden-and-asean-leaders-launch-the-u-s-asean-comprehensive-strategic-partnership/.

② U.S. Department of State, "Marking One Year since the Release of the Administration's Indo-Pacific Strategy," February 13, 2023, https://www.state.gov/marking-one-year-since-the-release-of-the-administrations-indo-pacific-strategy/.

重要内容，也将其作为与中国"争夺"地区经济影响的主要抓手。拜登总统及其团队认识到，与中国"争夺"地区影响，仅仅聚焦外交或军事安全领域是不够的。一方面，拓展外交存在尽管重要，但是，仅仅靠"嘴皮子"是无法让"印太"地区国家紧跟美国，必须得有看得见摸得着的实惠。更何况，对于绝大多数"印太"地区国家来说，中国是他们的最大贸易伙伴和极其重要的投资来源国及海外市场。另一方面，如果过于重视军事安全领域，可能会引发地区国家的担忧，毕竟包括东南亚国家在内的大部分地区国家，不愿意在中美之间选边站，不愿意地区出现新的冷战格局。因此，聚焦经济，向地区国家提供中国之外的"另一种选择"，既可以打消"印太"地区国家的政治与安全顾虑，也可以通过经济外交，抵消中国的经济影响力。拜登政府的经济外交，以"印太经济框架"（IPEF）为核心，并辅以其他经济外交举措。

（一）提出"印太经济框架"，与中国竞争经济影响力

2022年5月，在日本东京举行的美日印澳"四边机制"首脑峰会期间，美国与日本、印度、澳大利亚、新西兰、韩国、印度尼西亚、马来西亚、越南、新加坡、泰国、菲律宾、文莱等成员国（斐济随后也加入，成员国拓展为14国）共同宣布成立"印太经济框架"。拜登政府强调，该框架将聚焦四大核心支柱，深化美国与"印太"地区的经济接触。这四大支柱分别是：

联通经济：在贸易问题上，美国将与地区伙伴进行广泛接触，谋求制定数字经济规则，包括跨境数据流动和数据本地化标准，关注在线隐私、歧视以及对人工智能的非道德运用，制

定更高的劳工和环保标准，防止贸易中的"逐底竞争"。

韧性经济：成立早期预警系统，绘制关键矿产品供应链图表，加强关键部门的供应链追踪，协调供应链多元化努力，防止供应链中断给经济带来的冲击。

清洁经济：减少碳排放，提倡清洁能源，建设绿色基础设施，应对气候变化。

公平经济：执行有效的税收、反洗钱和反腐措施，促进公平经济。[1]

美国兰德公司资深政策分析师德里克·克罗斯曼（Derek Grossman）表示，尽管"印太经济框架"不如奥巴马时期提出的"跨太平洋伙伴关系"雄心勃勃，但至少让人们看到了美国牵头与东南亚进行经济合作的某种承诺。特别是，"让东盟十个成员国中的七国参与，可不是个小成就"。[2]

7月26—27日，"印太经济框架"成员国在线上举行了第二次部长会（第一次部长会是在5月宣布成立时举行的），所有14个成员均参加了此次线上会。首日线上会主要聚焦第一大支柱，即贸易支柱，由美国贸易代表办公室牵头主办；第二天则聚焦其余三大支柱，由美国商务部牵头主办。然而，由于成员国在

---

[1] The White House, "Fact Sheet: In Asia, President Biden and a Dozen Indo-Pacific Partners Launch the Indo-Pacific Economic Framework for Prosperity," May 23, 2022, https://www.whitehouse.gov/briefing-room/statements-releases/2022/05/23/fact-sheet-in-asia-president-biden-and-a-dozen-indo-pacific-partners-launch-the-indo-pacific-economic-framework-for-prosperity/.

[2] Derek Grossman, "Biden's Southeast Asia Policy Improves in Second Year, But Still Much to Do," The RAND Blog, January 10, 2023, https://www.rand.org/blog/2023/01/bidens-southeast-asia-policy-improves-in-second-year.html.

四大支柱领域的讨论磋商并未达成共识，因此会后并没有发表联合声明，只是由美国贸易代表办公室和商务部发布了会谈的简短记录，并未提供关于会议的详细内容，只是一带而过地表示"部长们进行了积极和建设性的讨论，重申建立高标准和包容性经济框架的集体目标"。对此，美国国际战略研究所的研究人员指出，在两天线上会上，人们不时提到，要给最终达成的有约束力的承诺提供宽限期，凸显部分国家不愿意采纳更高标准，对满足这些高标准持保留立场。"例如，马来西亚是提出需要过渡期的主要国家，但绝不是提出这一要求的唯一亚洲国家。日本也支持这一观点，强调让不同成员国愿意和易于参与这一框架十分重要。"此外，一些与会者还批评拜登政府不愿意讨论美国关税自由化，"实际上有效降低了框架的可信度，因为这显示美国不愿意作出重大让步"。[①]

9月7—8日，"印太经济框架"14个成员国在美国洛杉矶举行了首次线下部长级会谈，这是自2022年5月"印太经济框架"宣布成立以来，举行的第三次部长级会谈。美国商务部长雷蒙多和美国贸易代表戴琪代表美方共同参加了此次会议。会后14个成员国发表了部长声明，宣布在"四大支柱"领域要实现的政策目标。

第一，在贸易支柱方面（即联通经济），该框架将寻求制定高标准贸易规则，包括劳工、环境、数字经济、农业和透明度，

---

① Emily Benson and Grant Reynolds, "The Indo-Pacific Economic Framework for Prosperity: A New Approach to Trade and Economic Engagement," International Institute for Sustainable Development, September 25, 2022, https://www.iisd.org/articles/policy-analysis/indo-pacific-economic-framework.

推进贸易便利化、实施技术援助和促进经济发展。美国和该框架合作伙伴，将促进可信和安全的跨境数据流动，推进包容性数字贸易。

第二，在供应链支柱中（即韧性经济），各国协调行动，减轻和防止未来供应链中断，确保关键部门和关键产品安全。美国将与该框架合作伙伴合作，确定对国家安全、经济韧性以及公民健康和安全至关重要的部门和产品，采取集体行动，提高这些部门的韧性，在未来的关键行业创造就业机会和经济机会。合作伙伴将确定关键供应链中的唯一来源和瓶颈，并通过促进和支持对新的物理和数字基础设施的投资来共同努力解决这些问题。

第三，在清洁经济支柱中，各国将寻求扩大投资机会，刺激创新，改善公民生计，释放"印太"地区丰富的清洁能源资源和巨大的碳固存潜力。促进清洁能源和气候友好型技术合作，动员投资并促进低排放和零排放商品和服务的使用。

第四，在公平经济支柱中，各国将通过预防和打击腐败、遏制逃税和提高透明度，为伙伴国的企业和工人创造公平竞争环境，重视公平、包容、法治、问责制和透明度。通过创新、强化反腐败和税收措施，改善投资环境，促进商业、贸易和投资流动，推进一个自由、开放和繁荣的"印太"地区。

值得注意的是，印度并没有参加此轮贸易支柱谈判，仅仅参加了其他三大支柱谈判。印度给出的理由是，目前看不出贸易支柱对印度经济带来的好处，印度需要等待观望，待尘埃落定后再做决定。

12月10—15日，"印太经济框架"成员国在澳大利亚布里斯班举行首次线下会谈。谈判进展并不顺利。尽管在农业和粮食产量等议题上达成了共识，但在改善区域劳工和环境标准方面仍存在较大分歧。有分析指出，鉴于美国不愿提供市场准入（包括各种制成品和信息技术服务）作为交换条件，美国复制《美墨加协定》劳工条款的努力，不太可能引起东南亚国家的共鸣。美国和许多亚洲市场之间在数字贸易规则上的分歧，也使相关议题的磋商变得复杂。美国在会上向澳大利亚、日本和韩国等发达成员国施压，要求它们加入美国在半导体、电池、关键材料和制药等行业的供应重组努力。尽管这些国家的企业会因为合规风险而遵循美国的出口管制，但它们不太可能遵循美国主导的制造业回流，因为这可能意味着它们要搬离全球和地区主要制造业中心和市场的中国。此外，拜登政府签署的《通胀削减法案》也引起了轩然大波，特别是在电动汽车领域，引发了欧盟、日本及韩国的不满，这些分歧也将继续成为今后该框架争论的焦点。①

　　12月20日，"印太经济框架"举行了第四次部长级会谈，也是第二次线上部长会。各方就加入该框架的经济利益进行了讨论，重申共同致力于达成一项包容性的高标准经济协定，以提高该框架所有伙伴经济体的经济竞争力，欢迎印度主办"印太经济框架"特别谈判回合，讨论供应链、清洁经济和公平经济

---

① "First Round of IPEF Negotiations Concludes in Australia," *Economist Intelligence*, December 21, 2022, https://country.eiu.com/article.aspx?articleid=362670819&Country=Japan&topic=Economy&subtopic=Forecast&subsubtopic=External+sector&u=1&pid=1352620318&oid=1462620929.

三大支柱。①

2023年2月8日，14个成员国代表在印度新德里举行了"印太经济框架"特别谈判。由于印度暂时不愿意讨论贸易支柱问题，会议主要针对供应链、清洁经济和公平经济三大支柱进行磋商谈判。据美国商务部会后发表的会谈简报，与会代表就"三大支柱"进行了深入讨论，重申致力继续合作，以迅速缔结包括高标准成果的协议，加强各自经济竞争力和繁荣。其间，美国代表团还参加了由美国商务部和印度工商部共同主办的与印度和美国利益攸关方的面对面倾听会，为谈判顺利推进和赢得包括印度在内的各方支持，进行宣传。②

（二）打造"蓝色太平洋伙伴关系"，与中国争夺南太岛国

拜登政府认为，在与中国的地区竞争中，南太地区日益成为新的"竞斗场"。特别是2022年4月中国与所罗门群岛签署政府间安全合作框架协议，加强两国在自然灾害应对、人道主义救援、发展援助、维护社会秩序等领域的合作，美国及澳大利亚等国如坐针毡，并积极采取应对措施"对冲"中国影响。同年6月，在美国牵头下，美国、日本、澳大利亚、新西兰、英国五国宣布与太平洋岛国成立"蓝色太平洋伙伴关系"（PBP），

---

① U.S. Department of Commerce, "Readout from IPEF Ministerial Meeting Hosted by Secretary Raimondo," December 20, 2022, https://www.commerce.gov/news/press-releases/2022/12/readout-ipef-ministerial-meeting-hosted-secretary-raimondo.

② U.S. Department of Commerce, "Readout of the Indo-Pacific Economic Framework Special Negotiating Round," February 11, 2023, https://www.commerce.gov/news/press-releases/2023/02/us-department-commerce-readout-indo-pacific-economic-framework-special.

加强与太平洋岛国之间的政治、经济、人文与安全联系。五国宣布，在加强与太平洋岛国防务合作之外，还将在经济和基础设施领域推进合作，"对冲"中国"一带一路"倡议，"抵消"中国在南太地区日益增长的影响力。①

9月22日，美国国务卿布林肯主持召开"蓝色太平洋伙伴关系"部长级会议，会上提出未来重点行动的六个领域：气候变化、技术与互联互通、海洋与环境保护、人力资源发展、资源与经济发展、政治领导力与地区主义。② 这六个领域覆盖了太平洋岛国2022年6月通过的《蓝色太平洋2050战略》列举的七个关键领域中的六项，③ 从契合角度上，可以看出美国领导的"蓝色太平洋伙伴关系"迎合太平洋岛国的政治意图。从这个意义上说，美国拉拢盟友成立"蓝色太平洋伙伴关系"，不仅仅着眼于经济议题，更强调经济、政治、人文、安全等各领域齐抓共管，是配合美国"印太战略"的重要举措。在这次会议上，五国表示，欢迎德国和加拿大加入"蓝色太平洋伙伴关系"。9月28—29日，拜登政府还在华盛顿召开了首届美国太平洋岛国首脑峰会，会后美国还发布了首份《太平洋伙伴关系战略》报

---

① Artyom Garin and Radomir Romanov, "The Partners in the Blue Pacific: A New Alliance in the Region," Organization for Research on China and Asia, September 22, 2022, https://orcasia.org/2022/09/the-partners-in-the-blue-pacific-pib/.

② U.S. Department of State, "Joint Statement on Partners in the Blue Pacific Foreign Ministers Meeting," September 22, 2022, https://www.state.gov/joint-statement-on-partners-in-the-blue-pacific-foreign-ministers-meeting/.

③ 2050 Strategy for the Blue Pacific Continent, Pacific Islands Forum Secretariat, 2022, https://www.forumsec.org/wp-content/uploads/2022/08/PIFS-2050-Strategy-Blue-Pacific-Continent-WEB-5Aug2022.pdf.

告，表示要进一步加强美国与太平洋岛国的政治、经济、外交、人文、安全等领域的合作。①

（三）加强与印度在新技术领域合作，推进"以印制华"经济战略

在与中国的经济竞争中，除了抛出上述"印太经济框架"和"蓝色太平洋伙伴关系"外，拜登政府还特别重视印度的作用。印度高速发展的经济和在信息技术领域的科技大军，对于美国赢得与中国的科技竞争，抢占在"印太"地区的科技制高点，十分关键。2022年5月，美印两国共同宣布发起"美印关键和新兴技术倡议"（ICET），提升两国"战略技术伙伴关系和国防工业合作"。2023年1月31日，美印两国在华盛顿举行首次"美印关键和新兴技术倡议"会议，落实如何深化两国在关键和新兴技术领域的合作。双方宣布将在六个科技领域展开合作：

（1）加强两国创新部门合作，美国科学基金会与印度相关科学机构签署新的研究机构伙伴关系执行安排，拓展双方在人工智能、量子技术及先进无线传输领域的合作；

（2）深化防务创新和技术合作，成立新的双边国防工业合作路线图，加快两国在国防技术及生产领域的联合开发与生产；

（3）加强半导体供应链合作，提升两国在半导体供应链、半导体设计、生产、制造领域的合作；

---

① The White House, *Pacific Partnership Strategy of the United States*, September 2022, pp.4-16.

（4）加强两国太空技术合作；

（5）加强两国在科技工程和数学人才培养领域合作，成立美印两国高校新的联合工作组，协调培养和科研合作；

（6）加强两国在下一代通信领域合作。[①]

（四）加大对东南亚国家的基础设施和清洁能源转型帮助，向东盟国家提供"区域公共产品"

拜登政府成立了美国东盟基础设施和互联互通平台，通过"全球基础设施和投资伙伴关系"倡议，促进对东南亚国家的基础设施投资；启动美国东盟电动车倡议，推动东南亚地区电动车生产及基础设施建设；美国国务院和国际开发署2022年向东南亚国家提供8.6亿美元援助，支持东南亚国家在气候变化、清洁能源转型、卫生系统、法治和安全等领域的行动；美国国际金融公司向东南亚发放2.15亿美元贷款，支持女性企业家创业；等等。[②] 通过这些举措，拜登政府希望进一步密切与东南亚国家的经贸关系，向东南亚国家提供有别于中国的"另一项选择"。

[①] The White House, "Fact Sheet: United States and India Elavate Strategic Partnership with the Initiative on Critical and Emerging Technology (iCET)," January 31, 2023, https://www.whitehouse.gov/briefing-room/statements-releases/2023/01/31/fact-sheet-united-states-and-india-elevate-strategic-partnership-with-the-initiative-on-critical-and-emerging-technology-icet/.

[②] The White House, "Fact Sheet: President Biden and ASEAN Leaders Launch the U.S.-ASEAN Comprehensive Strategic Partnership," November 12, 2022, https://www.whitehouse.gov/briefing-room/statements-releases/2022/11/12/fact-sheet-president-biden-and-asean-leaders-launch-the-u-s-asean-comprehensive-strategic-partnership/.

三、加强前沿军事部署，推动"印太网络化"和北约 "印太转向"，搅动地区安全局势

增强在"印太"地区前沿军事存在，依靠盟伴力量加大对华军事威慑，积极推动"印太网络化"和北约"印太转向"，维护有利于美国的地区权力平衡，是拜登政府"印太战略"的重要一环。

（一）提升和优化美国在西太平洋地区的前沿军事存在

拜登政府"印太战略"指出，"75年来，美国一直（在'印太'地区）维持强大稳定的防务存在，推进地区和平、安全、稳定与繁荣。美国一直是可靠的地区盟友，并将在21世纪里继续成为地区可靠盟友"。① 强化美国在"印太"地区的军事能力，维持有利于美国的地区均势，是拜登政府"印太战略"的重要组成部分。美国国防部发布的2022年国防战略，将中国视为"步步紧逼的安全挑战"，强调建立"有韧性的""印太"地区安全架构，以维护有利于美国霸权的地区秩序，对中国进行军事威慑。② 在上述战略思想指导下，拜登政府通过两方面举措，提升美国在南海及整个西太平洋地区的军事存在。

美国2021财年国防授权法案，成立"太平洋威慑倡议"，旨在提升美国在太平洋地区的军事存在，加强盟友及伙伴的防

---

① The White House, *Indo-Pacific Strategy of the United States*, February 2022, p.12.

② U.S. Department of Defense, *2022 National Defense Strategy of the United States of America*, October 2022, p.14.

务能力,应对中国"军事挑战",实现美国在"印太"地区的战略目标。该倡议从2022财年正式付诸实施。美国国防部2022财年的"太平洋威慑倡议"预算请求为51亿美元,其中49亿美元用于提升联合作战能力的武器装备拨款。但国会认为,国防部的军事拨款要求和武器装备事项过于保守,最终批准了总额为71亿美元的预算授权。[①] 美国国防部2023财年的"太平洋威慑倡议"拨款请求为61亿美元,国会最终批准了总额为115亿美元的预算授权。根据新的预算授权,美国将在提升"印太"地区军事存在和军事准备方面投入64.6亿美元,远远超过国防部的18亿美元拨款请求,用于强化美国在关岛等地的导弹防御基础设施,加强美国海军太平洋舰队的海军陆战队第三远征部队的作战能力,以及购买其他武器装备等。此外,在基础设施改善、军事演习和训练等方面拟投入近40亿美元,在关岛、日本、澳大利亚及马里亚纳海群岛建设新的军事基地。[②] 通过增加在"前沿地带"的军事存在和军力部署,维护美国军事优势,应对包括南海争端在内的"紧急情况","太平洋威慑倡议"矛头直指中国。美国国防部强调,"为了打赢'印太'地区突发情况,美国必须对其老化的军事能力和资产进行强化和现代化,并对更具韧性、生存能力和战略性的军事存在进行投资"。[③]

---

① Andrew Eversden, "Pacific Deterrence Initiative Gets $2.1 Billion Boost in Final NDAA," Breaking Defense, December 7, 2021, https://breakingdefense.com/2021/12/pacific-deterrence-initiative-gets-2-1-billion-boost-in-final-ndaa/.

② "The Pacific Deterrence Initiative: A Budgetary Overview," *Congressional Research Service Report*, January 9, 2023, pp.1-2.

③ Office of the Under Secretary of Defense (Comptroller), *Pacific Deterrence Initiative: Department of Defense Budget Fiscal Year (FY) 2023*, April 2022, p.7.

美国国防部负责"印太"事务的助理国防部长埃利·拉特纳（Ely Ratner）2022年12月在美国企业研究所的一次会议上表示，从历史上看，美国在"印太"地区的军事部署主要集中于东北亚地区，但是，鉴于"印太"地区形势变化，美国需要"更加机动、强大和分散化的地区军力部署"，"我认为，2023年将是一代人以来美国在该地区军力部署最具变革性的一年"。[①] 很明显，美国在"印太"地区的驻军，正在由东北向东南方向分散，为台海、南海及东海局势"未雨绸缪"。

（二）加强与地区盟友的防务合作、拓展前沿军事存在

拜登政府的"印太战略"高度重视联盟及伙伴关系作用，认为在与中国的"战略竞争"中，联盟与伙伴是美国的独特优势和战略资产，必须善加利用。拜登政府通过深化美日、美澳及美菲双边防务合作，推动美军在南海周边军事资产的分散化和韧性，构建有利于美国的军事平衡。

1. 深化美澳防务合作

2021年11月，在美澳举行的"2+2"外长防长会谈中，双方同意继续推进十年前启动的"美澳军力部署倡议"（Force Posture Initiatives），并决定在四个方面继续强化。分别是：

（1）在澳大利亚轮流部署美国所有类型的飞机以及飞机培训和演习，进一步加强空军合作；

（2）增加对美国停留在澳大利亚舰艇的后勤和保障支持，

[①] Christopher Woody, "The U.S. Military Is Planning for a 'Transformative' Year in Asia as Tensions with China Continue to Rise," Insider, https://www.businessinsider.com/us-military-transform-indo-pacific-force-posture-in-2023-2022-12?r=US&IR=T.

加强海上合作；

（3）通过一体化演习以及与该区域盟友和伙伴的更多接触，加强陆上合作；

（4）建立一个综合后勤、保障和维修中心，支持该地区的高端作战和联合军事行动。[①]

2022年12月，在第32届美澳年度部长级磋商会（AUSMIN）上，美澳两国政府决定继续强化双边军事合作。美国将继续在澳大利亚陆海空域轮换部署美国军事力量，包括部署美国轰炸机特遣队、战斗机以及美国海军和陆军军事力量。双方决定在澳大利亚储存美军弹药和燃料，并通过联合军演增加后勤方面的互通性；双方将在澳大利亚北部军事基地共同开发灵活的后勤设备，更好地支持美国军机在澳大利亚的轮换部署；扩大美国陆军及海军陆战队在澳大利亚的基地，以便于军演及其他地区介入活动。[②]

2. 升级美日防务合作

近年来，日本极力兜售"中国威胁"，积极重振军备。岸田文雄2021年执政后，继续将深化美日同盟关系，全面推进美日安全合作，作为对外政策基石。2022年12月，日本政府发布

---

① U.S. Department of Defense, "Joint Statement on 10-Year Anniversary for the Australia-United States Force Posture Initiatives," November 16, 2021, https://www.defense.gov/News/Releases/Release/Article/2845438/joint-statement-on-10-year-anniversary-for-the-australia-united-states-force-po/.

② U.S. Department of Defense, "Joint Statement on Australia-U.S. Ministerial Consultations (AUSMIN) 2022," December 6, 2022, https://www.defense.gov/News/Releases/Release/Article/3238028/joint-statement-on-australia-us-ministerial-consultations-ausmin-2022/.

《国家安全保障战略》等三份防卫政策文件，公开将中国定位为日本"迄今最大战略挑战"，渲染中国"威胁"，大幅提升防卫费，并首次强调要建立日本的"反击能力"，推翻日本一贯坚持的"专守防卫"原则。① 拜登政府积极支持日本扩充军备，深化美日军事同盟关系，后者也被视为美国"印太战略"的基石。2022年1月，在拜登政府与岸田文雄政府举行的首次美日安全磋商会（"2+2"会议）上，双方强调持续推动美日同盟的现代化，加强联合作战能力，加强战略和政策目标协调，以更加一体化方式应对地区安全挑战。在南海问题上，双方重申"强烈反对中国在南海地区的'非法'海洋主张、军事化及强制行为"。双方表示，要加强在所有领域的能力，尤其是陆海空天网和导弹防御及电磁领域的一体化能力，促进军事准备、弹性及兼容性，深化双方在资产保护、联合情报侦察、监视、训练和演习等方面的合作，推进联合使用美日军事设施，包括强化日本自卫队在西南诸岛的军力部署。②

2023年1月，美日在华盛顿再次举行安全磋商会，渲染中国是"'印太'及其他地区的最大战略挑战"。双方决定推进五个方面的合作：

（1）加强联盟协调，日本将成立一个常设联合总部，以促进美日作战兼容性和快速反应能力；

---

① Ministry of Foreign Affairs of Japan, *National Security Strategy of Japan*, December 2022, pp.9, 18-20.

② U.S. Department of Defense, "Joint Statement of the U.S.-Japan Security Consultative Committee (2+2)," January 6, 2022, https://www.defense.gov/News/Releases/Release/Article/2891314/joint-statement-of-the-us-japan-security-consultative-committee-22/.

（2）深化双边情报、侦察、监视及灵活威慑协调，美国将在日本鹿屋空军基地部署MQ-9死神无人机，成立双边信息分析单元以提升情报共享能力，联合使用嘉手纳弹药库及联合使用美日军事设施，增加在日本西南诸岛的双边军事演习；

（3）加强导弹防御、反舰、反潜、扫雷、两栖及空中作战能力，深化日本部署反击能力方面的美日合作，强化陆海空天网电磁等跨域能力建设合作；

（4）深化太空能力及网络和信息安全合作；

（5）加强美日防务技术和防务供应链安全合作，确保防务技术优势。

此外，双方商定，对美日基地重新部署执行路线图进行调整，美国第三海军陆战师总部和第12海军陆战团将继续驻扎在冲绳，并在2025年前将第12海军陆战团重组为第12海军陆战队濒海团。① 显然，美日防务合作朝着一体化、实战化和应对"台海、东海及南海"等"日本周边有事"方向快速演进。

3. 加强美菲防务合作

菲律宾作为南海争端当事方，受到拜登政府高度重视。2022年11月，副总统哈里斯访问菲律宾，双方宣布进一步加强美菲防务合作。一是加强菲律宾海事执法能力。美国向菲律宾提供750万美元额外援助，加强菲律宾海事执法机构的能力，提高其打击非法捕鱼的能力，提高海域态势感知能力，以及提

---

① U.S. Department of Defense, "Joint Statement of the 2023 U.S.-Japan Security Consultative Committee (2+2)," January 11, 2023, https://www.defense.gov/News/Releases/Release/Article/3265559/joint-statement-of-the-2023-usjapan-security-consultative-committee-22/.

升菲律宾海事执法部门在南海等海域的海上搜救能力。二是落实美菲"强化防务合作协定"，拓展美菲防务合作。马科斯上台后，菲律宾政府决定继续实施美菲强化防务合作协议。该协议允许美国利用菲律宾军事基地进行联合训练、预先存放军事装备，建设机场跑道、燃油库及军用房舍等。美国拨款8200多万美元，用于在所有五个现有地点实施"强化防务合作协议"。[①]哈里斯在与马科斯会谈时强调，美国"在捍卫南海国际规则规范方面，站在你们一边。对菲律宾在南海武装力量、公用船只或飞机的武装袭击，将会触发美菲相互防御承诺"。[②]2023年2月1日，国防部长奥斯汀访菲期间，双方宣布将在菲律宾再建4个轮换驻军基地，将美国在菲律宾轮流驻扎的基地增加到9个。奥斯汀表示，"这不是永久驻军基地，但是件大事，真正的大事"。[③]

（三）积极推动"印太联盟体系网络化"和北约"印太转向"，搅动地区安全局势

在拜登政府的"印太战略"中，拉拢盟伴一道，牵制中国

[①] The White House, "Fact Sheet: Vice President Harris Launches New Initiatives to Strengthen U.S.-Philippines Alliance," November 20, 2022.

[②] The White House, "Remarks by Vice President Harris and President Macros of the Republic of the Philippines before Bilateral Meeting," November 21, 2022, https://www.whitehouse.gov/briefing-room/speeches-remarks/2022/11/21/remarks-by-vice-president-harris-and-president-marcos-of-the-republic-of-the-philippines-before-bilateral-meeting/.

[③] Sui-Lee Wee, "U.S. to Boost Military Role in the Philippines as Fears over Taiwan Grow," *New York Times*, February 1, 2023, https://www.nytimes.com/2023/02/01/world/asia/philippines-united-states-military-bases.html.

地区影响，维护有利于美国的地区均势，塑造有利于美国的地区安全秩序，是其重要一环。除了前述强化既有双边军事同盟外，还特别重视在"印太"地区组建小多边安全机制（即"印太联盟体系网络化"），并积极推动北约的"印太转向"。"印太联盟体系网络化"和北约"印太转向"，是拜登政府塑造"印太"地区安全秩序的重要抓手。

1. 推动"印太联盟体系网络化"

所谓"网络化"，主要是指美国在"印太"地区积极构建以美国为盟主的小多边网络化安全机制，有别于传统的"轴辐式"双边军事同盟。拜登政府重点从三方面入手，推动"印太联盟体系网络化"，塑造有利于美国的地区安全秩序。

首先，积极推动美日韩、美日澳等小多边安全磋商机制，在"三海"领域的协调与合作。拜登政府"印太战略"的一大新动向是，利用美日韩、美日澳等小多边安全磋商机制，推动台海、南海及东海问题的"三海联动"，协调盟伴在涉海问题上的立场。一直以来，由于日韩之间的矛盾以及韩国政府对公开谈论中国台海和南海问题的忌惮，美日韩三边安全磋商机制在公开场合并未发表针对南海和台海问题的联合声明。然而，在拜登政府施压和韩国文在寅及尹锡悦两届政府外交政策调整的双重因素共振下，韩国一改先前的"消极立场"，开始在美韩双边及美日韩三边场合公开提及台海及南海问题，表达"关切"。

2021年5月，拜登与韩国总统文在寅举行首次会晤，在会后发表的领导人联合声明中，首次提到台海和南海局势，表示"反对所有削弱、破坏或威胁基于规则的国际秩序行为……维护和平稳定和合法的不受阻碍的商业活动，尊重国际法，包括在南海及其他海域的航行与飞越自由"。声明还"强调维护台海和平稳定的重要性"。① 在2022年6月举行的美日韩三国防长对话会中，在联合新闻声明中公开提及台海问题，并间接涉及南海和东海问题。声明表示，三国"同意深化三边合作……促进自由开放的'印太'地区"，"强调台海和平稳定的重要性"，"对不符合基于规则的国际秩序的相关行为表示关切，强调航行及飞越自由的重要性"，"重申所有争端必须以符合国际法原则方式和平解决"。② 2022年12月，尹锡悦政府发布韩国首份"印太战略报告"，表示要进一步协调韩国与美国等盟友在"基于规则"的"印太秩序"领域的协调与合作。③

美日澳三边安全磋商机制，也多次对台海、东海及南海局势表达"关切"。在2022年6月和10日分别举行的三边防长会上，三国公开表达对东海及南海局势的"严重关切"，"反对任何通过对争议地物的军事化和'胁迫及强制'行动，改变或影响现状的企图"，"强烈反对中国在南海的'不合法'海洋主张和活动"，"强调台海和平稳定的重要性，鼓励和平解决台海

---

① The White House, "U.S.-ROK Leaders' Joint Statement," May 21, 2021, https://www.whitehouse.gov/briefing-room/statements-releases/2021/05/21/u-s-rok-leaders-joint-statement/.

② U.S. Department of Defense, "United States-Japan-Republic of Korea Trilateral Ministerial Meeting (TMM) Joint Press Statement," June 11, 2022, https://www.defense.gov/News/Releases/Release/Article/3059875/united-states-japan-republic-of-korea-trilateral-ministerial-meeting-tmm-joint/.

③ The Government of the Republic of Korea, *Strategy for a Free, Peaceful, and Prosperous Indo-Pacific Region*, December 2022, pp.22-23.

问题"。①

　　其次，升级美日印澳"四方机制"，将其打造成塑造地区安全秩序的首要机制。拜登执政后，将美日印澳"四方机制"升级为首脑级四边对话会，并定期举行外长会、高官会及专家组工作会，提升"四方机制"在"印太战略"中的战略引领地位，重视"四方机制"在"印太安全秩序"塑造中的作用。拜登执政两年里，美日印澳"四方机制"已经举行了4次首脑会晤（其中2次为视频会议），4次外长会（其中1次为线上会），1次高官会以及定期举行的专家组工作会，加强四国在海上安全、公共卫生、气候变化、基础设施以及新兴技术领域的磋商与合作。② 在首脑会晤和外长会中，四国多次表达对南海及东海问题的"关切"，强调"维护航行与飞越自由，应对东海和南海等地区对基于规则的海洋秩序的挑战"，"强烈反对任何寻求改变现状和增加地区竞争局势的胁迫、挑衅或单边行动"。③

　　最后，成立美英澳安全伙伴，加强三国安全合作。2021年

　　① U.S. Department of Defense, "United States-Japan-Australia Trilateral Defense Ministers Meeting (TDMM 2022) Joint Vision Statement," June 11, 2022; Japan Ministry of Defense, "United States-Japan-Australia Trilateral Defense Ministers Meeting (TDMM)," October 1, 2022, https://www.mod.go.jp/en/article/2022/10/3081363dd85eed0b64110c8fcf237c3d552f0e01.html.

　　② Department of Foreign Affairs and Trade, Australian Government, "Quad," https://www.dfat.gov.au/international-relations/regional-architecture/quad.

　　③ The White House, "Quad Joint Leaders' Statement," May 24, 2022, https://www.whitehouse.gov/briefing-room/statements-releases/2022/05/24/quad-joint-leaders-statement/; U.S. Department of State, "Joint Statement on Quad Cooperation in the Indo-Pacific," February 11, 2022, https://www.state.gov/joint-statement-on-quad-cooperation-in-the-indo-pacific/.

9月，拜登政府宣布成立美英澳三方安全伙伴关系，美英承诺向澳大利亚提供核动力潜艇技术，以帮助澳大利亚获得核动力潜艇，撕毁澳大利亚与法国此前签署的常规动力潜艇协议。考虑到核动力潜艇的超长"待机时间"和超静音性能以及澳大利亚地处南太的优越地理位置，美国决心向澳大利亚提供核动力潜艇技术，显然是通过提升澳大利亚潜艇能力，分担美国"印太"防务压力，为可能发生的"印太"地区冲突未雨绸缪。澳大利亚学者表示，"'奥库斯'（AUKUS）主要被广泛视为对北京最近活动的反应"，[①]"反映了美国、英国和澳大利亚正在重视'印太'地区，履行限制中国在该地区行使权力的承诺"。[②]

2. 推动北约"印太转向"

北约"印太转向"，主要是指美国积极推动北约"关注印太"地区安全局势发展，加强与"印太"国家的安全防务合作，配合美国政府的"印太战略"。拜登政府2022年10月发布的《国家安全战略》报告强调，欧洲与"印太"两大地区相互促进、命运与共，美国要加强"印太"与欧洲民主联盟及伙伴的互联纽带，优先考虑整合我们"印太"和欧盟的新方式，推进新的和更深层次的合作，包括"航行自由行动"及"维护台海和平

[①] Jamal Barnes and Samuel M. Makinda, "Testing the Limits of International Society? Trust, AUKUS and Indo-Pacific Security," *International Affairs*, Vol.98, No.4, p.1307.

[②] Jamal Barnes, Samuel M. Makinda, and Joseph Hills, "What Are the Lasting Impacts of the AUKUS Agreement?" Chatham House, August 16, 2022, https://www.chathamhouse.org/2022/08/what-are-lasting-impacts-aukus-agreement.

与稳定"。①

2020年11月，北约发布《北约2030：联合应对新时代》研究报告，强调"北约必须投入更多时间、政治资源和行动，应对中国带来的安全挑战"。②近年来，在美国的"示范"下，法国、德国、英国、荷兰、加拿大等北约成员国及欧盟都出台了各自的"印太"战略或构想，英国、法国、荷兰和德国等北约欧洲成员国还积极派遣舰艇前往南海等"印太"海域"访问"、军演或开展所谓"航行自由行动"，展示在"印太"地区的军事存在。仅2021年一年，北约欧洲成员国就派遣了21艘军舰进入亚洲海域，进行军演、访问或"航行自由行动"。③

2022年6月，在西班牙马德里举行的北约领导人峰会上，首次邀请日本、韩国、澳大利亚、新西兰四个"北约亚太安全伙伴国"首脑参加北约峰会，加强与亚太伙伴的安全磋商，推动北约成员国与亚太安全伙伴在防务领域的磋商、协调与合作，推动欧亚联动。峰会上发布的新版北约战略概念文件中，首次将中国定义为北约的"系统性挑战"，强调"'印太'对北约非常重要，印太局势的发展会直接影响欧洲大西洋安全。我们将强化与'印太'既有的及新伙伴的对话与合作，应对跨区域挑

---

① The White House, *National Security Strategy*, Washington DC, October 2022, pp.16-17.

② "NATO 2030: United for a New Era: Analysis and Recommendations of the Reflection Group Appointed by the NATO Secretary General," November 25, 2020, p.28.

③ Prakash Nanda, "NATO on China's Door! US-Led Maritime Forces Are 'Spreading Their Web' around China amid Beijing's Belligerence," *The Eurasian Times*, August 13, 2022, https://eurasiantimes.com/nato-on-chinas-door-us-led-maritime-forces-are-spreading-their-web-around-china-amid-beijings-belligerence/.

战及共同安全利益"。① 北约秘书长斯托尔滕贝格辩称,"这不是说北约要进入南海,而是考虑到中国离我们越来越近"。②

2022年11月,北大西洋议会政治委员会北约伙伴关系小组委员会发布《北约与"印太"地区》报告。报告声称,中国咄咄逼人的对外政策行为及其对基于规则的全球秩序挑战,是北约及"印太"地区盟友的主要关切。报告提出,北约应该加强与"印太"盟友在全球规范制定方面加强合作,加强与"印太"盟友的政治对话和务实合作。不过,报告指出,在中短期内,北约不大可能在"印太"地区从事重大海洋行动,但是美国、法国及英国等具有海洋能力的国家,在促进"自由开放""印太"方面可以扮演重要角色。③

2023年1月29日至2月1日,北约秘书长斯托尔滕贝格访问韩国和日本,强调北约重视与日韩等亚太安全伙伴的关系,声称北约安全与东亚安全彼此交织:"欧洲发生的事情,对'印太'地区十分重要,亚洲发生的事情,对北约同样重要。""与全球伙伴,尤其是'印太'伙伴携手合作,是应对更加危险和不可知世界的重要一环。"④ 在此次访问中,斯托尔滕贝格再次要求

---

① NATO, *NATO 2022 Strategic Concept*, June 2022, pp.5, 11.

② Secretary General Jens Stoltenberg, "The Geopolitical Implications of Covid-19," Speech by NATO Secretary General Jens Stoltenberg at the German Institute for Global and Area Studies (GIGA), June 30, 2020, https://www.nato.int/cps/en/natohq/opinions_176983. htm.

③ NATO Parliamentary Assembly, *NATO and the Indo-Pacific Region*, November 20, 2022, pp.1-17.

④ Sakura Murakami, "Pacific Partners Amid Security Tensions," Reuters, February 1, 2023, https://www.reuters.com/world/nato-chief-stresses-importance-indo-pacific-partners-amid-security-tensions-2023-02-01/.

日韩等国领导人参加年底在立陶宛举行的北约峰会，将日韩澳新等国领导人参加北约首脑峰会机制化，进一步密切北约与亚太国家和地区的安全联系。[①]

四、拜登政府"印太战略"走向

2022年也是拜登政府全面推进、落实"印太战略"的重要一年，并在外交、经济和安全领域取得一定进展。分析其走向，拜登政府在推进"印太战略"方面，可能继续在如下三个方面用力。

第一，在外交方面，继续团结欧亚盟友，并将推动"欧亚联动"作为主要着力方向。首先，拜登政府将利用美日韩、美日澳、美日印、美日印澳、美英澳等小多边机制及美国亚太轴辐体系双边机制，强化与美国"印太"盟友及伙伴的外交纽带。其次，拜登政府还将利用"印太"多边对话会，拓展美国外交存在，与中国"争夺"地区影响。拜登政府将利用香格里拉安全对话会、东亚峰会、美国东盟峰会、亚太经合组织领导人非正式会议、美国—太平洋岛国伙伴关系等多边机制，增强与"印太"地区盟友及伙伴的外交联系，拓展美国地区影响。最后，利用"蓝色太平洋伙伴关系"、美国欧盟峰会、北约峰会、七国集团领导人会议等多边机制，推动美国欧洲盟友"印太转向"，推动美国欧亚盟友之间的"欧亚联动"，构建广泛的针对

---

① Sara Bjerg Moller, "NATO Is Entering a New Phase in the Indo-Pacific," Atlantic Council, February 6, 2023, https://www.atlanticcouncil.org/blogs/new-atlanticist/nato-is-entering-a-new-phase-in-the-indo-pacific/.

中国的外交统一战线。

第二，经济领域，加大谈判磋商频率，力争在2023年年底前就IPEF主题框架达成协议。2022年下半年以来，拜登政府就"印太经济框架"与成员国进行了密集磋商，紧锣密鼓举行了多次部长级会议及线下具体议题谈判，希望尽早就"印太经济框架"四大支柱达成协议。据美国商务部和贸易代表办公室联合发布的通告，第二轮"印太经济框架"磋商会将于2023年3月13—19日在印尼巴厘岛举行，成员国将就"印太经济框架"四大支柱进行磋商、谈判。显然，拜登政府希望通过加快谈判磋商节奏，协调各方立场，争取在亚太经合组织2023年会议之前达成协议，宣布拜登政府在印太战略经贸领域取得的突破和成就。

第三，安全领域，以防止"台海有事"为核心，继续推动"三海联动"。拜登政府2023财年国防授权法，计划在2023—2027财年向台湾提供100亿美元的军事援助，授权总统动用"总统拨款权"（presidential drawdown authority），每年向台湾提供价值不超过10亿美元的防卫物资。另外，该法案还授权在台湾建造所谓"区域应变军备库"（regional contingency stockpile），并赋台方"优先取得美国'超额防卫物资'"权限。① 拜登政府将继续把强化对台军售、提升台湾"自卫能力"，优化美国在第一、二岛链的军事存在，增强前沿军事部署"生存能力"和韧性，防止"台海有事"作为"印太战略"的安全支柱。同时，

---

① Foreign Relations Committee, "Risch on Final Passage of FY2023 NDAA," December 15, 2022, https://www.foreign.senate.gov/press/rep/release/risch-on-final-passage-of-fy2023-ndaa.

大力推动美国亚太盟友及欧亚盟伴对台海、南海和东海局势的关注，推动欧亚盟伴防务联动以及台海、南海和东海"三海联动"，增加对中国大陆的军事威慑。

大 事 记

2022年
中美关系大事记

潘亚玲

1月

2022年1月3日　中国、俄罗斯、美国、英国、法国五个核武器国家领导人共同发表《关于防止核战争与避免军备竞赛的联合声明》。中国外交部副部长马朝旭接受媒体采访，介绍联合声明的重要意义和中方所作努力，以及中方关于加强核领域全球治理的主张。马朝旭表示，新年伊始，中、俄、美、英、法五个核武器国家共同发表《关于防止核战争与避免军备竞赛的联合声明》，强调核战争打不赢也打不得，重申不将核武器瞄准彼此或其他任何国家。这是五国领导人首次就核武器问题发表声明，体现了五国防止核战争的政治意愿，也发出了维护全球战略稳定、减少核冲突风险的共同声音。

2022年1月4日　针对美国国务卿布林肯与"布加勒斯特九国"外长通话，称面对中国不断升级的政治压力和"经济胁迫"，他们与立陶宛团结一致之事，中国外交部发言人汪文斌表示，立陶宛涉台问题的前因后果、是非曲直十分清楚。立方背信弃义，公然制造"一中一台"，损害中国主权和领土完整，这是中立关系出现困难的症结所在。美方不仅一再为立方"一中一台"错误言行辩解、帮腔，还以支持立陶宛为幌子，试图拉拢纵容"台独"势力的小圈子，这只能让国际社会质疑美方声称坚持一中政策的诚意以及美在台湾问题上的真实意图。

2022年1月6日 中美两国疾控中心召开了以"奥密克戎变异株与冷链传播"为主题的第14期新冠疫情防控技术交流视频会。中国疾病预防控制中心的技术专家及美方专家近40人参加了此次会议。

2022年1月7日 针对美日两国外长和防长举行会晤，双方声称决心共同应对中国"破坏"稳定的行为之事，中国外交部发言人汪文斌表示，我们注意到昨天和今天，日澳、美日举行了有关会谈磋商，对中国内部事务指手画脚。中方在台湾以及涉海、涉疆、涉港问题上的立场是一贯、明确的。我们对美日澳粗暴干涉中国内政、编造虚假信息抹黑中国、破坏地区国家团结互信的行径表示强烈不满和坚决反对，已就此向有关国家提出严正交涉。维护东亚和亚太地区和平、稳定、发展，需要坚持真正的多边主义，尊重多年来形成的开放、包容的地区合作架构，走团结、对话、合作之路。美日澳嘴上说自由、开放、包容，实际上却在拉帮结伙搞针对他国的"小圈子"，炫耀武力进行军事恫吓。美日澳现在最应该做的是切实履行应尽的国际责任。我们敦促有关国家停止美英澳核潜艇合作计划，停止推进向太平洋排放福岛核事故污染水，停止否认和美化军国主义侵略历史、借渲染炒作周边局势谋求军事大国地位，停止挑动地区国家分裂对抗，要做地区和平、稳定与发展的建设者，而不是散布谎言、设置障碍的麻烦制造者。

2022年1月10日　针对美国贸易代表戴琪1月7日同欧盟委员会执行副主席东布罗夫斯基斯通电话，表示美国坚定支持欧盟和立陶宛应对中国"经济胁迫"一事，中国外交部发言人汪文斌表示，谈到所谓"胁迫"，美国政府自己将1994年迫使海地军政府下台称为"胁迫外交的范例"，2003年把303亿美元军费用途明确列为"开展胁迫外交"。美国不择手段打压法国阿尔斯通、日本东芝公司等竞争对手，胁迫台积电、三星等企业交出芯片供应链数据，是赤裸裸的"勒索外交"。美方将中方维护国家主权的正当举措歪曲为"胁迫"，充分暴露了美国"话语霸凌"的虚伪性和欺骗性。立陶宛违背中立建交时作出的政治承诺、在国际上制造"一中一台"的事实十分清楚。立国内有识之士也对此提出批评。美方不仅从一开始就挑动立当局破坏一中原则，还不断为立当局撑腰打气，妄图拿立陶宛当炮灰，配合美"以台制华"的政治算计。我们敦促立方纠正错误，不要充当反华势力棋子。我们也正告美方，打台湾牌得不偿失，只会引火烧身。

2022年1月10日　中国驻美使馆在美国国家冰球联盟（NHL）总冠军球队华盛顿首都队主场和波士顿棕熊队比赛期间视频致辞，介绍北京冬奥会筹备情况，期待中美冰球队呈现精彩赛事。

2022年1月11日　中美教师国际理解教育能力建设首期项目正式启动。该项目由中国教育国际交流协会AFS项目全国管理办公室与美国AFS国际文化交流组织合作，中美双方共计42名教师参与了首期项目。

2022年1月11日　针对美国国务卿布林肯1月10日发表声

明，声称新疆"种族灭绝"和"反人类罪行"仍在持续一事，中国外交部发言人汪文斌表示，所谓新疆存在"种族灭绝""反人类罪行"是美方一些人编造的世纪谎言。美方一再造谣诬蔑，目的是抹黑中国形象、遏制中国发展，但他们的阴谋是不会得逞的。在过去几年，美方打着民主、人权、宗教等幌子，毫无道理地依据美国国内法在新疆、香港等涉及中国主权和领土完整的问题上，对数十名中方官员及多个机构进行单边制裁。有关行径干涉中国内政，严重损害中方利益。中方依法进行反制裁，这是捍卫自身主权安全发展利益之举，理所当然。我们将继续采取一切必要措施维护国家主权、尊严和自身正当权益。

2022年1月12日 中国驻纽约总领事黄屏应邀出席中国美国商业联盟在美国纽约市举办的联盟成立十周年庆祝活动并发表了视频致辞。

2022年1月12日 针对民进党当局日前高调举行所谓针对解放军的模拟巷战，美日随后宣布达成所谓"护台"重大防务合作协议之事，中国国台办发言人朱凤莲应询表示，民进党当局惯于通过政治操弄，在岛内制造、强化"台海有事，美国一定帮"的幻象。事实上，岛内民众很清楚，美国真正在意的只是满足美国需要、服务美国利益，根本不会把台湾利益和台湾民众当回事。"台独"覆灭的宿命，是不可逆转的历史潮流。民进党当局妄图勾连外部势力"以武谋独"，绝不可能得逞。

2022年1月18日 针对《华盛顿邮报》报道，美国检察官预计将寻求撤销对麻省理工学院陈刚教授隐瞒与中国研究关联的指控一事，中国外交部发言人赵立坚表示，中方不对美方司法个案置评。中国政府一贯主张有关人才交流合作要建立在遵守法律、秉持科学诚信以及恪守职业道德的基础上。中方有关政策举措与各国的通行做法并无本质区别。美国司法部的所谓"中国行动计划"先设办案指标，再查案办案，如此做法只会造成冤假错案。据报道，过去两年，该计划"典型案件"汇编中绝大多数并不涉及知识产权和商业窃密。这种罔顾司法正义、无理强加罪名的做法，已经引起了世界上正义人士的强烈反对和谴责。全美各大学近2000名学者联名致函美国司法部长质疑该计划；192名耶鲁大学教授联名致函美国司法部长，认为该计划存在根本性缺陷；20多个亚裔团体联名致函美国总统要求停止该计划；美华人联合会在美司法部之外组织抗议示威活动，要求停止"中国行动计划"。事实证明，所谓"中国行动计划"的实质，不过是美国反华势力滥用国家安全概念、对华遏制打压的拙劣工具。美方应该倾听各界正义呼声，尽快纠正错误做法，停止以中国为"假想敌"，停止编造借口对中国抹黑打压，停止干扰破坏中美在科技、人文领域的正常交流合作。

2022年1月18日　中国外交部发言人赵立坚就中方已经为46名美国政府官员颁发了签证，以便他们在北京冬奥会期间来华工作一事在例行记者会上表示，中方已经向美方由政府官员组成的团队部分成员审发了相应签证。美国来华参加北京冬奥会团队中包括大量美国国务院等政府部门官员，很多官员还持外交护照或公务护照。我们希望美方切实践行奥林匹克精神，同中方一道努力，为各国运动员参加北京冬奥会创造良好氛围。至于美方为外交官和官员申请签证与美方此前声称不派官方和外交代表出席北京冬奥会是否矛盾，这个问题应该去问美方。

2022年1月18日　中国驻美使馆以线上方式举办北京冬奥

会媒体吹风会。中国驻美公使井泉、北京冬奥组委对外联络部副部长杨舒分别致辞，冬奥组委技术部长喻红、抵离中心副主任周玲等出席吹风会，并共同回答记者提问。来自美联社、路透社、《华尔街日报》、《华盛顿邮报》、《南华早报》、美国公共广播电视台（PBS）、哥伦比亚广播公司（CBS）、英国广播公司（BBC）以及《人民日报》、新华社、CGTN、《中国日报》、中新社等20余家中外媒体的记者参加吹风会，就北京冬奥会筹备进展、防疫措施、开闭幕式、数据安全、网络应用，以及中美冰雪运动交流、反对体育政治化等提出问题。

2022年1月19日　中国疾病预防控制中心主任高福与美国疾病控制与预防中心主任罗谢尔·瓦伦斯基举行了年度视频会晤。

2022年1月20日　中国国防部新闻发言人吴谦就美舰擅闯中国西沙领海发表谈话指出，1月20日，美军"本福德"号导弹驱逐舰未经中国政府批准，非法闯入中国西沙群岛领海、内水。中国人民解放军南部战区组织海空兵力对美舰进行跟踪监视并予以警告驱离，中国军队对美方行径表示强烈不满和坚决反对。西沙群岛是中国固有领土，根据《中华人民共和国领海及毗连区法》，中国政府于1996年公布了西沙群岛的领海基线，并对外国军舰进入中国领海有关事宜作出了明确规定。美方行径根本就不是其宣称的"航行自由"，而是侵犯中国主权、危害南海和平稳定的严重挑衅，其性质十分恶劣。我们要求美方认清形势、停止挑衅。中国领海不容美国军舰横行霸道。中国军队将采取一切必要措施，应对一切威胁挑衅，坚决捍卫国家主权、安全，坚定维护地区和平稳定。

2022年1月21日　中国驻美使馆人员接受美国马萨诸塞州港务局和北美国际码头工人协会颁赠的致谢铭牌和纪念夹克。上述有关机构负责人和中远海运（北美）公司代表出席了此次活动。

2022年1月21日　针对美国政府决定于当地时间1月21日，以从事导弹技术扩散活动为由，宣布对中国航天科技集团一院、中国航天科工集团四院及保利科技公司三家企业实施制裁一事，中国外交部发言人赵立坚表示，美方出于政治目的，以各种借口制裁打压中国企业，这是典型的霸凌行径，中方对此强烈不满、坚决反对。中国政府一贯反对大规模杀伤性武器及其运载工具的扩散。根据中国的防扩散政策及相关法律法规，中方对导弹及相关物项和技术实行严格的出口管制。中国与有关国家开展的正常合作不违反任何国际法，不涉及大规模杀伤性武器扩散问题。美方在防扩散领域赤裸裸地奉行双重标准，不仅纵容、支持盟友发展导弹及相关技术，还计划对澳大利亚出售飞行距离可达2500公里且可携带核弹头的"战斧"巡航导弹。美方应认真反省自己的防扩散记录和军贸政策，没有资格对他国的正常军贸合作说三道四。中方要求美方纠正错误做法，撤销有关制裁决定，停止打压中国企业和对华污蔑抹黑。中方将保留采取进一步措施的权利。此外，针对美日就《不扩散核武器条约》发表联合声明并称，注意到中国正加强核能力，呼吁中方采取措施减少核风险、增加透明度并推进核裁军之事，赵立坚表示，美日就《不扩散核武器条约》发表联合声明，标榜对核领域全球治理的贡献，同时对中国核政策说三道四。美国才是全球战略安全的最大威胁。美国拥有世界上最庞大、最先进的核武器库，却还要投入上万亿美元升级"三位一体"核力量，发展低当量核武器，降低核武器使用门槛，部署全球反导系统，谋求在亚太和欧洲部署陆基中导。这些行为严重破坏全球战略稳定。不仅如此，美方近年来违背多边主义精神，频频毁约退群，在安全领域固守冷战思维，拉帮结伙，极力构建各种"小圈子""小集团"。我们奉劝美方管好自己的事，切实降低核武器在国家安全政策中的作用，切实承担起自己在核裁军方面的特殊、优先责任，进一步大幅、实质性地削减核武器。至于日本，日本长期以国际核裁军与核不扩散领域的"模范生"自居，实际上却说一套、做一套。日本作为无核武器国家，却长期存储大量超出自己实际需要的敏感核材料，包括武器级钚。这造成了严重核扩散风险和核安全隐患。日方为了继续享受美国"核保护伞"，还竭力阻挠美国采用不首先使用核武器政策。如果日方真的有意推动国际核裁军与核不扩散进程，就应以负责任的态度回应上述国际关切，以实际行动取信国际社会。中国坚定奉行自卫防御的核战略，始终恪守任何时候、任何情况下不首先使用核武器，明确承诺无条件不对无核武器国家和无核武器区使用或威胁使用核武器。中国并始终将核力量维持在国家安全所需的最低水平。任何国家只要不对中国使用核武器，都不会受到中国核武器的威胁。中国的核政策本身就是对推进国际核裁军进程、减少核风险努力的重要贡献。中国将继续坚定致力维护自身正当安全利益，维护世界的和平与稳定。

2022年1月22日　针对美国国务院以从事导弹技术扩散活动为由，对中国航天科技集团一院等3家中国企业实施制裁一事，中国商务部新闻发言人表示，美国国务院以所谓"参与导弹技术扩散活动"为由，对3家中国企业和下属研究机构实施制裁。中方对此强烈不满，坚决反对。中方一贯严格履行防扩散国际义务。美方没有任何事实依据，以"莫须有"的理由，肆意打压制裁中国企业，严重损害双方企业的利益，破坏正常的国际经贸秩序，威胁全球产业链供应链安全稳定，不利于世界经济恢复和发展。美方应立即纠正错误做法。中方将采取必要措施，坚决维护中国企业合法权益。

2022年1月27日 中国国家主席习近平复信美国海伦·福斯特·斯诺基金会主席亚当·福斯特。习近平指出，斯诺夫妇积极推动了中国工合运动，为创建山丹培黎学校发挥了重要作用。中国人民铭记包括斯诺夫妇在内的国际友人为中国革命和建设事业作出的贡献，以及对中国共产党和中国人民的真挚情谊。我对海伦·福斯特·斯诺家族多年来为发展中美关系作出的积极贡献予以高度评价。习近平强调，希望你和基金会继续以斯诺夫妇为榜样，为增进中美两国人民的友谊合作作出新的贡献！

近日，福斯特致信习近平主席，回顾斯诺女士为美中民间友好作出的贡献，表示将继承斯诺女士促进美中民间友好合作精神，为美中人民交流互动搭建桥梁。

2022年1月27日 中国国务委员兼外交部长王毅应约同美国国务卿布林肯通电话。王毅表示，当前中美双方最重要的工作就是把习近平主席同拜登总统去年11月视频会晤达成的重要共识落到实处。习近平主席在会晤中总结中美半个多世纪交往的经验教训，明确提出了相互尊重、和平共处、合作共赢三原则，为中美关系的健康发展指明了方向。拜登总统对此作出积极呼应，并表示美国不寻求"新冷战"、不寻求改变中国体制、不寻求通过强化同盟关系反对中国、不支持"台独"、无意同中国发生冲突对抗，对外释放了与上届政府不同的积极信息。但世人看到的是，美方对华政策的基调并没有发生实质性变化，也未将拜登总统的表态真正落到实处。美方仍不断推出涉华错误言行，使两国关系受到新的冲击。王毅说，今年是"上海公报"发表50周年。中美都无意改变对方是两国关系正常化的前提，也应该成为中美未来和平共处的保障。疫情后的世界会面临新形势新挑战，但大国竞争不是这个世界的主题，也解决不了美方和各国面临的问题。作为世界前两大经济体和联合国安理会常任理事国，中美要立足两国人民根本利益，顺应世界发展大势，落实好两国元首重要共识，必须把握中美关系的大方向，必须以实际行动践行承诺，必须扩大两国合作积极面，必须建设性管控分歧。王毅强调，施压只会让中国人民更加团结，对抗阻止不了中国走向强大。当务之急，美方应当停止干扰北京冬奥会，停止在台湾问题上玩火打牌，停止打造各种反华遏华"小圈子"。布林肯表示两国外长经常性沟通非常重要，强调拜登总统在两国元首会晤中阐述的立场没有变化。美中既有利益交集的地方，也存在分歧，美方愿以负责任的态度管控分歧。美国的一个中国政策没有改变。美方会为美运动员参加北京冬奥会加油，也祝愿中国人民新春快乐。布林肯通报了美方在乌克兰等问题上的立场。王毅表示，解决乌克兰问题，还是要回到新明斯克协议这一原点上。新明斯克协议得到安理会核可，是各方公认的基础性政治文件，理应得到切实执行。只要是符合这一协议方向和精神的努力，中方都将支持。同时我们呼吁各方保持冷静，不做刺激局势紧张、炒作渲染危机的事情。王毅强调，一国安全不能以损害他国安全为代价，地区安全更不能以强化甚至扩张军事集团为保障。在21世纪的今天，各方应当彻底摒弃冷战思维，通过谈判形成均衡、有效、可持续的欧洲安全机制，俄罗斯的合理安全关切应当得到重视和解决。

2022年1月30日 针对台湾地区副领导人赖清德1月28日在"过境"美国旧金山期间视频会见美国国会众议长佩洛西一事，中国外交部发言人赵立坚表示，中方坚决反对美台开展任何形式的官方往来，已就赖清德"过境"美国期间同美国会议员等视频会见向美方提出严正交涉。我们敦促美方恪守一个中国原则和中美三个联合公报规定，立即停止美台官方往来错误行径，不向"台独"分裂势力发出任何错误信号，以免进一步损害中美关系和台海和平稳定。

2022年1月31日 中国国家主席习近平分别复信美国华盛顿州塔科马市市长伍达德斯、斯特拉孔市市长穆里。习近平指出，北京冬奥会是中国人民的一件喜事，也是国际奥林匹克事业的一件盛事。在中国人民和国际社会支持下，我们一定会呈现一届简约、安全、精彩的奥运盛会，实践"更快、更高、更强——更团结"的奥林匹克格言，推动各国人民一起向未来。习近平并向两市全体市民致以节日的问候。

近日，伍达德斯市长、穆里市长分别致信习近平主席，向习近平主席和中国人民致以新春祝福，预祝北京冬奥会取得成功。伍达德斯市长表示，在新冠肺炎疫情大流行的背景下，由中国这样一个负责且有组织能力的东道国举办一届安全、健康、成功的冬奥会，这是全世界的幸运。塔科马市人民会收看北京冬奥会，为运动员和北京欢呼。穆里市长表示，我们特别期待并相信北京冬奥会将组织良好、十分成功，我和我的家人以及斯特拉孔市6700位居民都期待在电视上观看运动员的精彩表现。两位市长祝愿虎年成为增进和平、友谊和团结的一年。

2022年1月31日　中国驻纽约总领馆与纳斯达克集团联合举办庆祝中国农历虎年云端敲钟仪式，为当日股市敲响开盘钟。中国驻纽约总领事黄屏和夫人张爱萍、副总领事钱进、纳斯达克集团高级副总裁罗伯特·麦柯奕和领区各界的代表以线上方式出席了此次活动。

2月

2022年2月1日　美国伊利诺伊州奥罗拉市政府与大芝加哥地区华侨华人联合会等社团在奥罗拉市政厅举行中国农历新年庆祝活动。中国驻芝加哥总领事赵建应邀发表了视频致辞。奥罗拉市市长理查德·艾尔文、副市长吉勒莫·楚吉洛以及芝加哥华联会等当地华人社区和有关机构负责人参加了此次活动。

2022年2月5日　中国驻美使馆与史密森学会美国艺术博物馆合作举办云端"中国新年家庭日"，通过视频与400多个美国家庭共庆虎年春节。

2022年2月7日　针对美国国会众议院2月5日审议通过"2022年美国竞争法案"一事，中国外交部发言人赵立坚表示，我们注意到美国国会众议院通过了所谓"2022年美国竞争法案"。该法案涉华内容充斥冷战思维和零和理念，诋毁中国发展道路和内外政策，鼓吹开展对华战略竞争，就涉台、涉疆、涉港、涉藏等问题指手画脚。中方对此坚决反对。美国怎么发展，怎么提升自己的"竞争力"，是美国自己的事，但美国不要拿中国说事，更不得以此为借口干涉中国内政、损害中国利益。这一法案再次暴露了美方霸道霸凌行径，根本违背当今世界求和平、谋发展、促合作的时代潮流和人心所向，最终只会损害美国自身利益。美方应摒弃冷战思维和零和理念，客观理性看待中国发展和中美关系，删除法案中涉华消极内容，停止审议推进该案，停止损害中美关系和双方在重要领域的合作。

2022年2月8日　中国常驻联合国粮农机构代表处代表、大使广德福应约在线会见美国常驻联合国粮农机构新任代表辛迪·麦凯恩大使。双方就加强在联合国粮农多边领域交流与合作进行了交流。

2022年2月8日　针对美国国会众议院通过"2022年美国竞争法案"，全国人大外事委员会发表声明，全文如下：美国国会众议院近日通过的"2022年美国竞争法案"涉华内容充斥冷战思维和意识形态偏见，诋毁抹黑中国发展道路和内外政策，鼓吹对华战略竞争，借涉台、涉疆、涉港、涉藏等问题干涉中国内政。中国全国人大对此表示强烈不满和坚决反对。该法案名为增强美国竞争力，实为遏制和打压中国的创新与发展，维护美国的全球霸权地位。美国如何提升自身竞争能力是美国自己的事情，处处将中国作为战略竞争对手的做法只会破坏中美互信，严重破坏中美在经贸、教育、科技等领域的合作，也必将损害美国自身利益。法案相关涉台条款严重违反一个中国原则和中美三个联合公报规定。新疆、西藏、香港等事务纯属中国内政，不容任何外国干涉。对于任何企图干涉中国内政、损害中国利益的恶劣行径，中方必将予以坚决有力回击。相互尊重、和平共处、合作共赢是新时期中美正确的相处之道。我们强烈敦促美国国会客观理性看待中国的发展，立即停止推进该法案，以实际行动维护两国关系的大局。

2022年2月8日　中国外交部发言人赵立坚就美国运动员特莎·莫德因北京冬奥会开幕式志愿者"欢迎来中国"的热情感动落泪的视频在社交媒体上刷屏一事在例行记者会上表示，他看到了特莎·莫德的视频。她说那的确是她人生中最难忘的瞬间。她发自内心的深情讲述同样感染了我。莫德提到的那位志愿者还给她回信，祝愿她"在黄土地刷新成绩"，邀请她今后再来中国。大量中国网友纷纷给莫德留言，送出暖心祝福。北京冬奥会开幕以来，已有很多这样传递温暖、友爱、团结的小故事。本届冬奥会，共有91个国家和地区的近3000名运动员相聚"双奥之城"，在五环旗下同场竞技，共享体育运动带来的欢乐与激情。近70个国家和国际组织约170位官方代表——这里指副部级以上的政府代表，其中还包括31位国家元首、政府首脑、重要王室成员和国际组织负责人，他们不远万里来华共襄盛举，为冬奥健儿加油喝彩。各国运动员不仅在赛场上诠释"更快、更高、更强——更团结"的奥林匹克格言，还在赛场外的一次次交流互动中消弭隔阂、增进友谊。让我们衷心祝愿各国运动员在赛场上绽放风采、超越自我、圆梦北京！

2022年2月9日　针对美国白宫新闻秘书普萨基2月7日就新疆维吾尔族运动员担任北京冬奥会开幕式主火炬手发表不实评论一事，中国外交部发言人赵立坚表示，北京冬奥会开幕式由谁担任主火炬手是中方作出的正常安排，轮不到美方说三道四。美方所谓"种族灭绝"是世纪谎言。这充分暴露了美方将冬奥会政治化、借涉疆问题恶意抹黑中国的险恶用心。美方的错误做法不得人心，注定彻底失败，让自己变成孤家寡人。美方历史上对印第安人进行种族灭绝，也有长期系统性歧视少数族裔的痼疾。印第安人口从15世纪末的500万骤减至20世纪初的25万，减少到1/20。美国对印第安人实施的政策才是真正的种族灭绝。美方应该做的，是认真清算自身对印第安人种族灭绝的历史罪行，采取切实措施减少针对印第安人、非裔、亚裔等少数族裔的种族歧视。

2022年2月9日　针对美国国防部国防安全合作局2月7日宣布，美方已批准向中国台湾地区出售价值约1亿美元的"爱国者"导弹防御系统设备和服务一事，中国国防部新闻发言人吴谦表示，美国向中国台湾地区出售武器，严重违反一个中国原则和中美三个联合公报特别是《八一七公报》规定，粗暴干涉中国内政，损害中国主权和安全利益，破坏中美两国两军关系，危害台海地区和平稳定，中方对此表示强烈不满和坚决反对，向美方提出严正交涉。世界上只有一个中国，台湾是中国领土不可分割的一部分。中方强烈要求美方立即撤销上述对台军售计划，停止美台军事联系，停止向"台独"分裂势力发出错误信号，以免给中美两国两军关系和台海和平稳定造成严重后果。

2022年2月10日　针对美方在1月28日发给联合国外层空间事务办公室的照会中，否认了中国关于星链卫星两次危及中国空间站安全的说法一事，中国外交部发言人赵立坚表示，中方向联合国通报星链卫星危险接近中国空间站、威胁在轨航天员安全的有关情况，是履行《外空条约》第五条规定的国际义务。在相关避碰事件中，美国星链卫星均处于连续轨道机动状态，机动策略和意图不明。中国在轨航天员面临着现实、紧迫的安全威胁。中方不得不采取预防性碰撞规避控制。避碰事件发生后，中方主管部门多次尝试邮件联系美方，但均未收到回复。如今，美方却以所谓"紧急碰撞标准下限"的说法推卸责任、转移视线。这并非一个航天大国应有的负责任态度。更何况，美方也无权单方面设定一个"紧急碰撞标准下限"。《外空条约》第九条规定：各缔约国探索和利用外空应以合作和互助为原则；缔约国在外空的一切活动，都应妥善照顾其他缔约国的同等利益。中方已将空间站有关信息在联合国登记，并在网站发布中国空间站轨道根数。从维护中国航天员和空间站安全出发，中方愿同美方建立长效沟通机制，希望美方采取切实措施避免此类事件再次发生。中方也希望各国都共同尊重以国际法为基础的外空国际体系，一道维护在轨航天员的生命安全和空间设施的安全稳定运行。

2022 年 2 月 12 日　北京冬奥组委副主席杨树安应约在北京冬奥村会见美国奥委会与残奥委会主席、美国冬奥代表团团长莱昂斯女士，并代为接受美国奥委会向北京冬奥组委主席蔡奇赠予的荣誉奖杯。

2022 年 2 月 15 日　针对美国国防部发言人昨天表示，中国在乌克兰问题上暗中支持俄罗斯令人高度警惕，这将使欧洲安全形势更不稳定一事，中国外交部发言人汪文斌表示，在当前形势下，渲染炒作战争不是一种负责任的行为，一味制裁施压也无助于局势缓和，鼓吹集团对抗更是重走冷战老路。我们呼吁各方本着平等、开放的态度，通过对话和谈判推动新明斯克协议得到切实执行，为政治解决乌克兰危机创造条件。

2022年2月17日　针对美国财长今天接受采访时表示，中国需要更积极地参与二十国集团缓债倡议一事，中国外交部发言人汪文斌表示，中方按照二十国集团共识，全面落实二十国集团"暂缓最贫困国家债务偿付倡议"，在二十国集团成员当中缓债金额是最大的。不仅如此，中方有关非官方金融机构也参照缓债倡议条款以可比方式采取缓债行动，这在二十国集团国家当中并不多见。中方还同有关成员一道，在债务处理共同框架内开展了对部分国家的个案债务处理。我们采取的这些举措，为缓解相关国家债务负担发挥了积极作用。发展中国家债务问题由来已久，本质上是发展问题。主要经济体宏观经济措施也对发展中国家债务问题带来影响。根据有关国际权威机构披露，在重债穷国的债务结构中，多边开发银行和以发达国家商业机构为主的私人债权人占了很大部分，比如说，在非洲国家整体外债构成中，多边金融机构和商业债权人所持债务占比就超过四分之三。他们的债权是造成这些国家债务负担的重要原因，在帮助发展中国家减轻债务负担上负有更大责任。中方呼吁这些机构也为缓解发展中国家债务负担作出更大贡献。此外，就为避免煽动反亚裔言行，美国司法部近日启动了针对"中国行动计划"的审查一事，汪文斌表示，无论是所谓"中国行动计划"，还是美国内甚嚣尘上的反亚裔言行，都是美国系统性种族歧视问题的体现，都反映出美国内根深蒂固的社会顽疾。数据显示，2020年，全美针对亚裔的仇恨犯罪案件数上升76%。过去一年中，四分之一的美国亚裔年轻人成为种族歧视和欺凌的目标。这些数据令人触目惊心，已经引起多个亚洲国家和国际社会的广泛关切。美方应该深刻反思，采取切实措施解决国内的系统性种族歧视问题，维护保障包括亚裔群体在内的少数族裔的正当权益，让他们远离暴力和恐惧，享受应有的平等权利。

2022年2月18日 中国疾控中心高福主任在中心北区会见了美国疾控中心新任在华项目负责人威廉·施吕特尔博士一行。

2022年2月18日 首届中国湖南—美国北卡罗来纳州线上经贸合作论坛举行。本次论坛是湖南省与北卡罗来纳州结好十周年庆系列活动之一。湖南省委副书记、省长毛伟明，北卡州州长罗伊·库珀通过视频方式发表致辞。湖南省副省长何报翔、北卡州州务卿伊莲·马歇尔出席并致辞。论坛上，湖南省与北卡州外事、经贸等相关部门负责人进行了推介，并签署《湖南省贸促会和北卡经济发展委员会合作协议》，长沙市贸促会、株洲市贸促会分别与北卡州夏洛特区经济发展委员会、德拉姆商会交流并签署合作协议。

2022年2月21日 中国外交部发言人汪文斌就《上海公报》发表暨尼克松访华50周年在例行记者会上表示，50年前尼克松总统访华，中美实现了历史性的握手，结束了两国长期隔绝状态。其间发表的《上海公报》是中美之间的第一个联合公报，确认了一个中国原则，并连同尊重各国主权和领土完整、不侵犯别国、不干涉别国内政、平等互利、和平共处等原则一道，构成中美关系正常化及两国建交的政治基础。当前中美关系遭遇的问题，根本原因在于美方一些人对华认知出了严重偏差，将中国作为主要战略竞争对手甚至"假想敌"进行全方位遏制。我想强调，中国发展只是想让中国人民过上更好的生活，不是为了挑战或取代美国，美方也不应寻求改变甚至打压中国。中美两国共同利益远大于分歧，双方合则两利、斗则俱伤。两国之间有分歧矛盾在所难免，关键是通过坦诚沟通加以有效管控，防止战略误判，避免冲突对抗。《上海公报》发表暨尼克松访华50周年带给人们的重要启示是，只要坚持相互尊重、求同存异、合作共赢，就能扩大共同利益，实现不同社会制度和发展道路国家和平共处。希望美方同中方一道，从过去50年的历史中汲取经验和智慧，传承、发扬《上海公报》精神，共同推动中美关系重回健康稳定发展轨道。

2022年2月22日 中国国务委员兼外长王毅应约同美国国务卿布林肯通电话。布林肯首先祝贺北京冬奥会取得成功，中国运动员获得佳绩。王毅祝贺美国运动员在北京冬奥会取得好成绩，表示中美运动员友好互动，相互激励，共同提高，充分体现了奥林匹克精神。王毅说，当前把握和推进中美关系最重要的就是落实好两国元首达成的共识。中方愿本着习近平主席提出的相互尊重、和平共处、合作共赢三原则有效管控分歧，稳定中美关系。近期美方推出所谓新版"印太战略"，公开把中国列为地区首要挑战，还试图把"以台制华"纳入美地区战略，这明显是在发出对华围堵遏制的错误信号。中美有竞争也有合作，不能简单用竞争定义双边关系。美方一些官员鼓吹对华进行长期激烈竞争，很可能演变成中美全面对抗。中方再次敦促美方以实际行动体现拜登总统作出的一系列承诺，不能说一套做一套，言而无信，不知其可。王毅表示，再过几天，就是中美《上海公报》发表50周年。"上海公报"精神对今天的中美关系仍有很强的现实意义。希望美方重温中美破冰初心，回归理性务实的对华认知，共同推动中美关系回到健康稳定发展的正确轨道。布林肯表示，正如拜登总统多次表示，美方不寻求搞"新冷战"、不寻求改变中国体制、反对"台独"、无意同中方冲突对抗。

2022年2月22日 复旦大学美国研究中心与上海市美国问题研究所、上海市美国学会共同主办"相互尊重、和平共处、合作共赢：纪念《上海公报》发表50周年"学术研讨会，研讨会在当年《上海公报》的签署地锦江饭店小礼堂举行。复旦大学国际问题研究院院长、复旦大学美国研究中心主任、上海市美国问题研究所所长、上海市美国学会会长吴心伯教授主持开幕致辞。上海市政协副主席周汉民和上海市社联党组书记王为松致开幕词。原上海市委常委沙海林致闭幕词。中国国际问题研究院院长徐步和上海国际问题研究院学术委员会主任杨洁勉发表主旨演讲。

2022年2月22日 美国中国总商会2022农历虎年颁奖晚宴在美国纽约举办。中国驻美使馆向晚宴发表了视频致辞，中国驻纽约总领事黄屏出席并向获奖者颁奖。美国纽约州州长凯西·霍楚、纽约市市长艾瑞克·亚当斯、泽西市市长史蒂芬·富洛普、桥水基金公司创始人兼首席执行官瑞·达利欧、安达保险董事长兼首席执行官埃文·格林伯格等各界人士近300人出席了此次活动。

2022年2月24日 尼克松基金会在美国加利福尼亚州约巴林达市尼克松图书馆举行纪念尼克松总统访华50周年活动。中国驻美使馆出席并发表主旨演讲。尼克松基金会总裁拜伦主持了此次活动，美前国务卿基辛格发表视频致辞，美前运输部长赵小兰、前驻华大使芮效俭分别致辞，史带集团董事长莫里斯·格林伯格致书面贺词。尼克松基金会董事会主席卡瓦诺、尼克松总统外孙考克斯、美中关系全国委员会会长欧伦斯、美中贸委会会长艾伦等300余名美国各界人士出席了此次活动。

2022年2月24日 吉林省委书记景俊海，省委副书记、省长韩俊在长春共同会见了美国空气产品公司亚太区副总裁胡静一行。

2022年2月24日 针对美国务院发言人普莱斯就乌克兰问题表示，中方有义务敦促俄罗斯在乌克兰问题上作出让步，但中俄关系发展方向令人担忧一事，中国外交部发言人华春莹表示，首先，关于如何尊重国家主权和领土完整问题，美方恐怕没有资格告诉中方怎么做。对于国家主权和领土完整问题，中国人民有着特别真实而深刻的理解和感受。近代以来，中国遭受过八国联军和外国殖民侵略，有着对于丧权辱国的刻骨铭心的悲惨记忆。就在并不遥远的20多年前，中国驻南联盟使馆被北约轰炸，造成3名中国记者牺牲，多人受伤。北约还欠着中国人民的血债。而今天我们依然面临美国伙同其几个所谓盟友在涉疆、涉港、涉台等问题上肆意干涉中国内政、破坏损害中国主权安全的现实威胁。中国也还是唯一一个还没有实现祖国完全统一的安理会常任理事国。正因如此，中国一贯坚决维护联合国宪章宗旨原则和国际关系基本准则，坚决维护国家主权、安全和领土完整，坚决维护国际公平正义。而美国，建国不到250年的时间里，只有不到20年没有对外发动军事行动，而军事干预的名义有时是民主，有时是人权，有时索性就用一小瓶洗衣粉，有时甚至就编一个假消息。这样的国家对于尊重国家主权和领土完整的理解肯定是和我们不一样的。对此,国际社会也都看得十分清楚。至于美方暗示俄罗斯有中国背后支持才行动,相信俄方会很不高兴听到这种说法。俄罗斯是安理会常任理事国,是独立自主的大国,俄方完全基于自身判断和国家利益独立自主制定并实施自己的外交战略。中俄关系建立在不结盟、不对抗、不针对第三方的基础上,同美方以意识形态划线,拉帮结伙搞"小圈子"和集团政治、制造对抗分裂有根本和质的不同。对于那种非友即敌的冷战思维和拼凑所谓"同盟"和"小圈子"的做法,中方不感兴趣,也无意效仿。至于中俄联合声明,我们建议美方再认真仔细阅读一下。中俄加强战略沟通协调,坚定维护联合国在国际事务中发挥核心协调作用的国际体系,坚定维护包括《联合国宪章》宗旨和原则在内的以国际法为基础的国际秩序,恰恰是负责任的表现,是维护国际战略安全与稳定的积极因素。

2022年2月25日 中国驻美使馆出席美中贸委会董事会在洛杉矶举行的座谈会。座谈会由美中贸委会会长艾伦主持,美中贸委会董事会部分成员参加。同日,使馆人员还访问了加州理工学院并与该校校长进行了会谈。

2022年2月26日 全美中国和平统一促进会联合会举办纪念《上海公报》发表50周年研讨会。中国驻美使馆向研讨会致贺信,中国驻美公使徐学渊宣读了贺信。

2022年2月26日 东部战区新闻发言人施毅表示,2月26日,美"约翰逊"号导弹驱逐舰过航台湾海峡并公开炒作。中国人民解放军东部战区组织兵力对美舰过航行动全程跟监警戒。美实施此次挑衅行径,企图通过作一些姿态给"台独"势力撑腰打气，这既是虚伪的，也是徒劳的。战区部队随时保持高度戒备，坚决捍卫国家主权安全和地区和平稳定。

2022年2月27日　中国驻美使馆人员在洛杉矶会见了美国职业篮球联盟（NBA）副主席谭惠民、洛杉矶湖人队总裁巴斯和传奇球星霍里。会见结束后，洛杉矶湖人队向中国驻美使馆赠送了代表中美建交43周年、NBA华盛顿子弹队访华43周年的43号球衣。

2022年2月27日　上海迪士尼度假区以绚烂的烟花和灯光表演，纪念中美《上海公报》发表50周年。中国人民对外友好协会会长林松添、中国人民外交学会会长王超、上海市副市长宗明、前全国归国华侨联合会副主席唐闻生、中国人民对外友好协会副会长姜江、中国人民外交学会副会长赵卫平等20余位中方嘉宾应邀观看了表演。华特迪士尼公司全球高级副总裁裴逸群、上海迪士尼度假区总裁兼总经理薛逸俊陪同出席了此次活动。

2022年2月28日　中国人民对外友好协会、中国人民外交学会、上海市人民政府和中国美国人民友好协会在上海锦江饭店共同举办了《上海公报》发表50周年纪念大会。中共中央政治局委员、上海市委书记李强出席开幕式并致辞；中国国务委员兼外交部长王毅以视频方式发表了题为《汲取历史的智慧，照亮前行的道路》的主旨讲话。中国人民对外友好协会会长林松添，中国人民外交学会会长王超，中国驻美大使，美国前国务卿基辛格，美中关系全国委员会董事会主席、美国前财政部长雅各布·卢等在现场或通过连线、视频等方式在开幕式上分别致辞。美国驻华使馆临时代办米德伟、美国驻上海总领事何乐进、美国驻广州总领事耿欣等美驻华使领馆官员出席了开幕式。中美两国各界人士700余人以线下线上相结合的方式参与了此次大会。

2022年2月28日　中国人民对外友好协会和上海市人民政府共同主办的《上海公报》发表50周年纪念音乐会在上海外滩世界会客厅举行。上海市市长龚正出席并致辞。中国人民对外友好协会会长林松添、中国人民外交学会会长王超、中国前驻美国大使崔天凯、中华全国归国华侨联合会顾问唐闻生，美国驻华使馆临时代办米德伟、美国驻上海总领事何乐进，以及来自两国政、商、学各界嘉宾200余人出席。美国前外交官卜励德大使、费城交响乐团和金梅尔艺术中心总裁兼首席执行官马思艺发表了视频致辞。

2022年2月28日　中国驻美使馆访问加州大学洛杉矶分校并与该校校长进行了会谈。

2022年2月28日　中国驻纽约总领馆同美中公共事务协会共同举办纪念尼克松总统访华暨中美《上海公报》发表50周年研讨会。中国驻纽约总领事黄屏出席并致辞。美中公共事务协会会长滕绍骏、美前运输部长赵小兰、亚洲协会荣誉会长卜励德、美中贸委会会长艾伦、美国腹地中国协会主席霍顿、美前代理亚太事务助卿董云裳、美中关系全国委员会副会长白莉娟、乔治·布什美中关系基金会总裁方大为等各界人士出席了此次活动。

2022年2月28日　中国国务院新闻办公室发表《2021年美国侵犯人权报告》，全文共分六个部分：一、操弄疫情防控付出惨痛代价；二、固守暴力思维威胁生命安全；三、玩弄虚假民主践踏政治权利；四、放纵种族歧视加剧社会不公；五、背离人道主义制造移民危机；六、滥用武力制裁侵犯他国人权。

3月

2022年3月1日　中国驻美使馆访问位于美国加利福尼亚州兰卡斯特市的比亚迪大巴工厂，并与兰卡斯特市市长帕里斯共同会见了比亚迪全体工人。

2022年3月1日　针对美国海军"约翰逊"号导弹驱逐舰近日通过台湾海峡，并对此进行公开炒作一事，中国外交部发言人汪文斌表示，中国人民解放军东部战区新闻发言人已就此发表谈话。美方炒作美舰过航台湾海峡，不知其意欲何为？如果美方想要借此给"台独"分子撑腰打气的话，我们要告诉美方，这只会加速"台独"势力的覆灭，美方也将为其冒险行径付出沉重代价。如果美方试图以此向中方恫吓施压的话，我们要正告美方，在14亿中国人民组成的钢铁长城面前，所谓军力威慑不过是一堆废铁。美舰过航台湾海峡这套把戏，还是留给那些迷信霸权的人看吧。此外，针对美国总统拜登今天授意派遣跨党派访问团访问台湾一事，汪文斌表示，中国人民捍卫国家主权和领土完整的决心和意志坚定不移。美方派任何人展示所谓对台支持都是徒劳的。中方敦促美方恪守一个中国原则和中美三个联合公报规定，停止任何形式的美台官方往来，慎重处理涉台问题，以免进一步严重损害中美关系大局和台海和平稳定。

2022年3月2日　针对美国前参联会主席今天与中国台湾

地区领导人进行了会谈一事，中国外交部发言人汪文斌强调，中国人民捍卫国家主权和领土完整的决心和意志坚定不移。美方派任何人展示所谓对台支持都是徒劳的。

2022年3月3日 中国驻美使馆访问了位于美国加利福尼亚州弗里蒙特市的特斯拉工厂，并同特斯拉首席执行官马斯克进行了交谈。

2022年3月3日 中国外交部发言人汪文斌就网络安全企业360公司3月2日发布《网络战序幕：美国国安局NSA（APT-C-40）对全球发起长达十余年无差别攻击》的报告在例行记者会上表示，我们注意到360公司的有关报告，谴责报告曝光的恶意网络活动，再次强烈敦促美方作出解释，并立即停止此类活动。中方将采取必要措施维护中国的网络安全和自身利益。360公司此前曾经发布APT-C-39报告，上周北京奇安盘古实验室刚发布美国对中国网络攻击报告，再到这次APT-C-40报告。这一系列报告表明，美国对中国进行了大规模、长时间、系统性的网络攻击，严重危害中国关键基础设施安全、海量个人数据安全以及商业和技术秘密，严重影响了中美在网络空间的互信。相关报告显示，美国在网络空间没有遵守任何国际规则，也彻底抛弃了中美2015年达成的网络安全双边共识。具有讽刺意味的是，作为全球头号"黑客帝国"，美方还以"受害者"形象，误导国际社会，试图主导网络安全国际议程。美方发起了"打击勒索软件倡议"，酝酿成立所谓"未来互联网联盟"，成立各种"小圈子"讨论供应链安全问题。值得注意的是，美方近来还以提升网络能力为由，加大与中国部分周边国家的网络安全合作，包括东亚、东南亚、南亚和中亚。根据中国网络安全公司的系列报告，很多与美有合作的国家也是美国网络攻击目标。网络空间是人类的共同家园，网络攻击是全球面临的共同威胁。中方再次强烈要求美国停止针对中国和全球的网络窃密和攻击，切实采取负责任的态度，与各方一道共同维护网络空间和平与安全。

2022年3月4日 中国驻美使馆人员访问加州大学伯克利分校并与该校校长进行了会谈。同日，使馆人员还走访了加利福尼亚州旧金山唐人街，慰问当地侨胞，并会见了侨团代表。

2022年3月4日 针对美国不具名国防部高官3月3日声称，中方持续表达对乌克兰局势关注，却不愿像其他国家一样谴责并制裁俄罗斯，无意参与任何形式的乌克兰问题外交解决方案一事，中国外交部发言人汪文斌表示，近来，美方一再散布虚假信息，借乌克兰问题对中国进行污蔑抹黑。这种为了推卸自身责任而造谣的手法十分虚伪、卑劣。散布虚假信息掩盖不了美方自身的责任，反倒暴露了美方借危机渔利的真实意图。美方应当诚实交代：美国声称推动北约东扩是为了维护和平，美国做到了吗？美国声称要防止欧洲发生战争，美国做到了吗？美国声称致力危机的和平解决，除了提供军事援助、加大军力威慑之外，美国做了哪些有利于和平的事呢？中方始终按照事情本身的是非曲直决定自己的立场和政策。我们欢迎一切有利于乌克兰问题政治解决的外交努力，支持俄乌双方通过对话谈判寻求照顾双方合理关切、有利于欧洲长治久安的政治解决之道。我们将继续为寻求和平、实现和平发挥建设性作用。

2022年3月5日 中国国务委员兼外长王毅应约同美国国务卿布林肯通电话。王毅表示，当前中美关系最重要的仍然是推进和落实两国元首视频会晤共识。美方近期一些言行与上述目标背道而驰，中方表示严重关切。台湾是中国领土不可分割的一部分，台湾问题是中国的内政。美方应当回归一个中国原则的本义，停止纵容支持"台独"行径，停止干涉中国的内政，以实际行动维护中美关系大局。双方就乌克兰问题交换了意见。布林肯通报了美方对当前乌克兰局势的看法和立场。王毅表示，乌克兰局势发展到今天这个地步，是中方不愿意看到的。乌克兰问题错综复杂，既事关国际关系基本准则，也同各方安全利益息息相关，既要聚焦当下危机的解决，也要着眼地区长治久安。作为联合国安理会常任理事国，中方始终根据事情本身的是非曲直决定自己的立场和政策。中方认为，解决乌克兰危机，还是要按照联合国宪章的宗旨和原则办事。一是尊重和保障各国的主权和领土完整；二是坚持通过对话，以和平方式解决争端。我们希望战火尽早停下来，现地局势得到缓和，有效保障平民的生命财产安全，防止出现大规模人道主义危机。王毅指出，乌克兰危机最终只能通过对话谈判解决。凡是有助于缓和局势和政治解决的努力，中方都支持。凡是不利于推动外交解决而是拱火浇油使局势升级的行动，中方都反对。中方将继续为和平发声、为和平尽力。我们鼓励俄乌直接谈判，谈判不可能一帆风顺，但国际社会应当持续予以配合支持，直到谈出结果、谈出和平。我们也鼓励美国、北约、欧盟与俄罗斯开展平等对话，直面多年来积累的矛盾和问题，重视北约连续东扩对俄安全环境造成的负面影响，按照安全不可分割原则，寻求构建均衡、有效、可持续的欧洲安全机制。双方还就当前朝鲜半岛局势交换了意见。

2022年3月7日 中国国务委员兼外交部长王毅在两会记者会上谈及中美关系。王毅表示，去年以来，习近平主席同拜登总统举行视频会晤并两次通话，双方在多个层级也开展了对话交往。美方领导人和一些高官相继表示，美方不寻求"新冷战"，不寻求改变中国的体制，不寻求强化同盟关系反对中国，不支持"台独"，无意同中国发生冲突对抗。但令人遗憾的是，这"四不一无意"的表态始终飘浮在空中，迟迟没有落地。摆在我们面前的事实是，美方仍不遗余力地对中国开展"零和博弈"式的"激烈竞争"，不断在涉及中方核心利益的问题上攻击挑事，接连在国际上拼凑打压中国的"小圈子"，不仅伤害两国关系大局，也冲击和损害国际和平稳定。这不是一个负责任大国应有的样子，也不是一个讲信誉国家所做的事情。中国作为一个主权独立国家，我们完全有权利采取必要措施坚定捍卫自身的正当权益。王毅说，大国竞争不是时代主题，"零和博弈"不是正确选择。在一个相互依存的全球化时代，中美两个大国如何找到正确相处之道，既是人类社会没有遇到过的课题，也是两国必须共同解开的方程式。今年是《上海公报》发表50周年。回首历史，中美双方本着求同存异精神，以合作代替对抗，造福了两国人民，促进了世界和平与繁荣。展望未来，双方应当重拾融冰初心，重整行装出发，用相互尊重、和平共处、合作共赢的"三原则"替代竞争、合作、对抗的"三分法"，推动美国对华政策重回理性务实的正轨，推动中美关系重回健康稳定的正道。

2022年3月8日 中美两国疾控中心召开了以"特殊人群新冠病毒疫苗接种与加强免疫实施情况"为主题的第15期新冠

肺炎疫情防控技术交流视频会。中国疾控中心的技术专家及美方专家约40人参加了此次会议。

2022年3月8日　针对近日美国在乌克兰的生物实验室引发广泛关注，美驻乌使馆已紧急删除涉及实验室的信息之事，中国外交部发言人赵立坚表示，近期美国在乌克兰的生物实验室确实引发各方高度关注。据报道，这些生物实验室内存储了大量危险病毒。俄罗斯还在军事行动中发现美国利用这些设施开展生物军事计划。根据美方自己公布的数据，美国在乌克兰有26个生物实验室和其他相关设施。美国国防部拥有绝对控制权。乌境内所有的危险病毒都必须存储在这些实验室。所有的研究活动都由美方主导。未经美方许可，任何信息都不得公开。当前形势下，从乌克兰和周边地区乃至全世界人民的健康和安全出发，我们呼吁有关各方确保这些实验室的安全。尤其是美国作为最了解这些实验室的一方，应尽快公布相关具体情况，包括存储了哪些病毒、开展了哪些研究。美国在乌克兰的生物军事活动只是冰山一角。美国国防部以"合作减少生物安全风险""加强全球公共卫生"等名义，在全球30个国家控制了336个生物实验室。336，你没有听错！美国在其境内的德特里克堡基地也开展了大量生物军事活动。美国真正的意图是什么？具体干了什么？国际社会一直有疑虑。美国始终敷衍了事，甚至把国际社会提出质疑说成是"散布虚假信息"。不仅如此，20年来美国一直独家阻挠建立《禁止生物武器公约》核查机制，拒绝接受对其境内外生物设施的核查。这进一步加重了国际社会的关切。我们再次敦促美方对其境内外生物军事化活动作出全面澄清，并接受多边核查。

2022年3月9日　中国人民对外友好协会会长林松添以视频方式会见了美国亚洲基金会会长大卫·阿诺德和荣誉理事长大卫·兰普顿。

2022年3月9日　中国驻纽约总领事黄屏访问位于新泽西州的三五环球集团（Triple Five Group）美国总部及旗下美国梦（American Dream）商城，并会见三五环球集团副董事长、美国梦商城董事长拉斐尔·盖尔梅兹，以及副总裁贾斯汀·盖尔梅兹、首席营销官保罗·盖尔梅兹、大中华区总裁潘丽君等集团高层。

2022年3月9日　针对美国白宫发言人普萨基声称，如果中国不遵守西方国家就乌克兰问题对俄罗斯的制裁，就可能遭到美方"报复性措施"一事，中国外交部发言人赵立坚表示，制裁从来不是解决问题的根本有效途径。中方坚决反对美方任何形式的单边制裁和"长臂管辖"。美方在处理乌克兰问题和对俄关系时，应严肃认真对待中方关切，不得以任何方式损害中方权益。中方将采取一切必要措施，坚决维护中国企业和个人的合法权益。

2022年3月11日　十三届全国人大五次会议在人民大会堂举行记者会，中国国务院总理李克强应大会发言人张业遂的邀请出席记者会，并回答中外记者提问。在谈及中美关系时，李克强总理指出，50年前，中美两国打破坚冰，开启了关系正常化航程。半个世纪过去了，两国关系虽然时有磕磕碰碰，但一直是向前发展的。我们还是希望，双方按照两国元首去年年底视频会晤达成的共识，相互尊重、和平共处、合作共赢，以理性和建设性的方式妥善管控分歧，尊重彼此的核心利益和重大关切。还是要多对话、多沟通。既然双方互相打开了大门，就不应再关上，更不能"脱钩"。中、美是联合国安理会常任理事国，也是世界上最大的发展中国家和最大的发达国家。处理好彼此的关系，事关两国人民的福祉。当前不少全球性的挑战都需要中美两国开展合作、共同应对。应该说，中美合作对两国、对世界都有益。当然，中美两国社会制度、历史文化、发展阶段都存在着很大的差异，有分歧也是难免的。但我们认为，合作应当是主流，因为世界和平与发展依赖于合作。即使我们在经贸领域有市场竞争，那也应该是良性、公平的竞争。去年，两国贸易额超过7500亿美元，比上年增长了近三成。这说明什么？中美合作领域是广阔的，是有巨大潜力的。如果美国放宽对中国的出口限制，双边贸易额还会更大，两国和两国人民都会从中受益。中方愿同美方一道择宽处行，谋长久利。

2022年3月12日　中国驻旧金山代总领事潘庆江应邀出席由铁路华工后裔协会、华埠历史文化协会、旧金山市总图书馆联合举办的"沉默的道钉：寻找铁路华工的足迹"图片展开幕式并发表致辞。美国加州教育厅副厅长玛丽·奈斯里、华埠历史文化协会会长罗玉棠、旧金山市总图书馆馆长麦克·兰伯特、驻美中华总会馆总董梁国源、当地政府官员和铁路华工后裔代表等共200余人出席了此次活动。

2022年3月14日　中共中央政治局委员、中央外事工作委员会办公室主任杨洁篪同美国总统国家安全事务助理沙利文在意大利罗马举行会晤。双方就中美关系以及共同关心的国际与地区问题进行了坦诚、深入和建设性沟通，同意共同落实好两国元首共识，增进了解，管控分歧，扩大共识，加强合作，为推动中美关系重回健康稳定发展的正确轨道积累条件。杨洁篪表示，落实两国元首共识是中美关系最重要的任务。习近平主席提出新时期中美相处要坚持相互尊重、和平共处、合作共赢的原则，为中美关系发展指明方向。拜登总统积极回应，作出不寻求"新冷战"、不寻求改变中国的体制、不寻求通过强化同盟关系反对中国、不支持"台独"、无意同中国对抗等重要承诺。中方始终根据习近平主席提出的三原则看待和处理中美关系。希望美方将拜登总统作出的承诺落到实处。当前国际形势下，中美加强对话合作，妥善管控分歧，避免冲突对抗，符合中美两国人民利益，符合国际社会期待和世界人民利益。杨洁篪强调，台湾问题事关中国的主权和领土完整。美方在中美三个联合公报中都明确承认只有一个中国，一中原则是中美建立外交关系的前提，也是中美关系的政治基础。本届美国政府在台湾问题上作出坚持一个中国政策、不支持"台独"的承诺，但行动与表态明显不符。中方对近期美在涉台问题上一系列错误言行表示严重关切和坚决反对。任何纵容支持"台独"分裂势力，企图打"台湾牌"搞"以台制华"的图谋都不可能得逞。中方要求美方认清台湾问题的高度敏感性，恪守一个中国原则、中美三个联合公报规定和美方所作承诺，不要在十分危险的道路上越走越远。杨洁篪就涉疆、涉藏、涉港等问题阐明中方严正立场，指出这些问题涉及中方核心利益，是中国内政，不容外部势力干涉，任何借此打压中国的图谋都将遭到失败。杨洁篪指出，坚持求同存异，在妥处分歧之上架起合作桥梁，是"上海公报"发表50年来经过实践检验的中美正确相处之道。双方应以史为鉴，把握相互尊重的前提，坚守和平共处的底线，抓住合作共赢的关键。双方还就乌克兰、朝核、伊朗核、阿富汗等国际地区问题交换了意见。

2022年3月14日　针对美国会通过了联邦政府2022财年综合拨款法案，其中一项条款禁止美行政部门制作、采购或展示任何"不正确标示"中国台湾地区与台当局所管理岛屿的地图之事，中国外交部发言人赵立坚表示，世界上只有一个中国，台湾是中国领土不可分割的一部分。这既是历史和法理事实，也是国际社会的共识。任何正确标示的地图，都应基于上述事实。美方有关做法粗暴干涉中国内政，妄图借所谓台湾地区地图问题大搞政治操弄，制造"两个中国"和"一中一台"。中方对此表示强烈不满和坚决反对。我们正告美方，打"台湾牌"如同抱薪玩火，不仅会把台湾推向危险的境地，也将给美方带来难以承受的后果。美方应该停止虚化掏空一个中国原则，停止纵容支持"台独"行径，回归一个中国原则的本源本义，恪守对中方作出的政治承诺，真正维护台海和平稳定，维护中美关系大局。此外，针对台湾方面近日与美国签订军售采购合约，以总额69.9亿元新台币向美采购"野战资讯通信系统"一事，赵立坚表示，美国向中国台湾地区出售武器，严重违反一个中国原则和中美三个联合公报特别是《八一七公报》规定，严重干涉中国内政，严重损害中美关系和台海和平稳定，中方一贯坚决反对。美方应该切实恪守一个中国原则和中美三个联合公报规定，停止售台武器和美台军事联系。

2022年3月15日　中国代表在联合国人权理事会第四十九届会议与暴力侵害儿童问题秘书长特别代表对话时发言，对美国侵犯儿童权利表示关切。中国代表表示，美国将移民儿童长期关押在移民拘留中心，导致儿童遭受暴力和虐待，还强行将移民儿童与其父母分开，中方深表关切，呼吁美国立即改变有关做法。美国枪支泛滥、校园枪击案件频发、大量儿童成为受害者。有关研究表明，新冠疫情大流行期间，美国枪支暴力案件增加了30%以上，美国医院收治受枪击儿童数量激增。2021年，美国共有44750人死于枪支暴力，其中1533人为17岁以下青少年和儿童；40359人在枪支暴力中受伤，其中4107人为17岁以下青少年和儿童。中方敦促美方采取切实措施，解决枪支泛滥问题，切实保障儿童生命权等权利。

2022年3月15日至17日 中国驻洛杉矶副总领事施远强一行赴美国亚利桑那州进行工作访问，分别会见州议会参议长范恩、州众议院拨款委员会主席卡瓦诺、凤凰城社区与经济发展部主任马基、凤凰城友协主席马可、亚利桑那州立大学和亚利桑那大学负责人以及"飞虎队"老兵子女等。

2022年3月15日 针对美国国务院发言人普莱斯昨天声称，美国总统国家安全事务助理沙利文与美方代表团直接、清楚地对中方在"俄罗斯入侵乌克兰"后对其提供支持表示关切一事，中国外交部发言人赵立坚表示，杨洁篪主任在有关会晤中指出，乌克兰局势走到今天这一步，是中方不愿看到的。应理顺乌克兰问题历史经纬和来龙去脉，正本溯源，回应各方合理关切。着眼长远，积极倡导共同、综合、合作、可持续的安全观，鼓励相关各方开展平等对话，按照安全不可分割原则，寻求构建均衡、有效、可持续的欧洲安全机制，维护欧洲和世界和平。中方一贯主张尊重各国主权和领土完整，遵守联合国宪章宗旨和原则。中方致力劝和促谈，国际社会应共同支持俄乌和谈尽快取得实质性成果，推动局势尽快降温。各方应保持最大限度克制，保护平民，防止出现大规模人道主义危机。中方已向乌提供紧急人道主义援助，并将为此继续作出自己的努力。中方坚决反对任何散布不实信息、歪曲抹黑中方立场的言行。

2022年3月16日至17日 美国驻武汉总领事蓝如瑾、美国卫生与公共服务部驻华代表赵蕊分别拜访了湖北省消防救援总队、省卫健委和武汉市贸促会、市经信局、市民政局等单位。

2022年3月16日 针对美国"2022财年综合拨款法案"签署成法一事，全国人大外事委员会发言人尤文泽发表谈话指出，当地时间3月15日，美方不顾中方多次严正交涉，执意将含有涉台、涉港、涉藏、涉疆等多项涉华消极条款的"2022财年综合拨款法案"签署成法，严重损害中国国家利益，粗暴干涉中国内政，我们对此坚决反对。世界上只有一个中国，台湾是中国领土不可分割的一部分，这是历史和法理事实。任何正确标示台湾地区的地图，都基于上述事实。美方妄图借所谓台湾地区地图问题大搞政治操弄，制造"两个中国"和"一中一台"，是对一个中国原则的挑战和破坏，是极其危险的政治挑衅。涉港、涉藏、涉疆事务纯属中国内政。美方借有关问题干涉中国内政、遏制中国发展、破坏中国国家安全和社会稳定的图谋不可能得逞。中国维护国家主权、安全、发展利益的决心坚定不移。我们强烈敦促美方充分认清有关涉华消极条款的严重危害性，停止纵容支持"台独"行径，停止借有关问题干涉中国内政。

2022年3月17日 中国驻美公使井泉应邀出席美中贸委

会主办的"使馆系列讲座"。该活动由美中贸委会会长艾伦主持，以线上线下结合方式举行，60多位美工商界代表参加了此次活动。

2022年3月17日　针对美国国务卿布林肯表示，中国反复强调《联合国宪章》及关于国家主权的基本原则神圣不可侵犯，但至今还没有明确反对俄罗斯的侵略行为之事，中国外交部发言人赵立坚表示，我们注意到布林肯国务卿在作出这样表态时还妄称，中国站在历史错误的一边。美方有关言论是对中方的诬蔑抹黑，充分暴露了美方冷战思维和集团对抗思想。这类言论对解决问题毫无助益，中方坚决反对。在乌克兰问题上，中方始终本着客观公正态度，根据事情本身的是非曲直，独立自主作出判断。中方一贯主张尊重各国主权和领土完整，遵守联合国宪章宗旨和原则，重视各国安全关切，支持一切有利于和平解决危机的努力。作为负责任的大国，中国将继续为维护世界和平稳定发挥建设性作用。美国政府持续推进北约东扩，已经进行了五轮。美国政府关于北约东扩的决策，同今天的乌克兰危机有着直接联系。解决乌克兰危机的钥匙在美国和北约手中。我们希望美国和北约作为危机始作俑者好好反思一下他们在乌克兰危机中扮演的角色，切实承担起应尽责任，为缓和局势、解决问题拿出实际行动，早日结束乌克兰的冲突。我们也希望美国能够真正同世界上多数发展中国家一道，站在和平与正义的一边，推动乌克兰局势早日缓和。此外，针对美国监管部门昨天吊销了太平洋网络的电信运营许可并声称该公司为中国政府所有之事，赵立坚表示，美方在没有列出具体违法事实的情况下，再次以"国家安全"为由撤销中国企业在美运营许可。这是赤裸裸地泛化国家安全概念，滥用国家力量对中国企业进行无理打压，是对国际经贸规则的严重破坏，损害的是包括美国用户在内的消费者的正当权益。中国政府支持相关企业依法维护自身利益，也将继续采取必要措施，坚决维护中国企业的正当权益。

2022年3月18日 中国国家主席习近平应约同美国总统拜登视频通话。两国元首就中美关系和乌克兰局势等共同关心的问题坦诚深入交换了意见。

拜登表示，50年前，美中两国作出重要抉择，发表了《上海公报》。50年后的今天，美中关系再次处于关键时刻，美中关系如何发展将塑造21世纪的世界格局。我愿重申：美国不寻求同中国打"新冷战"，不寻求改变中国体制，不寻求通过强化同盟关系反对中国，不支持"台独"，无意同中国发生冲突。美方愿同中方坦诚对话，加强合作，坚持一个中国政策，有效管控好竞争和分歧，推动美中关系稳定发展。我愿同习近平主席保持密切沟通，为美中关系把舵定向。习近平指出，去年11月我们首次"云会晤"以来，国际形势发生了新的重大变化。和平与发展的时代主题面临严峻挑战，世界既不太平也不安宁。作为联合国安理会常任理事国和世界前两大经济体，我们不仅要引领中美关系沿着正确轨道向前发展，而且要承担应尽的国际责任，为世界的和平与安宁作出努力。习近平强调，我和总统先生都赞同中美要相互尊重、和平共处、避免对抗，都同意双方在各层级各领域要加强沟通对话。总统先生刚才又重申，美方不寻求打"新冷战"，不寻求改变中国体制，不寻求通过强化同盟关系反对中国，不支持"台独"，无意同中国发生冲突。

对于你的这些表态，我是十分重视的。习近平指出，目前，中美关系还没有走出美国上一届政府制造的困境，反而遭遇了越来越多的挑战。特别是美国一些人向"台独"势力发出错误信号，这是十分危险的。台湾问题如果处理不好，将会对两国关系造成颠覆性影响。希望美方予以足够重视。中美关系之所以出现目前的局面，直接原因是，美方一些人没有落实我们两人达成的重要共识，也没有把总统先生的积极表态落到实处。美方对中方的战略意图作出了误读误判。习近平强调，中美过去和现在都有分歧，将来还会有分歧。关键是管控好分歧。一个稳定发展的中美关系，对双方都是有利的。

双方就当前乌克兰局势交换了意见。拜登介绍了美方的立场，表示愿同中方沟通，防止事态升级。习近平指出，乌克兰局势发展到这个地步，是中方不愿看到的。中方历来主张和平，反对战争，这是中国历史文化传统。我们向来从事情本身的是非曲直出发，独立自主作出判断，倡导维护国际法和公认的国际关系基本准则，坚持按照联合国宪章办事，主张共同、综合、合作、可持续的安全观。这些大的原则是中方处理乌克兰危机的立足点。中方已经提出了关于乌克兰人道主义局势的六点倡议，愿向乌克兰和受影响的其他国家进一步提供人道主义援助。各方应该共同支持俄乌对话谈判，谈出结果、谈出和平。美国和北约也应该同俄罗斯开展对话，解开乌克兰危机的背后症结，化解俄乌双方的安全忧虑。习近平强调，当前，世界各国已经十分困难了，既要应对新冠肺炎疫情，又要保经济保民生。作为大国领导人，我们要考虑妥善解决全球热点问题，更要考虑全球稳定和几十亿人民的生产生活。实施全方位、无差别制裁，受罪的还是老百姓。如果进一步升级，还会引发全球经贸、金融、能源、粮食、产业链供应链等发生严重危机，使本已困难的世界经济雪上加霜，造成不可挽回的损失。形势越是复杂，越需要保持冷静和理性。任何情况下都要拿出政治勇气，为和平创造空间，为政治解决留有余地。中国有两句老话，一句是"一个巴掌拍不响"，另一句是"解铃还须系铃人"。关键是当事方要展现政治意愿，着眼当下，面向未来，找到妥善解决办法，其他方面可以也应当为此创造条件。当务之急是继续对话谈判，避免平民伤亡，防止出现人道主义危机，早日停火止战。长久之道在于大国相互尊重、摒弃冷战思维、不搞阵营对抗，逐步构建均衡、有效、可持续的全球和地区安全架构。中国一直在为和平尽力，将继续发挥建设性作用。

两国元首认为，此次视频通话是建设性的，责成两国工作团队及时跟进，采取实际行动，争取中美关系重返稳定发展的轨道，为妥善解决乌克兰危机作出各自的努力。丁薛祥、刘鹤、王毅等参加了上述活动。

2022年3月18日 中国驻洛杉矶总领事张平访问加州大学圣地亚哥分校，分别会见了该校校长科斯拉和21世纪中国研究中心主任、美前助理国务卿帮办谢淑丽。

2022年3月19日 中国驻洛杉矶总领事张平在美国加州圣地亚哥市同美中关系全国委员会"公共知识分子项目"成员进行了交流。

2022年3月19日 东部战区新闻发言人施毅表示，3月17日，美"约翰逊"号导弹驱逐舰过航台湾海峡并公开炒作。中国人民解放军东部战区组织兵力对美舰过航行动全程跟监警戒。

美方此类挑衅行径，向"台独"势力发出错误信号，是十分危险的。战区部队随时保持高度戒备，坚决捍卫国家主权安全和地区和平稳定。

2022年3月20日　由美国乒协与美国南加州华人华侨联合总会主办的中国乒乓球代表团访美50周年暨中美"乒乓外交"50周纪念活动在美国洛杉矶举行。中国驻洛杉矶总领事张平出席并致辞，中国乒协主席刘国梁通过视频致辞。美国国会众议员赵美心、美中关系全国委员会副会长白莉娟、美国乒乓球协会主席查尔和首席执行官沈伟妮、美国奥委会国际部主任乔罗斯兰、前美国国家乒乓球队队员戴尔和康妮·斯威里斯夫妇及当地民选官员、民众以及洛杉矶地区华侨华人、留学生代表两百余人参加了此次活动。

2022年3月21日　中国外交部发言人汪文斌就中国常驻联合国副代表在第76届联大消除种族歧视国际日纪念会议上严词驳斥美方就涉疆问题对中方的攻击抹黑一事，在例行记者会上表示，种族歧视严重侵犯人权。联合国历来关注种族问题，于1965年通过了《消除一切形式种族歧视国际公约》，要求各国采取一切必要措施消除一切种族歧视。作为公约缔约国，美国一直纵容种族歧视，未能采取有效措施改变系统性的种族歧视，严重违反公约义务。例如，疫情期间，美国政府高层公然针对亚裔群体搞污名化和种族歧视。美国内针对亚裔群体的暴力行为层出不穷，最新民调显示，美国洛杉矶县三分之二的亚裔居民担心成为种族歧视下的受害者。私营监狱对有色人种和移民群体严重不公平对待，因为种族歧视导致的杀害非裔美国人和其他少数族裔的事件时有发生。美国的种种人权劣迹，已遭到多位联合国人权特别机制报告员点名批评。面对如此糟糕的人权记录，美国不仅不反躬自省，反而以人权"教师爷"自居，把人权政治化、武器化，作为对别国干涉施压的工具，动辄对其他国家人权指手画脚。这是对国际法和国际关系基本准则的公然破坏，更与国际社会消除种族歧视、尊重和保障人权的努力背道而驰。我们奉劝美方放下傲慢和偏见，对着"人权"的镜子照照自己，正视自身问题，切实遵守《消除一切形式种族歧视国际公约》等国际人权公约，知错认错，知错改错。让少数群体真正感受到公平正义，给正在遭受仇恨和暴力的亚裔人群真正的安全和保护，真正为改善本国人权做一些实实在在的事情。西方一些媒体在近期的报道中突出"白人"的身份认同，以自我设定的标准将不同种族分出"文明等级"，有选择地展现所谓同情，发表诸如"这些不是来自叙利亚的难民，他们是基督徒，他们是白人，他们与我们很相似"等种族歧视言论，这严重背离人道主义初心和人权保护原则。针对西方媒体的种族主义言论，联合国难民署发言人近日强调，无论流离失所者来自乌克兰，抑或阿富汗、叙利亚，"我们必须记住，他们都是人"。我们希望西方一些媒体，早日抛弃双重标准，多做有利于文明交流的事情，真正为和平服务，不要沦为渲染种族主义的平台。

2022年3月22日　中国国家体育总局局长、中国奥委会主席苟仲文以视频形式会见了美国奥委会主席苏珊·利昂斯，并接受美国奥委会赠予的荣誉奖杯。

2022年3月22日　中国人民对外友好协会和美国腹地中国协会以线上方式共同举办2022年中美农业圆桌论坛。中国人民对外友好协会会长林松添，中国驻美大使，美国腹地中国协会主席、前密苏里州州长霍顿，世界粮食奖基金会名誉主席、美国腹地中国协会战略顾问奎因，美国驻华使馆临时代办米德伟，美国农业部代理副部长帮办哈费迈斯特，美国伊利诺伊州联邦众议员拉胡德等在线或以录制视频形式出席开幕式并讲话。中美各界近百名嘉宾线上参会。本届论坛下设企业对话、教育对话和智库对话三场活动，分别于3月25日、4月1日和4月8日在线上举办。

2022年3月22日 针对美国国务卿布林肯21日声称，美将对在中国境内外和美境内参与"镇压"少数民族、宗教团体、异见人士等侵犯人权行为的中国官员实施签证限制一事，中国外交部发言人汪文斌表示，美方的声明充斥意识形态偏见和政治谎言，对中方进行污蔑抹黑，无端打压中方官员，违反国际法和国际关系基本准则，粗暴干涉中国内政。中方对此坚决反对。世界上最大的人权侵犯者恰恰是美国。历史上，美国从肉体、土地、文化等各个方面对印第安人进行屠杀、驱逐、同化，全方位、系统化地侵犯印第安人人权，早已构成事实上的种族灭绝。美国在建国后的100多年里对印第安人进行系统性种族清洗。美国印第安人人口从15世纪末的500万骤减至20世纪初的25万。美国政府还对印第安文化实施同化政策，导致印第安人文化灭绝。印第安人的悲惨遭遇远远不是美国人权劣迹的全部。美方应对新冠疫情不力，已经使超过97万美国人民不幸丧生；美国国内长期性系统性种族歧视痼疾难除，弗洛伊德们"不能呼吸"。美国还对外发动侵略，侵犯别国人民人权，给别国人民造成深重灾难，甚至公然鲸吞阿富汗央行被冻结的70亿美元资产，抢走阿富汗人民的救命钱，给阿富汗人道危机火上浇油。就是这样的美国，还整天以"保护人权"为名，叫嚣对别国进行打压制裁。这样的把戏注定失败。我们敦促美方切实反省并纠正自身在人权领域犯下的累累罪行，同时客观公正看待中国人权状况，停止对中方蓄意抹黑打压，立即撤销针对中方官员的所谓制裁，否则中方必将予以对等反制。

2022年3月24日　针对美国运输部长皮特·布蒂吉格周三表示，中方已邀请美国国家运输安全委员会参与东航客机事故调查一事，中国外交部发言人汪文斌表示，目前中方正在全力开展东航失事客机的搜寻与救援工作。中方将按照《国际民航公约》及其附件以及中国民航法律法规开展事故调查，并与相关方保持密切联系。

2022年3月24日　针对美方官员近期一再宣称俄罗斯已请求中方提供军事装备援助之事，中国国防部新闻发言人吴谦表示，关于所谓"中方向俄提供军事援助"完全是虚假信息，中俄双方均已作出澄清。美方近期在乌克兰问题上一再散布针对中国的谣言，用心险恶、令人不齿，也让国际社会看清了美方惯于造谣生事的真实面目。我们要求美方立即停止这种造谣污蔑、无事生非的卑劣行径，深刻反思自身在乌克兰危机发展演变过程中所扮演的不光彩角色，真正为推动乌克兰局势缓和做些实实在在的事。

2022年3月24日　中国工业和信息化部针对美国撤销中信国际电讯在美公司214牌照事项发表声明，全文如下：美国联邦通信委员会（FCC）于当地时间3月16日，以国家安全为由决定撤销中信国际电讯在美公司ComNet (USA) LLC和Pacific

Networks Corp.的214牌照。上述两家公司于美国当地时间3月23日正式收到FCC关于撤销其214牌照的命令。ComNet (USA) LLC 和 Pacific Networks Corp.已在美运营多年,一直谨遵美国法律法规及监管要求,按照商业化原则为众多美国境内用户提供优质的服务。美国联邦通信委员会在未列出具体违规事实的情况下撤销其214牌照,是进一步泛化国家安全、滥用国家力量对中国企业进行的无理打压,严重破坏了美国营商环境,损害了中国企业和包括美国用户在内的全球消费者的正当权益。中方对此坚决反对。美方应撤回对我企业不公正的决定,停止将国家安全概念泛化、将经济问题政治化的错误做法,为中国企业在美投资发展营造公平、公正、无歧视的环境。中方将继续采取必要措施,维护中国企业的正当权益。

2022年3月25日 中国人民对外友好协会和美国腹地中国协会以线上方式共同举办中美省州农业企业对话会。中国人民对外友好协会副会长姜江,美国腹地中国协会主席、前密苏里州州长霍顿,艾奥瓦州农业厅厅长奈格,芝加哥招商局执行副总裁舒尔茨等在线或以录制视频形式出席活动并致辞。腹地中国协会战略顾问奎因,中国河北、河南、湖北、湖南四省和美国阿肯色、加利福尼亚、科罗拉多、佐治亚、印第安纳、密苏里、俄勒冈、田纳西等十余州近50家农业企业代表,以及美国各州驻华代表等近百人线上参会。

2022年3月28日 中国常驻联合国日内瓦办事处和瑞士其他国际组织代表团公使蒋端在联合国人权理事会第49届会议发言,揭露美国对印第安人犯下种族灭绝罪行,呼吁人权理事会等多边人权机构对美国的种族灭绝罪行采取行动。蒋端表示,美国在历史上通过屠杀、驱赶、强制同化等手段，系统性剥夺印第安人的生存权和政治、经济、文化等基本权利，试图从肉体和文化上消灭这一群体，犯下种族灭绝罪行。印第安人口从15世纪末的500万骤减至20世纪初的25万，许多部落完全灭绝。印第安妇女被美国政府强制绝育。大多数印第安儿童被强行送往"寄宿学校"或白人家庭进行同化，被禁止讲民族语言、穿民族服装。许多儿童因虐待和折磨而死亡。美国对印第安人实施的种族灭绝不仅是一个历史问题，更是一个延续至今的长期性、系统性种族主义问题。今天印第安人在美国仍遭受广泛、系统性歧视，在政治、经济、文化等领域处于边缘地位。在美所有少数族裔中，印第安人平均寿命最短，贫困率最高。美国对印第安人的种族灭绝罪行必须受到彻底调查和问责，印第安受害者及其后裔应得到赔偿。美国应改变侵犯印第安人权利的法律和政策。包括人权理事会、人权高专办在内的多边人权机构应就美国种族灭绝问题采取行动。

2022年3月28日 针对美军"印太"司令部司令阿奎利诺接受采访时声称，乌克兰问题凸显中国对台湾构成的严重威胁一事，中国外交部发言人汪文斌表示，我们已多次阐明，台湾问题与乌克兰问题有着本质区别，两者不可类比。乌克兰问题走到今天，是多年来积累矛盾的爆发，根子在于欧洲的安全问题。北约无限制东扩的做法值得反思。面对今天乌克兰的局势，美方不但不反思和检讨自己应该承担的责任，为缓和局势、劝和促谈作出努力，还不断拱火浇油。当欧洲国家为战争造成的难民和经济动荡付出代价时，美国的大军火商和油气公司却赚得盆满钵满。台湾是中国领土不可分割的一部分，这同乌克兰是一个主权国家有着根本的不同。美方一些人故意拿台湾问题同乌克兰问题相类比，不是不通常识，而是用心险恶。其目的就是试图在台海制造一场新的危机，以两岸人民福祉和地区和平稳定为代价服务美国自身的地缘战略和经济利益。台湾不是乌克兰。中国人民捍卫国家主权和领土完整的决心和意志坚不可摧。在台湾问题上拱火，只会迎来玩火者自焚的结局。

2022年3月29日至4月2日 中国政府朝鲜半岛事务特别代表刘晓明访问纽约联合国总部，会见联合国负责政治与建设和平事务的副秘书长迪卡洛和负责人道事务的助理秘书长姆苏亚，以及美国、俄罗斯、英国等安理会成员国常驻代表，就朝鲜半岛形势交换了意见。

2022年3月29日 针对美国国会参议院3月28日批准了针对中国的"美国竞争法案"替代修正案一事，中国外交部发言人汪文斌表示，中方此前已多次对美国类似涉华法案表明立场。相关法案涉华内容罔顾事实，渲染"中国威胁论"，鼓吹开展对华战略竞争，充斥着冷战零和思维，与中美两国各界希望加强交流合作的普遍愿望背道而驰，中方对此坚决反对，将坚定捍卫自身利益。美国怎么发展是美国自己的事。作为世界头号经济体，美方应该做的是维护包括半导体产业在内的全球产业链供应链的稳定，而不是动不动拿中国说事，把中国当"假想敌"。

2022年3月30日 针对台湾地区领导人蔡英文3月29日会见美国国家民主基金会会长威尔逊一事，中国外交部发言人汪文斌表示，台湾民进党当局惯于打着"民主"的旗号掩饰自己的"台独"面目。但无论民进党当局如何粉饰掩盖，其拒不承认体现一个中国原则的"九二共识"、推动"去中国化"、操弄"法理台独"等"谋独"本质都暴露无遗。去年民进党当局企图借所谓"领导人民主峰会"扩大分裂活动空间，结果自讨没趣。今年又和号称"第二中情局"的美国国家民主基金会狼狈为奸，试图上演"台独"绑架"民主"的闹剧，只会再次自取其辱。不管民进党当局如何为自己涂脂抹粉，都欺骗不了国际社会，其"台独"的丑陋面目只会越描越丑。

2022年3月31日　中国国务委员兼外长王毅在安徽屯溪集体会见阿富汗问题"中美俄＋"磋商机制会议与会代表，中国、美国、俄罗斯、巴基斯坦四国阿问题特使和特别代表参加。王毅说，中美俄巴是阿富汗问题的重要利益攸关方，也是对阿有重要影响的国家。新形势下，四方应调整工作方向，支持阿富汗致力重建、改善民生，推动阿方积极回应国际社会期待，特别是切实履行承诺，同恐怖势力彻底切割并予打击清除，为阿经济社会发展创造必要条件。

2022年3月31日　阿富汗问题"中美俄＋"磋商机制会议在安徽屯溪举行。会前，王毅国务委员兼外长集体会见中国外交部阿富汗事务特使岳晓勇、俄罗斯总统阿富汗问题特别代表卡布洛夫、美国国务院阿富汗问题特别代表韦斯特、巴基斯坦总理阿富汗问题特别代表萨迪克。会上，四方代表围绕阿富汗当前形势以及如何加强涉阿协作深入交换意见，并同阿富汗临时政府代理矿业与石油部长德拉瓦尔举行对话。四方一致认为，一个和平稳定的阿富汗符合国际社会的共同利益，阿富汗不应成为地缘角逐场所，而应成为国际合作平台。重申对阿富汗人民的坚定支持，强调将向阿富汗提供更多人道主义援助。呼吁阿富汗各方通过实质性对话谈判实现民族和解，推动阿富汗未来政治架构基础更加广泛，更加包容和团结。强调盘踞在阿富汗的各类恐怖势力仍然是本地区安全威胁，要求阿富汗有关方面采取更多可视举措，兑现反恐承诺，瓦解、消灭所有类型的恐怖组织。鼓励各方通过经贸投资、互联互通、基础设施建设等商业化、市场化方式同阿富汗共同努力，提升务实合作水平，帮助阿富汗提高自主发展能力，实现经济自立。与会各方高度赞赏中方举办包括阿富汗问题"中美俄＋"磋商机制会议在内的阿富汗邻国外长会系列会议，充分肯定中方在涉阿问题上发挥的建设性作用。阿富汗临时政府代表表示阿方致力稳局安民，发展经济，改善民生，积极推进包括教育在内的各项社会事业，希望外界继续向阿富汗提供援助。阿方将信守对国际社会的承诺，坚决不允许任何恐怖势力利用阿富汗领土危害其他国家。岳晓勇特使还分别同俄、巴、美方特别代表举行了双边会见，就阿富汗和共同关心的问题交换了意见。

2022年3月31日 针对美国国务卿布林肯日前发表声明，宣布美方将对所谓侵犯人权的中国官员实施签证限制，中国外交部发言人汪文斌在例行记者会上回答相关提问时说，中方对此坚决反对，决定对在涉华人权问题上炮制谎言、推动出台对华制裁、损害中方利益的美方官员对等采取签证限制。美方借口所谓人权问题炮制恶劣谎言，并以此为由干涉中国内政，抹黑中国形象，打压中方官员。这些行径毫无道德底线，严重违反国际法和国际关系基本准则，中方对此坚决反对。为维护中国主权安全发展利益，保护中方人员正当合法权益，根据《中华人民共和国反外国制裁法》有关规定，中方决定对在涉华人权问题上炮制谎言、推动出台对华制裁、损害中方利益的美方官员对等采取签证限制。

4月

2022年4月1日　　中国驻芝加哥总领事赵建访问伊利诺伊大学厄巴纳—香槟分校并会见该校校长罗伯特·琼斯。

2022年4月1日　　针对美国国务院3月31日发布"香港政策法"报告一事，中国外交部发言人赵立坚表示，香港是中国的特别行政区，香港事务属于中国内政，任何外国无权干涉。美方发表的有关报告无视事实，对香港事务说三道四，对中国中央政府和香港特区政府无端指责。中方对此强烈不满、坚决反对。

2022年4月6日　　中国外交部副部长谢锋会见美国新任驻华大使伯恩斯。双方就中美关系和共同关心的国际和地区问题交换了意见。此前，伯恩斯大使于4月2日向外交部礼宾司递交了国书副本。

2022年4月6日　　美国康涅狄格州世界事务理事会在康州哈特福德市举办中美关系论坛。中国驻纽约总领事黄屏应邀出席并发表主旨演讲。康州世界事务理事会会长托利、康州出口理事会主席石嘉禄、纽黑文大学荣誉教授李昌钰、康州前总检察长杰普森、雅礼协会会长弗里斯比、康州中国协会主席胡进、康州对冲基金协会联合主席麦吉尔、日本驻新英格兰名誉总领事博伊科等30余名康州当地各界人士出席了此次活动。

2022年4月6日　　针对美国防安全合作局4月5日发布消息

称，美国国务院已批准向"驻美台北经文处"出售总额9500万美元的军事技术及相关设备一事，中国外交部发言人赵立坚表示，美国向中国台湾地区出售武器，严重违反一个中国原则和中美三个联合公报特别是《八一七公报》规定，严重损害中国主权和安全利益，严重损害中美关系和台海和平稳定。中方对此坚决反对，予以强烈谴责。美方应该恪守一个中国原则和中美三个联合公报规定，撤销上述对台军售计划，停止售台武器和美台军事联系。中方将采取坚决有力措施，坚定捍卫自身主权和安全利益。

2022年4月7日 中国国务委员兼外长王毅在同法国总统外事顾问博纳通电话时，就媒体报道美国国会众议院议长佩洛西将访问中国台湾地区表明中方严正立场。王毅指出，当前国际局势动荡加剧。美国在乌克兰问题上强调尊重一国主权和领土完整，但在台湾问题上却公然踩踏"一个中国"红线，这是赤裸裸的双重标准。美国国会众议院议长作为一国政要，如明知故犯窜访台湾，将是对中国主权的恶意挑衅，对中国内政的粗暴干涉，将对外发出极其危险的政治信号。如果美方一意孤行，中方必将作出坚决反应，一切后果由美方承担。

2022年4月7日 2022年中美欧日韩知识产权五局（IP5）合作副局长会议以视频会议形式召开。会议由欧洲专利局轮值主办。欧洲专利局副局长克里斯托夫·恩斯特主持会议，中国国家知识产权局副局长卢鹏起、日本特许厅技监岩崎晋、韩国特许厅次长金容善、美国专利商标局副局长瓦伦西娅·马丁·华莱士分别率代表团出席会议。

2022年4月7日 针对美国众议院议长佩洛西计划在访日

后于本周日访问中国台湾地区一事，中国外交部发言人赵立坚表示，中方坚决反对任何形式的美台官方往来。美国国会是美国政府的组成部分，理应严格遵守美国奉行的一个中国政策。如果佩洛西众议长访台，这将严重违反一个中国原则和中美三个联合公报规定，严重损害中国主权和领土完整，严重冲击中美关系的政治基础，向"台独"分裂势力发出严重错误信号。中方对此坚决反对，已向美方提出严正交涉。美方应恪守一个中国原则和中美三个联合公报规定，立即取消佩洛西众议长访台计划，停止美台官方往来，以实际行动履行美方不支持"台独"的承诺。如果美方一意孤行，中方必将采取坚决有力措施，坚定捍卫国家主权和领土完整。由此造成的一切后果必须完全由美方负责。

2022年4月9日　由美中航空遗产基金会、美华友好协会、美国亚太裔公共事务协会联合主办，中国驻美大使馆协办的"铭记英雄——纪念飞虎队80周年及二战时期美国援华空军历史图片展"在美国国家航空航天博物馆开幕。中国驻美大使出席开幕式并发表演讲。前美国国家航空航天局局长查尔斯·博尔登将军，前美国空军参谋长诺顿·施瓦茨将军，飞虎队老兵哈里·莫耶、罗伯特·莫尔以及老兵后代等100余名美各界人士出席了此次活动。

2022年4月9日　针对美国国务院4月9日宣布，美驻上海总领馆人员及其家属可自愿以"授权撤离"方式离开中国，并在有关声明中指责中国防疫政策之事，中国外交部发言人赵立坚表示，美方宣布授权驻上海总领馆人员和家属自愿撤离，这是美方自己的决定。但必须指出，中方防疫政策科学有效，我们对上海等地战胜新一轮疫情充满信心。对于外国驻华外交领事人员涉疫问题，中国有关部门和地方已在政策允许范围内尽可能提供协助和便利。我们对美方在其声明中无端指责中国防疫政策表示强烈不满、坚决反对，已向美方提出严正交涉。

2022年4月10日至13日 中国驻美公使徐学渊访问美国北卡罗来纳州、南卡罗来纳州。其间，徐公使分别会见了南卡州州长亨利·麦克马斯特、北卡州副州长马克·罗宾逊及经济部门官员，出席了两州各界欢迎晚宴并发表演讲，还访问了霍尼韦尔、江南化纤、科尔棉纱等企业。

2022年4月11日 针对美国会参议院外委会日前举行中拉关系听证会，其间，美方有关参议员以及美国务院、国际开发署、国际开发金融公司负责人声称，中国通过"一带一路"倡议、"虚假"信息宣传、"操纵监控"电信设备等手段，"损害"拉美国家经济发展利益，"威胁"地区民主、自由和安全，美方将通过举办第九届美洲峰会予以抵制之事，中国外交部发言人赵立坚表示，美方有关人员的说法纯属造谣抹黑、无中生有。中国与拉美和加勒比国家同属发展中国家。中方一贯秉持相互尊重、平等互利、合作共赢、开放包容理念，在尊重彼此需求和利益基础上开展对拉合作。新冠肺炎疫情暴发以来，中国有力支持地区国家抗击疫情、恢复经济社会发展、保障民生改善，受到地区国家普遍欢迎。国际社会同拉方合作可以并行不悖，相互补充，相互促进。中方愿意在尊重地区国家意愿基础上开展三方合作、多方合作，做大利益蛋糕，实现多赢共赢。美方有关人员应该摘掉"有色眼镜"，摒弃过时的"门罗主义"情结和冷战思维，也应该停止散布涉华虚假信息，停止胁迫拉美国家选边站队，停止挑拨离间中拉关系。

2022年4月13日 针对美国高官近日频频借乌克兰危机炒作所谓大陆对台"军事威胁"之事，中国国台办发言人马晓光应询表示，世界上只有一个中国，台湾是中国的一部分。台湾问题是中国的内政，不容任何外来干涉。我们奉劝美国政府有关官员先搞清楚台湾问题涉及中国主权和领土完整的基本事实，搞清楚美国政府不支持"台独"的严肃承诺，搞清楚中美三个联合公报的规定。美方一些人企图打"台湾牌""以台制华"是打错了算盘。如果持续玩火，必将"玩火自焚"。

2022年4月14日 中国驻纽约总领事黄屏访问了卡夫集团旗下的新英格兰爱国者队主场吉列体育场，并会见卡夫集团主席兼首席执行官罗伯特·卡夫、卡夫国际集团总裁丹尼尔·卡夫、卡夫体育和娱乐公司首席运营官吉姆·诺兰等。

2022年4月14日至28日 复旦大学美国研究中心与美国乔治城大学"美中全球问题对话倡议"共同举办了三场"中美学生对话"活动，对话分别聚焦"全球治理概况""中美人文交流""中美在全球治理中的作用"三个主题，同时兼顾"绿色发展""全球健康"两个议题。对话以视频会议形式展开，中美双方共24名国际政治、国际关系、公共治理专业的本科生和硕博研究生参与。复旦大学国际问题研究院院长、美国研究中心主任吴心伯教授和美国乔治城大学副校长托马斯·班科夫教授，作为双方的教师代表联合主持了三场对话。

2022年4月14日 针对美国财政部长耶伦敦促中国采取行动结束俄罗斯在乌克兰的军事行动，否则可能会影响中国国际地位一事，中国外交部发言人赵立坚表示，中方在乌克兰问题上始终秉持客观公正立场。我们支持对话谈判，积极向乌克兰和其他受影响的国家提供人道主义援助，为缓和局势、化解危机、重建和平付出大量努力。中方一贯坚持各国主权和领土完整都应当得到尊重和维护，认为处理国际关系不应有双重标准。乌克兰的主权、安全应当得到维护，俄罗斯的合理安全关切同样应当受到尊重。欧洲的和平、稳定值得捍卫，其他国家的和平、稳定同样值得守护。我们反对针对中方的无端指责和猜忌，更不接受任何施压与胁迫。时间终将证明，中方的主张是站在历史正确的一边。此外，针对美国参议院外委会主席、民主党参议员梅南德斯和共和党参议员格雷厄姆14日率团访台一事，赵立坚表示，中方坚决反对任何形式的美台官方往来。美国国会议员应该遵守美国政府奉行的一个中国政策。美方应该恪守一个中国原则和中美三个联合公报规定，停止美台官方交往，不要在危险的道路上越走越远。中方将继续采取有力措施，坚决维护国家主权和领土完整。

2022年4月15日 针对美国共和党参议员格雷厄姆今天在中国台湾地区会见蔡英文时声称，美国将开始让中国为其在全球的所作所为付出更大代价一事，中国外交部发言人赵立坚表示，中方坚决反对任何形式的美台官方往来。美国国会议员应该遵守美国政府奉行的一个中国政策，恪守一个中国原则和中美三个联合公报规定，停止美台官方交往。他们更不应该发表不负责任的言论。中方将继续采取有力措施，坚决维护国家主权和领土完整。我相信大家已经注意到中国人民解放军东部战区已经发布了相关声明。中国军队有关行动就是对近期美国包括国会议员团访台等消极行动的反制。此外，针对美国中央情报局局长伯恩斯14日发表讲话声称，中国是不乏雄心和能力的强大竞争对手，有意取代美国成为"印太"地区超级大国一事，赵立坚表示，美方在乌克兰危机中一再散布虚假消息，对中国大肆抹黑，对中俄关系挑拨离间，目的是要转嫁矛盾，挑动对抗，借机渔利。美方还是应该多反思反思自身对乌克兰危机发生和不断升级的责任。我想强调的是，中国的发展只是想让中国人民过上更好的日子。我们对挑战谁、取代谁并不感兴趣。长期以来，美方炮制了太多的"中国威胁论"，给中国泼了太多的脏水。但谎言说一千遍也还是谎言。世人对中国的和平发展和为世界所作的贡献自有公论。美方个别官员应该摒弃冷战思维，客观看待中国发展，停止造谣生事，停止挑拨中国同别国正常的国家关系，多做些有利于中美关系发展的事。

2022年4月15日 中国国防部新闻发言人吴谦就美国国会议员窜访台湾之事发表谈话指出，近期，美国国会议员不顾中方强烈反对，蓄意挑衅，窜访台湾。美方这一行径严重违反一个中国原则和中美三个联合公报规定，严重损害中美关系的政治基础，导致台海局势进一步紧张升级。美一方面作出不支持"台独"的承诺，一方面向"台独"分裂势力发出严重错误信号，这是极其虚伪的，毫无信义。中方对此坚决反对，并向美方提出严正交涉。台湾是中国领土神圣不可分割的一部分。台湾问题不容任何外来干涉。中国人民解放军东部战区近日在台岛周边海空域组织多军兵种联合战备警巡，并开展多科目针对性演练。这是根据当前台海安全形势和维护国家主权需要采取的必要行动。中国人民解放军厉兵秣马，将采取一切必要措施坚决挫败外部势力干涉和"台独"分裂图谋，坚决捍卫国家主权和领土完整。

2022年4月15日　针对美国联邦参议员格雷厄姆等人14日窜访中国台湾地区之事，中国国台办发言人马晓光应询表示，一段时间来，美国政府、国会在台湾问题上屡屡挑衅，变本加厉打"台湾牌"，企图"以台制华"、阻挠中国完全统一和中华民族复兴进程。我们敦促美国政府用实际行动来兑现不支持"台独"的承诺，而不是说一套做一套。格雷厄姆等人窜访台湾，民进党当局和"台独"势力巴结逢迎，改变不了台湾是中国一部分的事实，阻挡不了祖国完全统一和中华民族复兴的进程。

2022年4月16日　美国国家动物园举行活动，庆祝大熊猫抵达美国暨国家动物园大熊猫项目50周年。美国国家动物园园长布兰迪·史密斯、中国驻美大使向媒体发表了致辞。

2022年4月16日　第25届哈佛中国论坛开幕式在哈佛大学商学院举行。中国驻美大使和国际货币基金组织副总裁李波发表视频致辞。美国前财政部长、哈佛大学前校长萨默斯出席论坛并致辞。美国政商学界70余位嘉宾以及哈佛师生等近600人参加了此次活动。

2022年4月19日　中国生态环境部部长黄润秋在京视频会见了美国加州州长加文·纽森。双方共同签署《中华人民共和国生态环境部与美利坚合众国加利福尼亚州合作谅解备忘录》，并就进一步加强生态环境保护和应对气候变化合作，携手推动全球环境治理进程进行了交流。

2022年4月19日　中国驻美使馆人员访问了芝加哥大学并会见了该校校长阿利维萨托斯。

2022年4月19日　　针对美国国务院发布《2022年军控遵约报告》，指责中国未遵守暂停核试验、导弹防扩散承诺，并对中国履行《禁止生物武器公约》提出质疑之事，中国外交部发言人汪文斌表示，中方注意到有关报告。美国每年都炮制所谓的《军控遵约报告》，摆出一副法官的姿态，对他国军控和防扩散政策和实践指手画脚，将自身标榜为"模范"。这十分荒唐。美国在军控与防扩散领域的遵约记录劣迹斑斑。近年来，美国对国际军控条约和机制采取"利则用，不利则弃"的实用主义态度，接连退出《中导条约》《开放天空条约》，撤销签署《武器贸易条约》，在伊朗核问题上立场反反复复。美向澳大利亚这个无核武器国家提供核潜艇技术、合作开发高超音速武器，向他国出售可携带核弹头的战斧巡航导弹，加大核扩散风险，冲击国际核不扩散体系。美国独家阻挡《禁止生物武器公约》核查议定书谈判，并在全球设立生物实验室、开展生物军事活动。美国还是唯一没有完成库存化学武器销毁的《禁止化学武器公约》的缔约国。美方所作所为，严重破坏全球战略平衡与稳定，阻碍国际军控与裁军进程，受到国际社会普遍谴责。美方不反躬自省，反而不断向其他国家泼脏水，实质是为自身摆脱条约义务制造借口、寻找"替罪羊"。对此，国际社会，包括美国的有识之士，都看得十分清楚。需要指出的是，美方对中国的指责纯系捕风捉影、子虚乌有。中方一贯本着负责任的态度，认真履行自身承担的国际义务和承诺，坚定致力多边主义，始终坚持维护以联合国为核心的国际体系和以国际法为基础的国际秩序。近年来，中国积极参与《不扩散核武器条约》《禁止生物武器公约》《禁止化学武器公约》等审议进程，加入《武器贸易条约》，推动外空军控法律文书谈判，发布《全球数据安全倡议》，向联合国提交关于规范人工智能军事应用的立场文件，为加强和完善国际军控与防扩散体系、维护世界和平安全作出重要贡献。在遵守军控条约方面，中美两国的表现孰优孰劣，国际社会自有公论。此外，针对白宫网站日前发布声明，强调禁止直升式反卫试验应成为"国际规范"，指责中俄此前开展的反卫试验一事，汪文斌表示，我们注意到有关报道。美国长期奉行主导外空战略，公然将外空界定为"作战疆域"，并为此大力研发部署定向能、"反卫星通信系统"等多种进攻性外空武器，全面推进外空军力建设和作战准备。美国是最早开展直升式反卫试验，也是开展此类试验次数最多的国家。此次美方宣布停止地基直升式反卫武器试验，我们要问的是，为什么美方不同时宣布不使用此类武器？为什么美方不宣布停止空基和共轨等反卫试验，停止具有反卫性质的反导试验？为什么美方不承诺禁止对外空物体使用武力？中方一向倡导和平利用外空，反对外空武器化和军备竞赛，积极推动在外空领域构建人类命运共同体。中俄两国早在2008年就向裁谈会共同提出了外空军控条约草案，明确禁止在外空放置武器、禁止对外空物体使用或威胁使用武力。该条约草案旨在通过具有法律约束力的方式一揽子消除外空安全面临的威胁，包括动能反卫试验，从根本上维护外空的和平安全。然而，这一倡议却遭到美方长期反对。我们希望美方真正承担起大国应尽的责任，全面检视自身在外空领域一系列消极举动，停止假借军控名义扩大单边军事优势的虚伪做法，停止阻挡外空军控法律文书谈判进程，为维护外空持久和平与安全发挥应有作用。

2022年4月20日 中国国务委员兼国防部长魏凤和应约同美国国防部长奥斯汀通电话。魏凤和说，中美双方要认真落实两国元首共识。中国希望与美国建立健康稳定发展的大国关系，也必将捍卫国家利益和尊严，美国不应低估中国的决心和能力。两军要增进军事互信，加强对话交流，管控风险危机，开展务实合作，确保两军关系正常稳定发展。魏凤和强调台湾问题如果处理不好，就会对两国关系造成颠覆性影响。中国军队将坚决维护国家主权安全和领土完整。奥斯汀表示，美方将本着坦诚开放的态度加强对华军事领域交往合作。美国坚持一个中国政策。双方应以负责任方式管控竞争、管控风险，妥善处理两军关系面临的难题。双方还就海空安全问题、乌克兰局势等交换了看法。

2022年4月20日 针对美国国家安全委员会发言人沃森19日发表声明称，美国、日本、新西兰、澳大利亚四国对中国和所罗门群岛签署的安全协议感到担忧一事，中国外交部发言人汪文斌表示，中所两国在平等互利、公开透明的基础上进行安全合作，帮助所方维持社会秩序、应对自然灾害，开展人道主义救助，不针对任何第三方，不取代所现有的双、多边安全合作机制。我不明白这怎么就对美方构成严重风险。按照美方的逻辑，是不是太平洋岛国只能同美国及美国的少数几个盟友开展安全合作？是不是同其他国家进行安全合作就是威胁？美方究竟是把岛国视为独立的主权国家还是当作自己的附属物？是要与岛国发展平等关系还是寻求控制岛国？这些是美方需要回答的问题。

2022年4月20日 中国驻美使馆人员拜访了美国艾奥瓦州

萨拉·兰蒂、贝隆、乔妮等友好人士，兰蒂请使馆向习近平主席转交其撰写的《老朋友：习近平与艾奥瓦的故事》回忆录和一份信函。

2022年4月20日 中国人民外交学会与美国新美国安全中心就南亚问题举行视频对话。中国人民外交学会会长王超和新美国安全中心首席执行官理查德·方丹共同主持了会议。中方参会人员包括：外交学会理事会顾问、前驻印度大使魏苇，中国国际问题研究院副院长荣鹰，外交学会理事、中国社会科学院亚太与全球战略研究院副院长叶海林，中国现代国际关系研究院南亚研究所所长胡仕胜，北京大学南亚研究中心常务副主任王旭。美方参会人员包括：新美国安全中心"印太"安全项目主任丽莎·柯蒂斯、"印太"安全项目研究员雅各布·斯托克斯、卡内基国际和平基金会战略事务主席阿什利·泰利斯、美国和平研究所南亚事务高级顾问丹尼尔·马基、布鲁金斯学会印度项目主任坦维·马丹、美国大西洋理事会中国全球中心主任戴维·舒尔曼。

2022年4月21日 中国驻美使馆人员在艾奥瓦州首府得梅因市出席中美农业高层研讨会。研讨会由中国驻美大使馆、美国腹地中国协会、中国农业国际交流协会主办，河北省副省长时清霜、世界粮食奖基金会名誉主席奎因大使，前美驻华大使布兰斯塔德，美驻华大使伯恩斯，两国农业部官员，有关农业行业协会、企业等500人通过线下线上方式出席了此次活动。研讨会期间，艾奥瓦玉米种植者协会宣布获得中国进口美国玉米大单，中国农业国际交流协会与腹地中国协会"云签署"了农业合作备忘录。

  2022年4月21日 针对美国的谷歌公司声称需要履行政府的制裁法令，终止运作香港特区行政长官选举候选人的社交媒体竞选频道一事，中国外交部发言人汪文斌表示，美国有关公司以遵守制裁为借口，甘当美国政府干涉别国内政的政治工具，这是完全错误的、无理的。我们对此坚决反对。这一行径再次暴露了美方为政治目的不惜破坏言论自由、资讯传播自由和网络空间公平公正秩序的虚伪"双标"以及打着各种旗号干预香港事务、干扰破坏香港第六任行政长官选举的险恶用心。香港社会各界对外国势力公然干预香港选举的恶劣行径予以一致谴责，要求美社交平台公司尊重香港特区行政长官选举的公平公正。我们对此完全赞同、坚决支持。我们正告美西方一些别有用心的势力，立即停止插手香港事务、干涉中国内政。中方维护国家主权、安全、发展利益和香港长期繁荣稳定的决心坚定不移，任何施压破坏伎俩都影响不了香港行政长官选举的顺利进行，都阻挡不了香港由乱及治的大势。

  2022年4月22日 中国驻美使馆人员来到距艾奥瓦州首府得梅因约半小时车程的金伯利农场，拜访了瑞克·金伯利一家。

  2022年4月22日 美中文化促进会在美国旧金山市图书馆举行成立仪式。会长陈万祥、常务副会长曹树堃及该会理事成员现场宣誓就职。中国驻旧金山代总领事潘庆江出席成立仪式并发表致辞，旧金山高等法院荣休大法官邓孟诗、郭丽莲及加州多名民选官员出席了此次活动。

  2022年4月22日 针对美国国务院发言人普莱斯昨天声称，美将继续维护以规则为基础的国际体系，俄中等一些国家试图挑战甚至摧毁的各种其他体系一事，中国外交部发言人赵立坚表示，中国是世界和平的建设者、全球发展的贡献者、国际秩序的维护者。中国同世界大多数国家一样，坚定维护以联合国为核心的国际体系和以国际法为基础的国际秩序。如果说有哪个国家正在试图挑战和摧毁当前的国际规则、国际体系，那正是美国自己。试问，当美方在没有联合国安理会授权的情况下，悍然轰炸南联盟，入侵伊拉克、叙利亚的时候，美国遵循的是哪套国际规则？当美国无视俄罗斯安全关切，高调推动北约五轮东扩，加剧地区紧张局势的时候，美国维护的是什么国际体系？当美方在俄乌冲突爆发后，消极诋毁对话和谈，想方设法拱火浇油的时候，美国遵循的又是哪套国际规则？当美方不顾世界经济复苏困境，持续升级单边制裁，陷欧洲和世界于危机的时候，美国维护的又是什么国际体系？美国张口闭口规则秩序，实际上是把"家法帮规"包装成国际规则，将美国主导、服务美国的秩序强加给国际社会。这种霸权秩序和强权规则必将受到秉持正义立场国家的反对。

2022年4月23日　中国驻旧金山代总领事潘庆江应邀出席美国华人历史学会在旧金山唐人街举办的"我们是李小龙：天下一家"展览开幕庆祝活动。美国华人历史学会董事会成员、旧金山市民选官员和其他各界代表近百人参加了此次活动。

2022年4月25日　针对美欧近日举行第三次中国问题对话，就涉台、涉疆、中方散布"虚假信息"等问题表达所谓"关切"之事，中国外交部发言人汪文斌表示，我们坚决拒绝美欧干涉中国内政、对中方进行污蔑抹黑的无理行径，已就此向美欧提出严正交涉、表达严正立场。美国嘴上说维护联合国宪章中心地位，但事实刚好相反。当联合国安理会拒绝授权美国向南联盟、伊拉克、叙利亚等国动武时，美国和北约就把联合国扔在一边，对主权国家大打出手、肆意干涉。美国嘴上说尊重人权，但美国及其盟友对阿富汗、伊拉克等国发动的侵略战争导致30多万平民丧生，2600多万人沦为难民，却没有一人受到战争罪行和反人道罪行的追究。美国还宣布对国际刑事法院调查美军战争罪行进行制裁。美国嘴上说反对经济胁迫，但美国恰恰是"胁迫外交"的发明人和集大成者，胁迫对象不分大小、不分远近，甚至不分敌友。美国对古巴实行长达半个世纪的封锁和制裁，对伊朗的制裁也已长达40多年。美国对欧盟、日本等自己盟友"捅刀"的事情也屡见不鲜，毫不手软。事实证明，美国是最大的虚假信息散布者、胁迫外交施暴者、世界和平稳定破坏者。从美欧对话，到"美英澳三边安全伙伴关系""四边机制""五眼联盟"，美国打着民主、人权、规则、秩序的旗号，干的却是制造分裂、挑动对抗、损人利己的勾当。不仅小国、弱国的利益受到伤害，欧洲等盟友也要为美国的自私自利付出沉重代价。希望欧盟认清事实，不要助纣为虐。

2022年4月26日 针对美国国务院昨日发表声明，敦促中国公开所谓"班禅转世灵童"的行踪和现状一事，中国外交部发言人汪文斌表示，我们坚决反对美方打着所谓"宗教自由"的幌子、借涉藏问题干涉中国内政。中国政府奉行宗教信仰自由政策，当然也包括尊重和保护藏传佛教活佛转世这一传承方式。关于达赖、班禅等大活佛转世，几百年来已形成完整的办法和程序，需要按照历史定制、宗教仪轨，遵守中国的国家法律。十四世达赖是一个披着宗教外衣的反华分裂分子。27年前，他为了进行反华分裂的政治炒作，破坏宗教仪轨，不顾历史定制，在国外擅自宣布一名儿童为"班禅转世灵童"，这是非法和无效的。这位所谓的"班禅转世灵童"只是一名中国普通公民，目前过着正常的生活。他和他的家人不希望目前的正常生活受到外界干扰。美方应该充分理解和尊重他们的意愿，而不是借机搞政治操弄，对华进行攻击抹黑。美方如果真的关心人权和宗教自由，为什么要对印第安人进行全方位、系统化种族清洗，导致印第安人文化灭绝？美国对此应该好好解释清楚。

2022年4月27日　中国人民外交学会以线上方式举办美国国会参众两院代表团首次访华50周年纪念活动。中国驻美大使，中国人民外交学会会长王超，外交学会理事会顾问、中国前驻美大使崔天凯，中华全国归国华侨联合会顾问唐闻生，美国蒙大拿州联邦参议员戴安斯，美国国会众议院美中工作小组共同主席拉森和拉胡德众议员，美国前驻华大使、前联邦参议员博卡斯，美国美亚学会董事会主席刘蔼明，美国蒙大拿大学曼斯菲尔德中心执行主任曼索尔现场或通过视频方式出席活动并致辞。

2022年4月27日　中国驻芝加哥总领事赵建访问伊利诺伊大学芝加哥分校并会见该校校长迈克尔·阿米里迪斯。

2022年4月27日　针对美国国务卿布林肯日前有关涉台言论，中国外交部发言人汪文斌表示，我们对布林肯国务卿的表态表示强烈不满和坚决反对。1979年中美建交以来，包括本届政府在内的历届美国政府都明确表示奉行一个中国政策。中美《建交公报》和《八一七公报》明确指出："美利坚合众国承认中华人民共和国政府是中国的唯一合法政府，并承认中国的立场，即只有一个中国，台湾是中国的一部分。"中美《上海公报》

也指出，美国认识到，在台湾海峡两边的所有中国人都认为只有一个中国，台湾是中国的一部分。美国政府对这一立场不提异议。既然台湾是中国的一部分，又何来大陆"侵略"台湾一说？美国领导人多次表示不支持"台独"，同时美方又持续对台出售武器、开展对台官方交往，向"台独"分裂势力发出错误信号。我们正告美方，两岸统一的历史大势无法阻挡，一个中国原则才是维护台海和平稳定的定海神针。美方不要低估14亿中国人民捍卫国家主权和领土完整的坚强决心、坚定意志、强大能力。背信弃义不仅会把台湾推向危险的境地，也将给美方带来难以承受的后果。

2022年4月27日　针对美"桑普森"号导弹驱逐舰过航台湾海峡一事，东部战区新闻发言人施毅表示，4月26日，美"桑普森"号导弹驱逐舰过航台湾海峡并公开炒作。中国人民解放军东部战区组织兵力全程跟监警戒。美频频实施此类挑衅行径，向"台独"势力发出错误信号，蓄意破坏台海和平稳定，我们坚决反对。战区部队随时保持高度戒备，坚决捍卫国家主权和领土完整。

2022年4月28日　中国人民对外友好协会和美国国际姐妹城协会以线上方式共同举办题为"构建富有韧性的伙伴关系"的中美友城对话。中国驻美大使，中国人民对外友好协会会长林松添，福建省常务副省长郭宁宁，北京市副市长张建东，安徽省副省长周喜安，河南省副省长何金平，美国国际姐妹城协会主席兼首席执行官阿拉拉、美国前驻华大使布兰斯塔德、堪萨斯州副州长托兰德、马里兰州州务卿沃本史密斯、俄勒冈州州务卿费根等以在线或录制视频形式出席对话会开幕式并致辞。

2022年4月28日 美国新泽西州世界事务理事会和西东大学外交与国际关系学院联合举办中美关系对话会。中国驻纽约总领事黄屏应邀出席并同来宾进行了交流。新泽西州世界事务理事会会长恩格尔、西东大学外交与国际关系学院院长史密斯、新泽西州经济发展署国际贸易与投资总监沃德等和校方师生40余人参加此次活动。

2022年4月28日 中国外交部发言人汪文斌就中国外交学会和美国美亚学会4月27日联合举办活动，纪念美国国会参众两院代表团首次访华50周年一事在例行记者会上表示，1972年4月、6月，美国国会参议院两党领袖和众议院两党领袖分别率团访华，开创了美国国会对华交往的历史，为促进中美关系正常化发挥了积极作用。50年来，美国历届国会都有议员致力推动中美友好合作。中方对此表示赞赏。同时我们看到，近年来，一些美国国会议员出于意识形态偏见和政治私利"逢中必反"，极力鼓动遏制打压中国，推动国会审议通过多项涉华消极法案，干涉中国内政，损害中方利益，干扰中美关系发展。这种局面不符合中美两国和两国人民的利益，也不符合世界人民的期待。中美合则两利，斗则俱伤，这是中美恢复交往半个世纪以来得出的历史经验。希望美国国会议员从历史中汲取智慧，从中美两国的长远利益和两国人民的根本福祉出发，同中方加强对话沟通，管控分歧，拓展合作，为推动中美关系重返稳定发展轨道发挥建设性作用。

2022年4月28日 针对美方在其发布的《2022军控遵约报告》中对中俄等国履行《禁止生物武器公约》提出质疑之事，中国国防部新闻发言人谭克非表示，生物武器是大规模杀伤性武器。近期，有关美方违反《禁止生物武器公约》、从事生物军事活动的情况不断曝光，引发包括中国在内的国际社会持续关注和担忧。中方认为，在此重大安全问题上，美方有必要讲清楚。第一，美方是生化危机的真正制造者。有确凿证据表明，美军上世纪50年代在朝鲜半岛，包括中朝边境地区使用了细菌武器，这一点连美国历史学家都公开承认。越南战争期间，美军使用的"橙剂"对越南人民和当地生态环境造成不可逆的伤害。可以说，美国是世界上唯一一个对他国使用过核武器、化学武器和生物武器等所有大规模杀伤性武器的国家。第二，越来越多的现实疑问是无法回避的。根据美方自己公布的信息，美在30个国家建立了336个实验室。根据美国副国务卿自己的表态，乌克兰有美国参与的生物研究设施，还要避免研究材料落入俄军手中。那么，世界人民有权利质疑美方，美国国防部和美国海外生物实验室到底是什么关系？如果美在乌实验室仅仅是科学研究，那么美国国防部为什么要深度参与？为什么美军海外生物实验室所在地常常暴发罕见流行病？上述问题，美方必须给出一个清清楚楚的交代，光躲是躲不过去的。第三，我们一贯严格遵守《禁止生物武器公约》相关规定，主张全面禁止和彻底销毁包括生物武器在内的一切大规模杀伤性武器，坚决反对任何国家在任何情况下研发、拥有或使用生物武器。美方炮制的所谓《军控遵约报告》摆出一副"教师爷"的姿态对他国履约指手画脚，毫无根据，十分荒唐。反而是美方独家反对建立《禁止生物武器公约》核查机制，在全球设立生物实验室，开展生物军事活动。美方为什么在这个问题上又搞双重标准？到底想遮掩什么？这种不负责任的态度，极大加重了国际社会在此问题上的忧虑。第四，生物军事活动事关国际和平与安全、事关各国安全利益。作为曾经的生物武器的受害国，中方郑重要求美方以负责任的态度，认真面对国际社会的关切和质疑，对其生物军事活动作出全面具体的澄清，并接受多边核查。

2022年4月29日　中国驻美大使接受美国《福布斯》杂志驻沪分社社长范鲁贤的视频专访，主要就中美经贸关系及双边经贸协议、企业投资、营商环境等回答了有关提问。

2022年4月29日　针对美军"印太"司令部司令阿奎利诺4月27日出席印度"瑞辛纳对话"时声称，中俄"不设上限"的合作令人关切，全球志同道合的国家应该利用各种技术构建综合威慑之事，中国外交部发言人赵立坚表示，中俄关系的成功经验之一，是双方超越冷战时期的军事政治同盟模式，始终坚持在不结盟，不对抗，不针对第三国原则基础上发展新型国际关系。这与个别国家执意搞"小圈子"、推行"零和博弈"的冷战思维存在着根本区别。美国违背承诺，连续推动北约东扩，对乌克兰危机的产生负有不可推卸的责任。俄乌冲突引发了超过500万乌克兰人涌入欧洲邻国，造成了前所未有的难民危机，美方却在"表演式"接收难民，整个3月只有12名乌克兰难民通过美国难民项目入境美国。当联合国和国际社会呼吁冲突尽快结束之际，美国仍在拱火浇油，叫嚣要"战斗到最后一个乌克兰人"。美国还不断向乌克兰提供资金和武器。美国的真实目的不是什么和平，而是让冲突持续下去，他们的目标是削弱俄罗斯。此外，针对根据美国皮尤研究中心的一项调查报告显示对中国持有不良看法的美国人占全国人口的80%以上之事，赵立坚表示，近期有很多关于中美关系的调查报告。一些报告显示，有相当数量的美国民众认为应该维持中美交流。《2022年美国出口报告》显示，仅2020年美国对华出口就为美国国内创造了约86万个就业机会。所以，中国的威胁何从谈起？中美两国人民素怀友好感情，双方人民的友谊始终是两国关系发展的源头活水和重要基础。

2022年4月29日 针对一段时间以来，美国等个别国家和北约就乌克兰局势不断散布涉华虚假信息，对中方进行无端指责和攻击抹黑之事，新华社播发了《美方有关乌克兰问题的涉华谬论》，将谬论与事实真相进行了对比，中国在乌克兰问题上的立场是光明磊落、客观公正的。

5月

2022年5月1日 美国波士顿市政府、图书馆、儿童博物馆及北美杭州同乡会在波士顿儿童博物馆共同举办杭州—波士顿结好40周年纪念活动。中国驻纽约总领事黄屏应邀出席并致辞。波士顿市长吴弭、市议长弗林、波士顿儿童博物馆馆长查诺以及波士顿当地各界人士100多人出席了此次活动。

2022年5月2日 中国驻芝加哥总领事赵建访问美国西北大学并会见该校校长莫顿·夏碧落。

2022年5月2日 中国驻旧金山代总领事潘庆江出席驻美中华总会馆总董交接典礼，主持监交并致辞。中华总会馆主席团、商董、侨界及媒体代表等近100人参加了此次活动。

2022年5月4日 中国驻美使馆人员会见了美国国会参议

院民主党督导、伊利诺伊州联邦参议员德宾，就中美关系、乌克兰危机、台湾问题等交换了意见。

2022年5月5日　针对美国证券交易委员会将多家中国公司列入可能被逐出美国证券交易所的名单之事，中国外交部发言人赵立坚表示，中国证券监管部门已经就此与美国监管部门作过沟通。据了解，中国企业被列入有关名单，是美国监管部门执行其国内法律的有关步骤。这并不代表相关企业必然摘牌。这些企业是否摘牌或继续在美上市，取决于中美审计监管合作进展和结果。中方始终坚持通过平等合作解决在美上市中概股公司审计监管问题。这符合两国资本市场和全球投资者利益。近期，中美双方监管部门均向媒体表示，双方正就审计监管合作保持密切沟通，着力推进此项合作。我们乐于看到中美监管机构达成满足双方监管要求和法律规定的合作安排。

2022年5月5日　针对美军战略司令部司令理查德5月4日出席听证会时声称，中国未来可能会利用核胁迫为自己谋利之事，中国外交部发言人赵立坚表示，美方一些人不断渲染各种版本的"中国核威胁论"。他们不管翻炒哪种论调，都是充满臆测和偏见。他们无非借这种耸人听闻的说法，企图在国会的预算争夺中多分一杯羹，最终目的是维持和强化美国的核力量。美国才是全球最大的核威胁来源。美国拥有世界上最庞大、最先进的核武器库，却还要投入上万亿美元升级"三位一体"核力量，发展低当量核武器，降低核武器使用门槛。不仅如此，美国先后退出《反导条约》《中导条约》等军控法律文书，拒绝批准《全面禁核试条约》，持续推进部署全球反导系统，谋求在欧洲和亚太地区部署陆基中导，并通过向澳大利亚出售核潜艇、强化"核保护伞"等方式推动构建极具冷战色彩的"小圈子"。不久前，美国还就核态势审议释放出消极信号，拒不放弃基于首先使用核武器的核威慑政策。中国始终坚定奉行自卫防御的核战略，一直将核力量规模维持在国家安全所需的最低水平。我们始终恪守在任何时候和任何情况下都不首先使用核武器的政策，明确承诺无条件不对无核武器国家和无核武器区使用或威胁使用核武器。这一政策始终清晰而明确，中方坚决反对任何形式的"中国核威胁论"。美方官员应该立即停止"贼喊捉贼""嫁祸于人"的把戏。美方应该按照国际共识，承担核裁军特殊、优先责任，继续以可核查、不可逆和有法律约束力的方式，进一步大幅、实质削减核武库。美方应采取同中方一样的核政策，为减少核威胁、促进核裁军作出应有的贡献。

2022年5月7日 中国外交部发布了《关于美国国家民主基金会的一些事实清单》。主要内容包括：策动颜色革命，意图颠覆目标国政权；勾结当地政治团体，干预他国政治议程；资助分裂势力，破坏目标国稳定；炮制虚假信息，炒作反政府言论；资助活动和学术项目，搞意识形态渗透。

2022年5月9日 针对近日美国常务副国务卿舍曼访问非洲期间声称，当一些国家选择中国华为公司作为通信商时，就意味着放弃主权之事，中国外交部发言人赵立坚表示，美方有关官员对中方的污蔑抹黑言论完全是无稽之谈。她的表态只能再次暴露出她反华遏华、蓄意挑拨中非合作的图谋。包括华为在内的中国企业同非洲国家以及世界上其他很多国家都开展了良好的互利合作，有力促进了当地通信基础设施改善和发展，为当地民众提供了先进、优质、安全、廉价的服务，受到普遍欢迎。在合作过程中，也没有发生过一起网络安全事故或监听监视行为。中国政府旗帜鲜明地反对滥用信息技术对他国进行大规模监控行为。在中方此前提出的《全球数据安全倡议》中，中方明确呼吁，信息技术企业不得在产品和服务中设置后门，各国不得直接向企业或个人调取位于他国的数据。美方如果真的关心数据安全，可以在推销美国企业和产品时，公开支持中国的这一倡议，或者作出类似的承诺。选择与谁开展合作，是非洲国家和人民自己的事，轮不到美方指手画脚。当美国长期以来有计划、有组织地对包括非洲国家在内的外国政府、企业和个人进行窃密、监控和监听的时候，美方尊重过非洲国家的主权吗？尊重过别人的个人隐私权利吗？考虑过别国的安全吗？当美国肆意干涉埃塞俄比亚、津巴布韦等国内政并施加单边非法制裁的时候，美方尊重过非洲国家的主权吗？当美国对非洲国家商品输入美国附加大量政治条件的时候，美国尊重过非洲国家的主权吗？包括非洲国家在内的国际社会早已看清，美国从未将非洲视为平等的合作伙伴，也从未真正关心非洲民众的福祉。我们奉劝美方有关官员，与其花时间到处散播谎言谣言，玩弄贼喊捉贼的把戏，不如从摆正心态做起，从自己做起，切实尊重非洲国家的主权，为帮助非洲国家抗击疫情和发展经济做点实实在在的事情。

2022年5月10日　针对美国国务院网站近期更新了"美台关系事实清单"，删除了"台湾是中国的一部分""美国不支持'台独'"等表述之事，中国外交部发言人赵立坚表示，世界上只有一个中国，台湾是中国领土不可分割的一部分，中华人民共和国政府是代表全中国的唯一合法政府，这是国际社会普遍共识和公认的国际关系准则。历史不可篡改，事实不容否认，是非不能歪曲。美方在中美三个联合公报中就台湾问题和一中原则作出了郑重承诺，现在美方修改"美台关系事实清单"，这是虚化、掏空一中原则的小动作。这种在台湾问题上搞政治操弄、试图改变台海现状的做法必将引火烧身。美方应该恪守一个中国原则和中美三个联合公报规定，恪守在台湾问题上向中方作出的政治承诺，把拜登总统有关美不支持"台独"表态落到实处，停止借涉台问题搞政治操弄，停止搞"以台制华"。

2022年5月11日 中国驻芝加哥总领事赵建会见伊利诺伊大学系统总校长蒂莫西·基林，双方就中美关系、两国人文交流和教育合作交换了意见。

2022年5月11日 东部战区新闻发言人施毅就美"罗亚尔港"号导弹巡洋舰过航台湾海峡发表谈话指出，5月10日，美"罗亚尔港"号导弹巡洋舰过航台湾海峡并公开炒作。中国人民解放军东部战区组织兵力全程跟监警戒。美频频上演此类戏码、滋事挑衅，向"台独"势力发出错误信号，蓄意加剧台海紧张局势。战区部队随时保持高度戒备，坚决反制一切威胁挑衅，坚决捍卫国家主权和领土完整。

2022年5月12日 中国驻美使馆人员来到距佐治亚州首府亚特兰大约40分钟车程的费耶特郡桃树市，参访三一重工美国公司总部，并会见了该公司首席执行官弗瑞森、桃树市代理市长迈克·金、佐治亚州经济发展署高级项目经理菲尔兹、费耶特郡发展管理局局长贝克等。

2022年5月12日 针对拜登政府已起草行政令，授权美司法部阻止中国等国家获取美国公民的数据一事，中国外交部发言人赵立坚表示，在数据安全问题上，中方一贯是坦荡、开放、合作的。中国法律对于保障包括数据安全和个人信息在内的公民和组织合法权益作出了明确规定。中国政府严格践行数据安全保护有关原则，禁止并依法打击相关违法行为。中方还提出了《全球数据安全倡议》，明确呼吁各国不得直接向企业或个人调取境外数据。各国都有权采取措施保护本国公民个人数据和隐私，但相关举措应是合理、科学的，不应沦为个别国家泛化国家安全概念、滥用国家力量无理打压特定国家和企业的工具。此外，针对美国家安全委员会"印太"事务协调员坎贝尔11日在美国和平研究所活动上声称，即将举行的美国—东盟领导人峰会将谈及中国等议题之事，赵立坚表示，中方注意到有关报道。关于台湾问题，我愿再次强调，一个中国原则是国际社会普遍共识和公认的国际关系准则。美方应恪守一个中国原则和中美三个联合公报规定，恪守在台湾问题上向中方作出的政治承诺，把拜登总统有关美不支持"台独"表态落到实处，停止借涉台问题搞政治操弄，搞"以台制华"。关于美国—东盟领导人峰会，中方认为，美国作为域外国家应当为地区和平发展发挥积极建设性作用，而不是损害本地区和平稳定、破坏本地区团结合作。美国更不能打着合作的幌子搞选边站队，在涉及中国核心利益的问题上玩火。

2022年5月13日　中国驻美使馆人员赴美国佐治亚州梅肯市卫斯理安女子学院访问并会见了该校校长福勒。

2022年5月13日　针对美国联合个别国家举办第二届全球抗疫视频峰会一事，中国外交部发言人赵立坚表示，中方欢迎一切有助于国际社会团结抗疫、科学抗疫的努力，但是我们反对任何国家借抗疫搞政治操弄。由于美方不顾中方严正立场，违背国际社会关于一个中国原则的共识，执意邀请台湾方面参会，中方无法出席第二届全球抗疫视频峰会。新冠疫情发生以来，中国率先提出人类卫生健康共同体理念，充分发挥自身优势，确保全球抗疫物资供应链稳定，积极推进疫苗国际合作，助力全球疫情防控。截至2022年5月上旬，中国已累计向153个国家和15个国际组织提供了46亿件防护服、180亿人份检测试剂、4300余亿个口罩等抗疫物资。中方最早宣布将疫苗作为全球公共产品，最早支持新冠疫苗知识产权豁免，率先同发展中国家开展联合生产。中国已向120多个国家和国际组织供应超过22亿剂新冠疫苗。中国还积极参与世界卫生组织框架下的"新冠疫苗实施计划"（COVAX）和"全球合作加速开发、生产、公平获取新冠肺炎防控新工具"（ACT-A）倡议。我们向COVAX捐款1亿美元，还加入了ACT-A框架下的"疫苗生产工作组"。习近平主席去年年底宣布再向非洲、东盟分别援助6亿剂和1.5亿剂疫苗，目前正在稳步推进。这些都为促进疫苗在发展中国家的可及性和可负担性作出了重要贡献。中方还向34个国家派出37支医疗专家组，与180多个国家和国际组织分享疫情防控经验。

2022年5月15日 美国纽约首届"亚太裔传统文化大游行"在曼哈顿中城第六大道举行。中国驻纽约总领事黄屏应邀出席并致辞。美国参议院多数党领袖舒默，联邦众议员孟昭文、维乐贵兹，前交通部长赵小兰及父亲赵锡成，纽约州参议员刘醇逸、州众议员牛毓琳、纽约市市长亚当斯、市议员黄敏仪等出席。纽约州州长霍楚派代表向活动颁发了褒扬状。

2022年5月16日 针对七国集团外长会5月14日发表的公报多处谈及涉港、涉疆、人权、涉海、乌克兰局势以及台海和平稳定等涉华议题之事，中国外交部发言人赵立坚表示，中方在涉港、涉疆、台湾、涉海等问题上的立场是一贯、明确的，已向七国集团主席国表明坚决反对。七国集团外长会这份所谓公报长篇大论，无视中方严正立场和客观事实，粗暴干涉中国内政，恶意污蔑抹黑中国，并再次借俄乌冲突等对中方施压，言辞荒谬，不值一驳。我们敦促七国集团维护以联合国为核心的国际体系、以国际法为基础的国际秩序、以联合国宪章宗旨和原则为基础的国际关系基本准则，尊重中国主权，停止以任何形式污蔑抹黑中国和干涉中国内政，不要以"家法帮规"霸凌他国。我们敦促七国集团真正着眼于世界和平与发展，停止搞双重甚至多重标准，停止动辄派军机舰船到别人家门口耀武扬威，停止动辄到别国搞"颜色革命"，停止动辄非法制裁他国或者搞"长臂管辖"，停止编造、散布关于中国的谎言和谣言。我们也敦促七国集团承担自身责任，履行应尽的国际义务，维护真正的多边主义，聚焦全球治理，加强同联合国和二十国集团等多边机制合作，为应对全球性挑战和促进世界经济复苏发挥积极作用，而不是抱守冷战思维和意识形态偏见，大搞"小圈子"集团政治，人为制造对立和分裂，唯恐天下不乱。此外，针对美国总统拜登5月13日签署"要求美国务卿制定战略使台湾重获世界卫生组织观察员地位法案"一事，赵立坚表示，美国有关法案严重违反一个中国原则和中美三个联合公报规定，严重违背国际法和国际关系基本准则，粗暴干涉中国内政。美方执意将其签署成法，中方对此强烈不满，坚决反对。台湾问题是中国内政，一个中国原则是国际关系基本准则。根据联合国大会和世界卫生大会相关决议，中国台湾地区参与世卫组织活动必须按照一个中国原则来处理。中国中央政府高度重视台湾同胞的健康福祉，在符合一个中国原则前提下，已对中国台湾地区参与全球卫生事务作出妥善安排。我们敦促美方恪守一个中国原则和中美三个联合公报规定，遵守国际法和国际关系基本准则，慎重、妥善处理涉台问题，不得利用该法案帮助台湾拓展所谓"国际空间"，否则将进一步损害中美关系与台海和平稳定。

2022年5月18日　中共中央政治局委员、中央外事工作委员会办公室主任杨洁篪应约同美国总统国家安全事务助理沙利文通电话。杨洁篪表示，习近平主席同拜登总统就中美关系达成重要共识，双方要切实落实好。近期，双方在两军、气变、卫生、农业等领域开展了一些对话，这是有益的，对话势头应保持下去。同时必须指出的是，一段时间以来，美方采取一系列干涉中国内政、损害中方利益的错误言行，中方对此坚决反对并予以有力应对。美方应当言行一致，将相关承诺落实到具体政策和行动中去，与中方相向而行，妥善管控分歧，多做建设性的事，推动中美关系重回健康稳定发展的正确轨道。杨洁篪强调，台湾问题是中美关系中最重要、最敏感、最核心的问题。美方多次明确表示奉行一个中国政策，不支持"台湾独立"。但近来美方在台湾问题上的实际行动与表态大相径庭。如美方执意打"台湾牌"，在错误道路上越走越远，必将把局势引向危险境地。我们敦促美方认清形势，严守承诺，恪守一个中国原则和中美三个联合公报规定。中方必将采取坚定行动维护自身主权和安全利益，我们说到做到。杨洁篪指出，求和平、谋合作、促发展是亚太地区的大势，是民心所向。中国秉持亲诚惠容理念，与周边国家一向友好相处、互利共赢、命运与共。任何出于一己私利损害亚太地区各国根本和长远利益的行为，都注定走不远也行不通。任何拉帮结派、搞分裂对抗的企图都不可能得逞。双方还就乌克兰、朝鲜半岛局势等国际地区问题交换了意见。

2022年5月18日　中国国务委员兼外长王毅在同日本外相林芳正举行视频会晤时，就日美涉华消极动向表明了立场。王毅指出，日方即将主办美日印澳"四边机制"峰会。令人关注和警惕的是，美国领导人还未成行，所谓日美联手对抗中国的论调就已甚嚣尘上，搞得乌烟瘴气。日美是同盟关系，中日则缔结有和平友好条约。日美双边合作不应挑动阵营对抗，更不应损害中方的主权、安全和发展利益。希望日方汲取历史教训，着眼地区和平稳定，务必谨慎行事，不要为他人火中取栗，不要走以邻为壑的歧途。

2022年5月18日　美国侨学界社团联席会等来自美国8个州的50多家侨团在国会山举办"尼克松访华50周年，中美关系破冰纪念酒会"，中国驻美大使致贺信，中国驻美公使徐学渊发表主旨演讲，美国联邦众议员戴维·特朗、马里兰州参议员苏珊·李出席并讲话，近百名侨界代表参加了此次活动。

2022年5月18日　中国驻纽约总领事黄屏出席了纽约电影学院《动荡的历史：美国、中国和杜立特东京行动》纪录片首映暨中国电影资料赠予仪式。

2022年5月18日　针对中国美国商会发布2022年度《美

国企业在中国白皮书》一事，中国外交部发言人汪文斌表示，中美经贸关系的本质是互利共赢。在经济全球化时代，开放融通是不可阻挡的历史趋势，人为"筑墙""脱钩"违背经济规律和市场规则，损人不利己。中方注意到中国美国商会发布的白皮书指出，美国企业坚决反对美中关系彻底"脱钩"，认为"脱钩"将使两国在外贸外资方面蒙受巨大损失，没有人能在这场博弈中成为赢家。希望美方认真倾听美国企业发出的理性务实声音，本着相互尊重、和平共处、合作共赢的精神与中方相向而行，推动中美关系早日回到健康稳定发展的正确轨道。白皮书指出，中国是全球最大、增长最快的市场之一，是美国产品和服务的重要出口市场。中国市场拥有强大的研发和创新生态系统，是许多美国龙头企业重要收入来源地。中国还是大量产品和部件的关键货源地和供应商，以其相对较低的成本和更大的生产规模，使美国消费者获益。超过三分之二的受访企业表示，中国是其全球前三大投资市场。白皮书也提出了一些意见和建议，中方将认真加以研究。

2022年5月19日 中国驻美大使应邀向2022届昆山杜克大学毕业典礼视频致辞。此次毕业典礼线上线下同时进行，昆山杜克大学2022届全体毕业生及家长、教师代表、关心支持该校发展建设的教育界人士400余人参加了此次活动。同日，中国驻美大使还应邀向天津音乐学院茱莉亚研究院首届毕业典礼发表视频致辞。天津音乐学院茱莉亚研究院是美国茱莉亚学院在美国本土以外举办的唯一合作办学机构，也是我国首个授予美国硕士学位的艺术院校，此次毕业的33名研究生分别来自中国、美国、韩国、乌兹别克斯坦等8个国家。

2022年5月19日 郑州西亚斯学院与美国富特海斯州立大学举行合作办学20周年庆典活动。中国驻芝加哥总领事赵建通过视频向庆典致贺。河南省副省长何金平、美国堪萨斯州副州长大卫·托兰德、美国驻武汉总领事蓝如瑾等嘉宾及两校有关负责人通过线上致辞等方式出席。

2022年5月19日 针对美国国务卿布林肯5月18日发表声明称，美强烈倡议世卫组织邀请台湾作为观察员参加5月举行的第75届世卫大会一事，中国外交部发言人赵立坚表示，我们对美方发表的有关声明表示坚决反对。世界上只有一个中国，台湾是中国领土不可分割的一部分。中国台湾地区参与国际组织、包括世卫组织活动，必须按照一个中国原则来处理。联大第2758号决议明确承认中华人民共和国政府的代表是中国在联合国的唯一合法代表；世界卫生大会25.1号决议明确承认，中华人民共和国政府的代表是中国在世界卫生组织的唯一合法代表。上述两个决议确认的一个中国原则得到国际社会普遍支持，是人心所向，大势所趋，不容否认，也不可阻挡。中国中央政府高度重视台湾同胞的健康福祉，在符合一个中国原则前提下，已经对台湾地区参与全球卫生事务作出妥善安排。台湾了解有关信息、参与国际抗疫的渠道是畅通的。美方应恪守一个中国原则和中美三个联合公报规定，遵守国际法和国际关系基本准则，停止借世卫大会炒作涉台问题。任何打"台湾牌"、搞"以台制华"的图谋，必将遭到国际社会绝大多数成员的坚决反对，注定以失败告终。

2022年5月23日 针对美国务院发言人普莱斯5月21日在社交媒体发文声称，中方持续曲解美方政策，美不认同中方的一个中国原则，仍致力美方长期以来奉行的、获跨党派支持的一个中国政策之事，中国外交部发言人汪文斌表示，美方有关说法歪曲历史、扭曲事实。台湾问题是中美关系中最重要、最敏感的问题，其核心是一个中国。世界上只有一个中国，台湾是中国的一部分，中华人民共和国政府是代表全中国的唯一合法政府。这是一个中国原则的核心内容，已成为国际社会共识，也是国际关系基本准则。1971年10月，第26届联大通过第2758号决议，决定："恢复中华人民共和国一切权利，承认她的政府的代表为中国在联合国组织的唯一合法代表并立即把蒋介石的代表从它在联合国组织及其所属一切机构中所非法占据的席位上驱逐出去。"包括美国在内，世界上已有181个国家在承认一个中国原则基础上，同中方建立了外交关系。历史上，台湾问题曾是影响中美关系正常化的最大障碍，这是因为中方坚定坚持一个中国原则，绝不在这个问题上做任何妥协和让步。1971年，美方向中国申明愿在台湾问题上奉行新的原则，包括美方承认世界上只有一个中国，台湾是中国的一部分；美方今后不会有任何"台湾地位未定"的言论；美方过去没有，今后也不会支持任何"台独"运动。尼克松总统1972年访华期间，向周恩来总理确认了上述原则。这才诞生了《上海公报》。美方在1972年发表的《上海公报》中明确表示："美国认识到，在台湾海峡两边的所有中国人都认为只有一个中国，台湾是中国的一部分。美国政府对这一立场不提出异议。"美方的上述承诺，开启了中美关系正常化进程。只有当美方在台湾问题上履行了中方提出的"断交、废约、撤军"三个前提条件后，中方才决定同美方正式建立外交关系。美方在1978年发表的中美《建交公报》中明确表示："美国承认中华人民共和国政府是中国的唯一合法政府，承认中国的立场，即只有一个中国，台湾是中国的一部分。"美方在1982年发表的《八一七公报》中明确表示："中华人民共和国政府和美利坚合众国政府发表的一九七九年一月一日建立外交关系的联合公报中，美利坚合众国承认中华人民共和国政府是中国的唯一合法政府，并承认中国的立场，即只有一个中国，台湾是中国的一部分。美国政府无意侵犯中国的主权和领土完整，无意干涉中国的内政，也无意执行'两个中国'或'一中一台'政策。"这些都是大家看到的，白纸黑字，清清楚楚，是无法抹杀、无法抵赖的历史事实。然而，过去40多年来，美方并没有严格落实一个中国原则和中美三个联合公报规定，这样的事实不胜枚举。美方大幅放宽美台官方交往约束，双方往来的层级和频率明显提升，突破了美方仅与台保持非官方关系的承诺；又比如，美台军事联系更趋频繁、公开，美国售台武器的规模和性能不断提升，总额超过700亿美元，违反了美方逐步减少对台售武，并经过一段时间导致最后的解决的承诺；美方还助台拓展所谓"国际空间"，不惜跳到前台助台"固邦"，践踏了美无意执行"两个中国"或"一中一台"政策的承诺。近年来，美方更是变本加厉，混淆视听，企图虚化、掏空一个中国原则。例如，美一中政策的前缀越来越长，"与台湾关系法""对台六项保证"等美单方面炮制，而中方从一开始就不予承认和坚决反对的东西被加了进来。中美关系是国与国之间的关系，只能以双方达成的政治共识为指导，而不能建立在美方单方面炮制的政策基础上。美在国际社会散布联大第2758号决议未解决台湾地位的谬论，声称美一中政策与中方一中原则不同，各国有权自行界定一中政策框架。从上述事实大家不难看出，不是中方曲解美方政策，而是美方从自身承诺、双方共识和原有立场上不断倒退，目的是开历史"倒车"，利用台湾问题阻挠中国和平统一，破坏台海和平稳定，企图将台湾打造为"永不沉没的航空母舰"，搞"以台制华"。必须指出，不论是一个中国原则还是一个中国政策，其核心都是一个中国，这是中美双方达成的政治共识。没有这个共识，中美两国不可能接触，不可能建交，中美关系也不可能发展。同样必须指出的是，台湾问题纯属中国内政，实现祖国完全统一是全体中华儿女的共同愿望。中方捍卫自身主权安全利益的决心坚定不移，在台湾问题上没有任何妥协退让空间。我们敦促美方恪守一个中国原则和中美三个联合公报规定，回归一个中国的本源本义，将拜登总统有关美不支持"台独"表态落到实处，停止虚化、掏空一中原则，停止"以台制华"，停止为"台独"分裂势力撑腰打气，以免对中美关系和台海和平稳定造成进一步严重损害。

2022年5月24日 近日，中国国家主席习近平复信美国艾奥瓦州友人萨拉·兰蒂女士。习近平指出，我两次到访美丽的艾奥瓦州，同马斯卡廷市结下了不解之缘。中美两国人民都是伟大的人民，人民友好既是一笔宝贵的财富，更为两国关系发展提供重要基础。中国人民愿继续同美国人民一道，加强友好交流，推进互利合作，共同促进两国人民福祉。习近平鼓励兰蒂女士和艾奥瓦州老朋友们继续撒播友好的种子，为中美两国人民友好作出新的贡献。萨拉·兰蒂女士曾于1985年接待时任河北省正定县委书记习近平访问马斯卡廷市。2012年时任国家副主席习近平访美期间，再次到兰蒂家中与美国老朋友们见面。

近日，兰蒂致信习近平主席，感谢习近平主席对老朋友的珍贵情谊，期盼两国继续深化人文交往，增进了解和互信。兰蒂并附信向习近平主席赠送了她撰写的回忆录《老朋友：习近平与艾奥瓦的故事》一书。

2022年5月24日 针对美国总统拜登在回答记者提问时表示，美国对台政策没有改变一事，中国外交部发言人汪文斌表示，美方费尽心机在一个中国原则问题上玩弄文字游戏，但我想提醒美方的是，世界上没有任何力量，包括美国在内，能够阻挡中国人民实现国家完全统一的步伐。世界上也没有任何力量，包括美国在内，能够挽救"台独"势力失败的命运。美国违背在台湾问题上所作承诺，虚化、掏空一个中国原则，明里暗里怂恿、支持"台独"分裂活动。如果在错误的道路上走下去，不仅将给中美关系造成难以挽回的后果，最终也将使美国付出难以承受的代价。我们正告美方，世界上只有一个中国，台湾是中国的一部分，中华人民共和国政府是代表全中国的唯一合法政府，这是国际社会的共识，也是美方作出的承诺。一个中国原则不可撼动，中国主权和领土完整不容侵犯，不得搞"两个中国"和"一中一台"的红线不容践踏。中方有充分的信心、充分的能力、充分的准备，坚决遏制"台独"分裂活动，坚决挫败一切外部干涉，坚决维护国家主权和领土完整。

2022年5月24日 针对美国总统拜登5月23日在访日期间宣布启动"印太经济框架"一事，中国商务部新闻发言人表示，中方注意到，美方5月23日宣布启动"印太经济框架"。中方认为，亚太经济的成功受益于开放合作、互利共赢。相关倡议要为本地区繁荣发展贡献力量，应保持开放包容，而不是歧视排他；应促进经济合作与团结，而不是损害和分裂现有机制。中方一直以来对符合上述标准的地区经济合作倡议均持开放态度。中方将坚持开放的区域主义，与亚太地区贸易伙伴同舟共济、命运与共。中方愿进一步深化与各方的务实合作，推进区域经济一体化，促进本地区经济复苏，维护地区和平稳定发展。

2022年5月25日　中国驻芝加哥总领事赵建在美国印第安纳波利斯应邀出席印第安纳州美中商会举办的招待会并发表演讲。

2022年5月25日　针对美国务院发言人普莱斯5月24日声称，美方不认为中方会允许联合国人权高专巴切莱特女士对新疆人权进行全面、独立、不受操纵的评估之事，中国外交部发言人汪文斌表示，中方在联合国人权高专来访的问题上所持立场是一贯的、连续的。我们不仅欢迎高专来访，也欢迎各国各界人士访问新疆，亲身感受和了解一个真实的新疆。同时，我们反对搞有罪推定式的所谓"调查"。这一立场始终如一。相反，在高专访华问题上变来变去的是美国。原先要求人权高专访疆跳得最高的是美国，现在反对人权高专来访喊得最凶的还是美国。美国为什么如此善变呢？答案也很简单：为了掩盖谎言，就必须制造更多的谎言。美方害怕其编造的关于新疆"种族灭绝""强迫劳动"的谎言被国际社会识破，所以不惜编造更多抹黑中方的谎言来误导国际社会。但是美方散布再多的谎言，也掩盖不了新疆社会安定繁荣、人民安居乐业的事实，只会更加暴露其将人权问题政治化、工具化的实质。

2022年5月26日　中国气候变化事务特使解振华率团出席世界经济论坛年会期间，在德国柏林与美国总统气候问题特使克里进行了会谈。解振华表示，在中美两国元首指导下，双方共同发表了《中美应对气候危机联合声明》和《中美关于在21世纪20年代强化气候行动的格拉斯哥联合宣言》，明确双边合作领域方向，为推进气候变化多边进程作出重要贡献。希望与美方继续推动务实合作具体化、机制化，为双边关系和多边进程注入正能量。克里表示，美中两国气候合作富有成效，期待与中方保持对话交流、加强双边合作，共同推动COP27取得积极进展。双方还就建立"21世纪20年代强化气候行动工作组"交换了意见。

2022年5月26日 中国驻美使馆人员在美国印第安纳波利斯出席印第安纳州全球经济峰会期间会见了印第安纳州州长霍尔科姆。

2022年5月26日 针对美国国务院发言人再次无端指责中国同太平洋岛国合作一事，中国外交部发言人汪文斌表示，中国和南太岛国同处亚太地区，双方友好交往源远流长。近年来双方交流合作不断拓展，给两国人民带来巨大福祉，也受到岛国人民的真诚欢迎。同太平洋岛国发展友好合作关系，是中国外交的一项长期战略方针。中国发展同岛国的关系秉持互利共赢、开放包容原则，不寻求任何排他性权利，不对任何第三方构成威胁，同样也不应当受到第三方的干扰。就像王毅国务委员兼外长访问所罗门群岛表明的那样，中国和岛国的互利合作是建立在平等互惠基础之上，收获的是互利共赢的成果，有利于中国和太平洋岛国双方利益，也有利于地区和平、稳定和发展。我们希望有关方面客观理性看待中国同太平洋岛国关系发展，共同为促进岛国地区和平稳定、发展繁荣多做实事，发挥更加建设性的作用。

2022年5月26日 中国国防部新闻发言人谭克非就近日中国人民解放军东部战区在台岛周边海空域组织多军兵种联合战备警巡和实战化演练答记者问表示，我们坚决反对美方同中国台湾地区进行任何形式的官方往来和军事联系。搞"台独"是死路一条，支持"台独"也是一条不归路。美方多次明确表示奉行一个中国政策，不支持"台独"。但一段时间以来，美方变本加厉打"台湾牌"，企图"以台制华"，势必把局势引向危险境地。台湾是中国的一部分，台湾问题不容任何外来干涉。中国人民解放军东部战区在台岛周边海空域组织多军兵种联合战备警巡和实战化演练，就是针对美台勾连、根据维护国家主权和领土完整需要采取的必要行动。中国人民解放军枕戈待旦，采取一切必要措施，坚决挫败外部势力干涉和"台独"分裂图谋。

2022年5月26日 针对美国国务院网站近期更新了"美台关系事实清单"，删除了"台湾是中国的一部分""美国不支持台独"等表述之事，中国国防部新闻发言人吴谦指出，美国国务院在涉台政策的表述上自相矛盾，暴露出来的心机，可以说是司马昭之心，路人皆知。一段时间以来，美方不断虚化掏空一个中国原则，妄图采用"切香肠"的方式，实现"以台制华"的图谋，这完全是痴心妄想。我们正告美方一些人：在台湾问题上"切香肠"，一定会切到自己的手。中国人民解放军严阵以待，将采取一切必要措施，粉碎任何形式的"台独"分裂图谋，坚定捍卫国家主权和领土完整。

2022年5月27日 针对美国国务卿布林肯呼吁同中国开展

激烈竞争，以维护现行国际秩序一事，中国外交部发言人汪文斌表示，布林肯国务卿这篇演讲洋洋洒洒，费尽心机，实质是散布虚假信息，渲染"中国威胁"，干涉中国内政，抹黑中国内外政策。目的是遏制打压中国发展，维护美霸权强权。中方对此强烈不满、坚决反对。第一，人类已进入互联互通的新时代。面对百年变局，要维护世界和平稳定、应对世纪疫情、重振世界经济，各国应该同舟共济、团结合作。美方渲染"中国威胁"，解决不了自身的问题，反而会把世界带向危险的深渊。第二，美方声称中国是世界秩序最严峻的长期挑战，完全是颠倒黑白。中国过去、现在和将来都是国际秩序的维护者。我们维护的是以联合国为核心的国际体系、以国际法为基础的国际秩序、以联合国宪章宗旨和原则为基础的国际关系基本准则。而美方所谓"基于规则的国际秩序"，明眼人都看得出，不过是美方与少数国家制定的"家法帮规"，维护的只是美国主导的所谓秩序。美方一贯将国内法凌驾于国际法之上，对国际规则采取合则用、不合则弃的实用主义态度，这才是国际秩序的最大乱源。第三，和平、发展、公平、正义、民主、自由是全人类共同价值。民主、人权都是历史的、具体的、现实的，只能从本国实际和人民需求出发，探求适合自己的发展道路。美国在民主和人权方面欠账累累、劣迹斑斑，根本没有资格充当卫道士，更没有权利对别国指手画脚。第四，中国始终秉持共商共建共享原则，主张由各国共同掌握世界的前途命运。美国炮制"印太战略"诱拉裹挟地区国家围堵中国，声称要"改变中国的周边环境"，是典型的拉帮结伙，不得人心，注定失败。第五，中国外交倡导并践行和平共处五项原则，致力同所有国家建立和发展友好合作关系，主张大小国家一律平等，反对强加于人。所谓"胁迫外交"的帽子扣不到中国头上。美国才是"胁迫外交"的发明者和代名词，胁迫的对象不分大小、不分远近，甚至不分敌友。美国惯于霸凌霸道，国际社会深受其害。第六，台湾、涉疆、涉港、涉藏等问题纯属中国内政。解决台湾问题、实现祖国完全统一，是全体中华儿女的共同愿望和坚定意志，中方没有任何妥协退让的空间。美方口头上说不支持"台独"，但说一套做一套，一再违反向中方作出的政治承诺，企图虚化掏空一个中国原则，助长"台独"势力嚣张气焰，这才是要改变现状，才是对台海和平稳定的严重威胁。涉疆问题的本质是反暴恐、去极端化、反分裂。所谓"种族灭绝""强迫劳动"早被证明是世纪谎言，美方持续散布谣言，只会让自身信誉进一步破产。香港是中国的香港，"港人治港"遵循的只能是《中华人民共和国宪法》和《香港基本法》，而不是《中英联合声明》。我们敦促美方遵守国际关系基本准则，停止利用上述问题干涉中国内政，停止散播谎言和虚假信息。我们还要正告美方，不要低估中国人民捍卫国家主权和领土完整的坚强决心、坚定意志和强大能力。第七，美方口中说的是"竞争"，实际做的是泛化国家安全概念，大搞非法单边制裁、"长臂管辖"和"脱钩断链"，严重损害中国企业正当权益，无理剥夺别国发展权利。这不是"负责任的竞争"，而是毫无底线的打压遏制。中美关系要走出当前困境，关键在于美方必须摒弃"零和博弈"的迷思，放下围堵遏制中国的执念，停止破坏中美关系的言行。中美关系正处在重要十字路口。是对立对抗，还是对话合作？是互利共赢，还是"零和博弈"？美方应该从中美和世界人民共同利益出发，作出正确抉择，把拜登总统"四不一无意"的表态落到实处。我们注意到，布林肯国务卿在演讲中称不寻求与中国冲突和"新冷战"，不阻止中国发展，不阻止中国发挥大国作用，愿同中国和平共处。我们对此拭目以待。

2022年5月28日 针对有记者提出，近日美国国务卿布林肯发表政策演讲时表示中国对国际秩序构成"最严重的长期挑战"，美国将会投资自己、团结盟友、与中国竞争，这将对国际局势和中美关系带来何种影响的问题，中国国务委员兼外长王毅表示，这篇对华政策演讲反映出美国的世界观、中国观，中美关系观都出现了严重偏差。王毅说，我们要告诉美方的是，这个世界不是美方描绘的世界。国际社会面临的最紧迫任务，是共同守护人类生命健康，促进世界经济复苏，维护世界和平安宁，这就需要树立命运共同体意识，践行联合国宪章宗旨和原则。习近平主席相继提出的共建"一带一路"、全球发展倡议、全球安全倡议都得到了国际社会普遍欢迎和支持。而美方却坚持"中心论"和"例外论"，抱持冷战思维，沿袭霸权逻辑，推行集团政治，这是逆历史潮流而动，只会引发冲突对抗，分裂国际社会。美国实际上已成为动摇现今国际秩序的乱源，推进国际关系民主化的障碍。我们要告诉美方的是，中国不是美国臆想中的中国。中国的发展振兴有着清晰历史逻辑和强大内生动力，14亿人共同走向现代化是人类的巨大进步，而不是世界的威胁和挑战。我们靠的是中国共产党的坚强领导，靠的是中国人民的团结、勤劳和奋斗，靠的是走出了一条中国特色社会主义道路。我们的目标光明磊落，就是让人民过上更好日子，为世界作出更大贡献，而不是去取代谁挑战谁。我们正推进更高水平的改革开放，实现更高水平的合作共赢，必将成为更好的自己，也让世界因中国而更加美好。我们要告诉美方的是，中美关系不是美方设计的"零和博弈"。习近平主席提出，中美能否处理好彼此关系，攸关世界前途命运，是两国必须回答好的世纪之问。美方在回答这道题时，首先应意识到单极霸权不得人心，集团对抗没有前途，小院高墙封闭退步，脱钩断供损人害己。国与国之间可以进行公平竞争，中美之间也会有竞争，但不应是恶性竞争。我们愿公平地比一比，谁能把国家治理得更好，谁能为世界作出更多贡献，中国人有这个信心和底气。我们从不向讹诈胁迫退让，将坚定捍卫中国的主权、安全和发展利益，任何打压遏制只能使中国人民更加团结，中国人有这个骨气和志气。王毅强调，中美关系正处在重要的十字路口，美方应作出正确抉择，不要在"三分法""三点论"上不断做文章，而是把精力真正放在践行相互尊重、和平共处、合作共赢"三原则"上，进而找到中美两个大国在新时代的正确相处之道。

2022年5月30日 针对美国国务卿布林肯在近期发表的对华政策演讲中声称，中国对国际秩序构成"最严重、长期性挑战"，美国必须捍卫和改革以规则为基础的国际秩序一事，中国外交部发言人赵立坚表示，布林肯对华政策演讲可谓是满篇谎言、颠倒黑白，其中攻击中国的"根据"恰恰是当今美国的所作所为。对国际秩序构成"最严重、长期性挑战"的帽子美国自己戴着最合适。首先，美国对以《联合国宪章》和国际法为基础的国际秩序毫无敬畏。其次，美国才是国际秩序的最大"破坏者"。再次，美国根本没有资格谈规则。最后，美国才是胁迫外交的集大成者。新中国成立70多年以来，我们没有主动发起过一场战争，没有侵占过别国一寸土地。我们坚持通过对话谈判解决争端，已经同14个邻国中的12个以和平方式彻底解决陆地边界问题。作为世界第二大经济体，中国对全球经济增长的贡献率常年保持在30%左右，连续15年位居世界第一。中国已经成为联合国会费和维和经费的第二大摊款国，积极参与全球治理体系建设和改革，以实际行动维护《联合国宪章》精神和联合国权威。事实证明并将继续证明，中国始终是世界和平的建设者、全球发展的贡献者、国际秩序的维护者。中国也将始终同一切爱好和平、崇尚正义的国家一道，团结在联合国旗帜下，践行真正的多边主义，为世界普遍繁荣和人类共同进步持续贡献信心、智慧和力量。

2022年5月31日 中国国务委员兼外长王毅应邀在"基辛格与中美关系"研讨会上发表视频致辞。王毅赞赏以基辛格为代表的美国各界友好人士长期关心支持中美关系发展，表示，半个世纪前，毛泽东主席、周恩来总理和尼克松总统、基辛格博士等中美老一辈领导人，以非凡的远见卓识、政治勇气和外交智慧，打破了两国隔绝对抗坚冰，实现了震撼世界的"跨越太平洋的握手"，翻开了中美关系新的篇章。50多年来，基辛格博士近百次访华，推动历届美国政府奉行积极对华政策，致力于中美关系发展成为博士外交生涯中最华丽的篇章之一。王毅说，建设一个互联互通、多元包容、安全共享的世界，是中美两国必须承担的责任义务。能否处理好彼此关系，是中美双方必须回答好的世纪之问。鼓吹中美"接触失败"，渲染"对话无用"，声称"合作共赢"只是政治口号，这些论调既不尊重历史，也不符合事实。王毅指出，中美关系正在遭遇越来越多的挑战，中美关系的历史叙事被人为歪曲，发展方向面临被进一步引向歧途的危险。如果美国在台湾问题上不断开倒车，将从根本上破坏台海和平，最终必将殃及自身。中美关系不能再恶化下去了，必须作出正确抉择：要端正战略认知，摒弃冷战思维；要巩固政治基础，妥善管控分歧；要跳出竞争逻辑，增进交流合作。王毅说，当前中美关系的氛围很不正常，美方的极度焦虑完全没有必要。中国压倒一切的任务是集中力量发展自己，满足人民对美好生活的向往。美国如果一味以大国竞争定义中美关系，以你输我赢作为政策目标，只会将中美推向对抗冲突，将世界推向分裂动荡。王毅表示，基辛格博士曾说，要有"外交哲学"，而不是仅仅把外交当成"行政事务"。身处动荡变革的时代，人类需要和平共处、合作共赢的外交新哲学。希望美国有识之士不再犹豫，行动起来，不断为中美关系注入正能量；期待中美各界人士不再沉默，积极发声，为两国人民带来新希望。

"基辛格与中美关系"研讨会由中国人民外交学会在美国前国务卿基辛格99岁生日之际以线上方式举办。会议回顾了基辛格为推动中美关系发展所作积极努力，并就中美关系问题进行研讨。

2022年5月31日 中国驻美使馆人员在美国得克萨斯州达拉斯市政厅同市长约翰逊进行了会谈。同日，使馆人员还访问了位于得克萨斯州达拉斯市的得州国际领袖学区加兰高中，会见学区创始人康格及各中小学校长，并与在校学生进行了交流互动。

2022年5月31日　针对美国国务卿布林肯近日在对华政策演讲中就涉疆、涉藏、涉港等问题抹黑中国之事，中国外交部发言人赵立坚表示，布林肯国务卿对华政策演讲中诬称新疆存在所谓"种族灭绝""反人类罪""拘留营"。这些说法是彻头彻尾的世纪谎言。中方已多次用事实说明真相。西藏和平解放70年来，经济繁荣、社会和谐、宗教文化事业蓬勃发展。《香港国安法》实施以来，美国个别政客所谓"美丽的风景线"成为历史。美方散布的这些谎言谣言一次次被事实真相粉碎。美国政客越是气急败坏重复"种族灭绝"之类的谎言，就越会暴露自己的霸凌虚伪，就越会降低美国的信誉和形象，就越会激起中国人民对美方行径的愤慨。美国想甩"锅"给中国，这些"锅"恰恰都是美国自己洗不净的原罪和恶行。先说说这些原罪，美国印第安人经历了惨遭种族灭绝、反人类罪的历史，至今还生活在保留地中；非裔美国人过去在棉花种植园被"强迫劳动"，现在仍旧"无法呼吸"，马丁·路德·金的"我有一个梦想"，目前仍是一个遥不可及的梦。此外，关于美国的恶行，那就更多了。美国政府"躺平"抗疫，让百万生命为其不负责任和无能埋单；美国持续不断的枪击案平均每天夺取110多人的生命，这些枪击案击碎的不仅是所谓的"美国梦"，还有无数美国人民的心；美国动辄侵略和武装干涉别国，在伊拉克、叙利亚、利比亚、阿富汗等地造成80多万人丧生，2000多万人成为难民。美方应切实尊重中方主权、安全和发展利益，停止编造散播各类谎言谣言抹黑诋毁中国，停止利用所谓人权问题干涉中国内政。美方应该做的是切实正视自身人权劣迹，收起"教师爷"做派，把自己的国家治理好。

此外，针对美国参议员达克沃斯今天会见蔡英文一事，赵立坚表示，台湾是中国的一个省，哪来的什么"总统"。美国国会有关议员访问台湾，严重违反一个中国原则和中美三个联合公报规定。中方对此强烈不满、坚决反对，已向美方提出严正交涉。我们敦促美方有关政客切实恪守一个中国原则和中美三个联合公报规定，立即停止与台湾开展任何形式的官方往来，不向"台独"分裂势力发出任何错误信号。中方将继续采取有力措施，坚决维护国家主权和领土完整。我们注意到美国政府近期在台湾问题上发出一系列错误信号。美国政府应该做的是，把拜登总统有关"四不一无意"的表态落到实处。

6月

2022年6月1日　中国气候变化事务特使解振华与美国总统气候问题特使克里在瑞典斯德哥尔摩就中美气候合作进行对话交流，并围绕"21世纪20年代强化气候行动工作组"的目标原则、组织框架、合作领域及下阶段工作计划等交换了意见。中国外交部、发展改革委、生态环境部有关部门代表参加会谈。

2022年6月1日　中国驻美使馆人员在美国得克萨斯州首府奥斯汀会见了该市市长艾德勒。

2022年6月1日　针对美国国务卿布林肯在近期演讲中将美国政府对华战略概括为"投资、联盟、竞争"，中国外交部发言人赵立坚在例行记者会上表示，美方所谓"三点论"本质上是运用美国内外全部资源对华进行全方位围堵和无底线遏制打压，敦促美方作出正确抉择，把精力真正放在践行相互尊重、和平共处、合作共赢三原则上。赵立坚表示，中方一贯认为，建设互联互通、多元包容、安全共享的世界，是中美两国必须承担的责任义务。能否处理好彼此关系，是中美双方必须回答好的世纪之问。第一，中方乐见美方通过正当的投资实现本国发展，但美方不能将中国作为"假想敌"，重燃国家目标感。美国如何提高本国的创新力和竞争力，是美方自己的事，但不能动辄拿中国说事，更不能借此打压遏制中国、干涉中国内政、损害中方利益。如果出现这样的事情，中方当然坚决反对。以美方审议的"两党创新法案"为例，该法案打着增强美国竞争力的旗号，实则通篇以中国为"假想敌"，案文中提到中国多达800余次，充斥大量损害中方利益的内容条款，对此中方当然坚决反对。第二，中方不干涉美方与盟友的正常协调合作，但这种关系不能针对和损害第三方利益，不能违反国际关系基本准则。美方拉帮结派组建"反华联盟"，不管是"印太战略"，还是"四边机制"、美英澳三边安全伙伴关系，都是封闭、排他的"小圈子"，都是"冷战"思维的产物和"零和博弈"的工具。这既是开历史倒车，也将加剧地区内紧张局势，破坏地区团结合作。这也同地区国家致力于通过对话合作共谋发展、推动区域一体化的普遍愿望背道而驰。美方此举不得人心，注定没有出路。第三，中方不否认中美在经贸等领域存在一些竞争，但不能以"竞争"来定义中美关系，不能搞你输我赢的恶性竞争，更不能打着竞争的幌子搞大国对抗。美方嘴上说的是"竞争"，实际做的是泛化国家安全概念，大搞非法单边制裁、"长臂管辖"、"脱钩断链"。这严重损害中国企业正当权益，无理剥夺别国发展权利。这不是"负责任的竞争"，而是毫无底线的打压遏制。美方如果一味以大国竞争定义中美关系，以你输我赢作为政策目标，只会将中美推向对抗冲突，将世界推向分裂动荡。赵立坚指出，美方最近的对华政策演讲实质上是"新瓶装旧酒"，所谓"三点论"换汤不换药，是此前美方所谓"竞争、合作、对抗"三分法的翻版，本质上都是运用美国内外全部资源对华进行全方位围堵和无底线遏制打压。

2022年6月2日 中国驻美使馆人员访问了位于美国得克萨斯州休斯敦市的莱斯大学并会见了该校校长李达伟。同日，使馆人员还访问了美国亚洲协会得州分会，并发表题为《穿越激流险滩，探寻相处之道》的讲话。

2022年6月2日 针对美国和台湾昨日启动了旨在深化贸易关系的会谈一事，中国外交部发言人赵立坚表示，中方一贯坚决反对建交国与台湾进行任何形式的官方往来，包括商签具有主权意涵和官方性质的协定。近期美方在台湾问题上动作频频，伎俩不断，实质上都是违反一个中国原则，为"台独"分裂势力撑腰打气，搅乱台海和平稳定。世界上只有一个中国，台湾是中国领土不可分割的一部分，中华人民共和国政府是代表全中国的唯一合法政府。这是国际社会共识，更是美方在中美三个联合公报中作出的郑重承诺。美方执意打"台湾牌"，只会将中美关系带入危险境地。美方应该恪守一个中国原则和中美三个联合公报规定，停止任何形式的美台官方往来，停止与台商签具有主权意涵和官方性质的协定，不向"台独"分裂势力发出任何错误信号。我们也要正告民进党当局，趁早打消"倚美谋独"的算计，否则他们跳得越高，摔得越惨。

2022年6月6日 针对美国国务卿布林肯在对华政策演讲

中指责中国搞"胁迫外交"一事，中国外交部发言人赵立坚表示，中国从来不搞什么胁迫，也坚决反对其他国家搞胁迫。中国文化主张"己所不欲、勿施于人"。中国外交的传统之一就是大小国家一律平等。在中国国家主权和民族尊严遭到胁迫和侵害时，中方采取的措施是合理合法反制，捍卫的是国家正当权益，维护的是国际公平正义。中国从不以武力威胁他国，从不搞军事同盟，从不输出意识形态，从不跑到别人门口挑事，从不把手伸进别人家里。中国也不主动打"贸易战"，不无端打压他国企业，不搞霸凌制裁、"长臂管辖"。美国是胁迫外交的始作俑者。胁迫外交的发明权、专利权、知识产权，都非美国莫属。1971年美国学者亚历山大提出胁迫外交概念，讲的就是美国对老挝、古巴、越南的政策。多年来，从武力威胁到政治孤立，从经济制裁到技术封锁，美国为实现一己私利，用实际行动向世界演绎了什么才是真正的胁迫外交。中国网民有句话，想要了解什么是胁迫外交，看看美国怎么做的就知道了。美方常说"从实力地位出发"与别国打交道，实际就是谁力气大、胳膊粗谁说了算，难道这不是胁迫外交？美方不择手段打压中国华为、法国阿尔斯通、日本东芝等公司，又逼迫台积电、三星等企业交出芯片供应链数据，难道这不是胁迫外交？美方在俄乌冲突中逼迫各国选边站队，动辄以单边制裁和"长臂管辖"相威胁，难道这不是胁迫外交？中国和所罗门群岛在相互尊重、平等互利基础上签署安全合作协议，美国立刻派人跑到南太岛国施压、威逼阻止这些国家同中国正常合作，难道这不是胁迫外交？布林肯国务卿说，所有国家都要在不受胁迫的情况下自由地规划自己的道路。要做到这一点，首先需要美国改掉搞胁迫外交的老毛病，停止干涉别国内政，停止强迫别国选边站队，停止滥用单边制裁，停止打压别国高科技企业。中国愿同所有主持正义的国家一道，共同反对世界上的各种胁迫行为。

2022年6月7日 俄勒冈—中国理事会联合福建、天津商务和外事部门共同举办美国俄勒冈州对华出口线上推介会暨工作对接会。美国俄勒冈州参议员迈克尔·登布罗，州农业、商务部门，以及中国驻旧金山总领馆经商处，福建和天津外事、商务等部门代表参会。

2022年6月8日至9日 2022年中美欧日韩知识产权五局合作局长系列会议以视频形式举行，会议由欧洲专利局轮值主办。中国国家知识产权局局长申长雨、欧洲专利局局长安东尼奥·坎普诺斯、日本特许厅长官森清、韩国特许厅厅长李仁实、美国商务部副部长兼美国专利商标局局长凯瑟琳·维达尔分别率团出席了会议。

2022年6月8日 黑龙江省与美国威斯康星州缔结友好省州关系40周年首场庆祝活动——黑龙江省与威斯康星州职业教育交流会在线上举行。黑龙江省省长胡昌升和威斯康星州州长艾弗斯为庆祝两省州结好40周年分别发表了视频致辞。黑龙江省外办主任吴文革、省教育厅一级巡视员姜广福、黑龙江建筑职业技术学院院长王力，美国威斯康星州经济发展厅厅长梅西·休斯、威斯康星州技术职业学院系统主席莫娜·福伊等出席了此次会议。

2022年6月8日 中国驻美使馆通过中美航空遗产基金会向过去两年间逝世的飞虎队老兵家属致慰问函，缅怀老兵为中国抗日战争所作贡献，表达对弘扬飞虎队精神、促进中美合作的殷切期待。

2022年6月9日 针对美国政府6月8日宣布批准了一项新的对台军售计划，拟向台提供价值1.2亿美元的军舰零附件及相关技术支持一事，中国外交部发言人赵立坚表示，美国向中国台湾地区出售武器，严重违反一个中国原则和中美三个联合公报特别是《八一七公报》规定，严重损害中国主权和安全利益，严重损害中美关系和台海和平稳定。中方对此坚决反对，予以强烈谴责。美方应该恪守一个中国原则和中美三个联合公报规定，撤销上述对台军售计划，停止售台武器和美台军事联系。中方将继续采取坚决有力措施，坚定捍卫自身主权和安全利益。

2022年6月10日 在新加坡出席第19届香格里拉对话会的中国国务委员兼国防部长魏凤和与同期参会的美国国防部长奥斯汀举行了会谈。魏凤和说，当前，和平与发展的时代主题正面临严峻挑战，习近平主席提出的全球发展倡议和全球安全倡议为人类战胜危机指明了正确方向，亚太的和平稳定需要地区国家共同努力维护。中国希望与美国建立健康稳定发展的大国关系，这也应该是中美共同努力的方向。美国必须理性地看待中国的发展壮大，不要攻击抹黑中国、遏制打压中国，不要干涉中国内政、损害中国利益，只有这样，中美关系才能搞好。稳定的两军关系对两国关系发展至关重要，两军应当避免冲突对抗。魏凤和强调，台湾是中国的台湾，一个中国原则是中美关系的政治基础，搞"以台制华"是不可能得逞的。美方日前再次宣布对台军售，严重损害中国主权和安全利益，中方坚决反对、强烈谴责。中国政府和军队将坚决粉碎任何"台独"图谋、坚决维护祖国统一。会谈中双方认为，两军应落实好两国元首达成的重要共识，保持高层战略沟通，增进双方战略互信，管控好矛盾分歧，不把矛盾分歧变成冲突对抗。双方还就国际和地区形势、南海问题、乌克兰危机等交换了意见。

2022年6月10日 中国驻美使馆人员访问了美国特拉华州，并在该州第一大城市威明顿会见了卡尼州长。

2022年6月10日 针对美国政府6月8日宣布批准了一项新的对台军售计划，拟向台提供价值1.2亿美元的军舰零附件及相关技术支持一事，中国国防部新闻发言人谭克非表示，美国向中国台湾地区出售武器及提供军事技术支持，严重违反一个中国原则和中美三个联合公报特别是《八一七公报》规定，粗暴干涉中国内政，严重损害中国主权和安全利益，严重危害台海地区和平稳定，中方对此强烈不满和坚决反对。台湾是中国领土不可分割的一部分。中国必须统一，也必然统一。中方敦促美方立即撤销上述对台军售计划，停止售台武器和美台军事联系，停止向"台独"分裂势力发出错误信号，以免给中美两国两军关系造成进一步破坏。我们正告民进党当局和某些外部势力，"挟洋谋独"没有出路，"以台制华"注定失败。中国人民解放军将采取有力措施，坚决挫败任何形式的外部势力干涉和"台独"分裂图谋，坚定捍卫国家主权和领土完整。

2022年6月13日 中共中央政治局委员、中央外事工作委员会办公室主任杨洁篪同美国总统国家安全事务助理沙利文在卢森堡举行了会晤。双方就中美关系和其他共同关心的问题进行了坦诚、深入、建设性的沟通和交流，同意以落实好两国元首达成的重要共识为主线，加强接触对话、减少误解误判、妥善管控分歧。双方均认为保持沟通渠道顺畅是必要和有益的。

杨洁篪指出，拜登总统多次向习近平主席表示，美方不寻求打"新冷战"、不寻求改变中国体制、不寻求通过强化同盟关系反对中国、不支持"台湾独立"、无意同中国发生冲突。中方对此高度重视。但一段时间以来，美方执意加大对华全方位遏制打压，这不仅解决不了美国自身面临的问题，反而致使中美关系陷入十分困难的境地，极大损害了两国在双边领域的交流与合作，这一局面不符合中美双方和世界各国的利益。杨洁篪表示，中美关系处在关键十字路口。习近平主席提出的相互尊重、和平共处、合作共赢三原则是中美正确相处之道，符合中美两国人民根本利益，符合国际社会普遍愿望，理应成为发展中美关系的根本遵循。中方愿同美方探讨实现这一愿景的路径和方法。中方坚决反对以竞争定义中美关系。美方应端正对华战略认知，作出正确抉择，把拜登总统的"四不一无意"表态转化为实际行动，同中方相向而行，切实落实两国元首重要共识。杨洁篪强调，在捍卫国家主权和领土完整问题上，中方立场毫不含糊、坚定不移。中国内政不容他国干涉，任何阻挠、破坏中国国家统一的行为都必将彻底失败。台湾问题事关中美关系政治基础，处理不好将产生颠覆性影响。这个风险不仅存在，还会随着美大搞"以台制华"、台湾当局大搞"倚美谋独"而不断升高。美方不要有任何误判和幻想，必须恪守一个中国原则和中美三个联合公报规定，必须慎重妥善处理涉台问题。杨洁篪并就涉疆、涉港、涉藏、南海以及人权、宗教等问题阐明中方严正立场。杨洁篪强调，美方理应与中方良性互动，为亚太地区繁荣、稳定和发展作出共同努力。双方还就乌克兰、朝核等国际地区问题交换意见。

2022年6月13日　湖北省委副书记、省长王忠林在武汉会见了美国驻华大使尼古拉斯·伯恩斯一行。

2022年6月13日　中国驻芝加哥总领事赵建应邀出席美国伊利诺伊州纪念大屠杀博物馆举办的"上海：大屠杀中的安全避难所"主题图片展招待会并发表讲话。该图片展及招待会由美国凯腾律师事务所主办，该律所和博物馆主要负责人以及当地各界嘉宾近200人参加了此次活动。

2022年6月13日　针对美国国防部长上周六在新加坡表示，美方将遵守一个中国政策，也不支持台湾"独立"一事，中国外交部发言人汪文斌表示，我注意到奥斯汀防长近日在香格里拉对话会发表演讲时称，中国在东海、南海等领土声索方面更具胁迫性和进攻性，台湾海峡风险尤其凸显。他同时还表示，美国坚持一个中国政策的立场没有变化。与会的中方代表团已就奥斯汀防长的有关言论作出回应。我要强调的是，美方一而再，再而三地散布抹黑中方的虚假信息，只会更加暴露美方挑拨是非的险恶用心和霸权强权的真实面目。当前台海和平稳定面临的最大威胁不是来自别处，正是来自"台独"势力顽固推行分裂活动和美国对此的纵容支持。虚化掏空一个中国原则、从自身承诺上不断倒退的是美国，放宽美台官方交往约束、提升对台售武规模和性能的是美国，助台拓展所谓"国际空间"，甚至跳到台前助台"固邦"的还是美国。美方所作所为，不是向"台独"势力发出错误信号、破坏台海和平稳定，又是什么呢？美国还是亚太地区军事化的最大推手。美在南海常态化部署大量军机军舰，甚至频繁冒用他国民航飞机识别码活动，前不久还曾在南海发生核潜艇"撞山"事故。据专业机构统计，较之十几年前，美对中国的抵近军事侦察次数增长一倍多。今年以来，美军舰平均每月穿越台湾海峡一次，美军机对华进行大范围、高频度地抵近侦察和挑衅慑压。要说搞"军事化"和危害"航行自由"，这顶帽子由美国戴最合适不过。美方抹黑中方的言论欺骗不了国际社会，只会降低美方自身的可信度。我们敦促美方言行一致，将不寻求对抗与冲突、不寻求"新冷战"、不寻求打造"亚洲版北约"或在地区制造敌对阵营的表态落到实处，停止制造分裂和煽动对抗的言行。

2022年6月14日 中国驻旧金山总领事张建敏应旧金山歌剧院邀请，出席观看英文歌剧《红楼梦》重返旧金山首场演出并与旧金山歌剧院总经理马修·希尔沃克进行了交流。

2022年6月14日 辽宁省政府外办主任罗丽会见了即将离任的美国驻沈阳总领事安丽珊，并为安丽珊总领事颁发了"辽宁外事之友"荣誉证书。

2022年6月14日 针对美国跨党派国会议员团体周一表示，已就一项新提议达成一致，将赋予政府阻止相当于数十亿美元美对华投资的宽泛权力之事，中国外交部发言人汪文斌表示，我们注意到有关报道。中方一贯反对美方泛化国家安全概念，不断强化不合理的投资审查，给包括中美企业在内的各国企业正常经贸投资合作制造困难和障碍，这严重破坏国际经贸秩序和贸易规则，严重威胁全球产业链供应链稳定。开放包容是时代大势，封闭保守是开历史倒车。中国是最具发展活力和潜力的大市场，中国扩大高水平开放的决心不会变，中国开放的大门只会越开越大。投资中国就是投资未来。美方政客对中美正常经贸合作无端设限阻止不了中国的发展，只会让自己画地为牢，错失发展机遇。

2022年6月16日　中国商务部副部长兼国际贸易谈判副代表王受文与中国美国商会主席华刚林以及150多家商会会员企业代表举行视频座谈。双方就中美经贸关系、2022年度《美国企业在中国白皮书》、疫情防控条件下稳外资举措、中国进一步扩大开放等议题进行了交流。

2022年6月16日　中国代表在联合国人权理事会第50届会议讨论阿富汗问题时发言，指出美国是阿富汗问题的始作俑者，应以实际行动弥补对阿富汗人民造成的伤害。中国代表表示，阿富汗局势发生根本性变化已经10个月。阿富汗临时政府在建政施政方面取得一些进展，但仍面临人道、经济、安全等多重挑战。国际社会应同阿富汗临时政府加强接触对话，引导其健全广泛包容的政治架构，奉行温和稳健的内外政策，坚决打击一切形式的恐怖主义，同世界各国特别是邻国友好相处。国际社会要向阿富汗提供必要的紧急人道援助和抗疫支持，帮助其缓解经济民生困局。中国代表表示，美国是阿富汗问题的始作俑者，大量阿富汗无辜平民被美军杀死或因战乱丧生，上千万人沦为难民。美国不负责任地从阿富汗仓促撤军，导致阿富汗人民至今面临严重人道主义危机。美国不但不担负起帮助阿富汗人民缓解人道危机的应尽之责，反而公然劫掠阿富汗国家资产，进一步加剧阿富汗人民苦难。中方敦促美国立即全面解除对阿富汗单边制裁，无条件归还属于阿富汗人民的资产，以实际行动弥补对阿富汗人民造成的伤害。

2022年6月16日　中国驻旧金山总领事张建敏应邀出席武汉大学与加州大学戴维斯分校教育合作线上签约仪式并致辞。

2022年6月16日　针对美国国务院发言人对中俄元首昨天通话表示关切，声称选择同普京站在一起的国家将"不可避免发现自己是站在历史错误的一边"之事，中国外交部发言人汪文斌表示，中方始终从乌克兰问题的历史经纬和是非曲直出发，独立自主作出判断。我们始终站在和平一边，站在公道一边。当美国违背承诺，连续推动北约东扩，使欧洲再次陷入冲突对抗的时候，中国积极倡导共同、综合、合作、可持续的安全观，呼吁建立均衡、有效、可持续的欧洲安全架构。当美国叫嚷要战斗到最后一个乌克兰人、为冲突拱火浇油的时候，中国积极劝和促谈，指出国际社会应当支持俄乌双方谈下去，而不是打下去。当美国大搞极限制裁施压、危机外溢效应日益扩大蔓延的时候，中国坚决反对把世界经济政治化、工具化、武器化，强调不能让国际经济合作几十年努力的成果毁于一旦，更不能让各国老百姓为此付出沉重代价。美方一再表白自己是站在历史正确的一边，这是不是一种心虚的表现呢？

2022年6月17日　美中商旅总会在第193届费城花展期间举办"中国日"活动。中国驻纽约总领事黄屏出席并致辞。美国宾夕法尼亚州民主党联邦众议员斯坎隆，费城市长肯尼，宾州社会与经济发展局副局长布里尔，费城市议员斯奎拉，金海伦，宾州园艺协会会长雷德分别致辞。宾州州长亚太事务主任孙一、费城交响乐团董事总经理睿恩德、费城世界事务理事会会长斯沃茨等各界人士60余人出席了此次活动。

2022年6月17日　中国驻旧金山总领事张建敏会见湾区侨领方李邦琴。

2022年6月17日　针对美国驻华大使伯恩斯昨天参加研讨

会时表示，中国的"动态清零"政策打击外国投资积极性一事，中国外交部发言人汪文斌表示，首先，中国政府制定并实施"动态清零"总方针的出发点，是将14亿多人民的生命安全和身体健康放在第一位。这也是中国共产党和中国政府人民至上、生命至上执政理念的充分体现。其次，中国始终根据疫情形势发展变化，不断优化防控措施，取得显著成效。正是得益于科学精准有效的疫情防控政策，中国最大限度减少了疫情对经济社会发展的影响。国家统计局近日公布的数据显示，5月，中国经济逐步克服疫情不利影响，主要指标边际改善，国民经济呈现恢复向好势头。1月到5月中国外贸进出口同比增长8.3%，吸收外资同比增长17.3%，韩国、美国、德国对华投资分别增长52.8%、27.1%、21.4%，这些实实在在的数字反映了外商对华投资的真实意愿，也体现了他们对中国经济社会发展的充分信心。这些都说明，良好的疫情防控是经济社会发展的基础，也是最有利的营商环境。我们完全有信心实现"疫情要防住、经济要稳住、发展要安全"的既定目标。

2022年6月19日　美国国务卿布林肯日前发表对华政策演讲，声称中国对国际秩序构成了"最严重的长期性挑战"，渲染中国威胁，干涉中国内政，抹黑中国内外政策。对此，中国外交部6月19日发布《美国对华认知中的谬误和事实真相》文章，列举了美方对华认知的21条谬误，并用事实和数据逐一加以反驳，揭露美对华政策的欺骗性、虚伪性和危害性。

2022年6月20日　针对拜登政府官员越来越担心中国关于台湾海峡的模糊新主张可能导致台湾在海上面临更频繁的挑战一事，中国外交部发言人汪文斌表示，中方此前已阐明在台湾海峡享有主权、主权权利和管辖权。中国一贯尊重各国依据国际法享有的航行权利，我们坚决反对任何国家以航行自由为名，行挑衅、威胁中国主权和安全之实。

2022年6月21日 针对美国"维吾尔强迫劳动预防法"将于次日生效一事，中国外交部发言人汪文斌表示，所谓新疆存在"强迫劳动"原本就是反华势力为抹黑中国炮制的弥天大谎，同新疆棉花等产业大规模机械化生产、新疆各族人民劳动权益得到切实保障的事实完全相反。美方以谎言为依据，制定并实施"维吾尔强迫劳动预防法"，对新疆有关实体和个人进行制裁，是谎言的继续，也是美方打着人权幌子对华进行打压的升级，更是美国肆意破坏国际经贸规则、损害国际产业链供应链稳定的实证。美方试图以所谓"法律形式"在新疆制造"强迫失业"，在全球推行同中国脱钩，这充分暴露了美国打着人权的旗号破坏人权、打着规则的旗号破坏规则的霸权实质。中方对此予以强烈谴责和坚决反对，并将采取有力措施坚定维护中国企业和公民的合法权益。美方逆时代潮流而动，注定将以失败告终。

2022年6月21日 中国商务部新闻发言人就美国实施涉疆产品全面禁令发表谈话指出，美东时间6月21日，美国海关和边境保护局依据美国会所谓"涉疆法案"，将中国新疆地区生产的全部产品均推定为所谓"强迫劳动"产品，并禁止进口与新疆相关的任何产品。美方以"人权"之名，行单边主义、保护主义、霸凌主义之实，严重破坏市场原则，违背世贸组织规则。美方做法是典型的经济胁迫行为，严重损害中美两国企业和消费者切身利益，不利于全球产业链供应链稳定，不利于全球通胀缓解，不利于世界经济复苏。中方对此坚决反对。事实上，中国法律明确禁止强迫劳动。新疆各族群众劳动就业完全自由平等，劳动权益依法得到有效保障，生活水平不断提高。2014年至2021年，新疆城镇居民可支配收入由2.3万元人民币增至3.76万元人民币；农村居民可支配收入由约8700元人民币增至1.56万元人民币。到2020年年底，新疆超过306万农村贫困人口全部脱贫，3666个贫困村全部退出，35个贫困县全部摘帽，绝对贫困问题得到历史性解决。目前在新疆棉花播种的过程中，大部分地区综合机械化水平超过98%，所谓新疆存在"强迫劳动"根本与事实不符。美国以"强迫劳动"为由实施涉疆产品全面禁令，其实质是剥夺新疆各族群众的劳动权、发展权，会造成事实上的"强迫不劳动"，导致其被迫失业甚至返贫。事实充分说明，美方的真实意图是抹黑中国形象，干涉中国内政，遏制中国发展，破坏新疆繁荣稳定。美方应立即停止政治操弄和歪曲攻击，立即停止侵害新疆各族群众权益，立即撤销全部涉疆制裁打压措施。中方将采取必要行动，坚决维护国家主权、安全和发展利益，坚决维护新疆各族人民的合法权益。在当前世界经济面临高通胀、低增长的形势下，希望美方多做有利于产业链供应链稳定和经济复苏的事，为深化经贸合作创造条件。

2022年6月22日 针对中国台湾地区官员本周"访问"华盛顿，讨论可能的军售协议一事，中国外交部发言人汪文斌表示，我们一贯坚决反对美台官方往来和军事联系、坚决反对美售台武器。我们敦促美方恪守一个中国原则和中美三个联合公报规定，停止任何形式的美台官方往来和军事联系，停止售台武器，停止为"台独"分裂势力撑腰。我们也要正告民进党当局，"挟洋谋独"必然是死路一条，仰人鼻息终将沦为弃子。

2022年6月24日 中国代表在联合国人权理事会第50届会议与移民权利问题特别报告员对话时，发言指出美国等西方国家移民人权问题。中国代表表示，特别报告员在其向人权理事会提交的报告中指出，自2020年3月以来，美国以新冠疫情造成的卫生紧急状况为由，集体驱逐逾160万移民，中方对此深表关切。美国还将移民关押在条件恶劣的移民拘留中心，移民遭受虐待、暴力和不人道待遇。美国仍在实施"骨肉分离"政策，强行将移民儿童与其父母分开，导致许多儿童与父母、家人最终失散，酿成人间惨剧。中方也严重关切荷兰、德国等欧洲国家侵犯移民权利，煽动针对移民的暴力。中方关切英国无视其一贯标榜的"人权标准"，计划将入境英国的外国寻求庇护者遣送到第三国。中国代表呼吁人权理事会、人权高专办和特别报告员加大对上述问题关注，敦促有关国家立即停止侵犯移民人权行为。

2022年6月24日 由中国科学技术交流中心与湖北省对外科技交流中心共同举办的"2022中美脑科学创新合作论坛"在武汉以线上线下相结合的形式举行。来自中科院精密测量科技创新研究院、清华大学、武汉大学中南医院、华中科技大学同济医学院、武汉科技大学、上海科技大学和美国国立卫生研究院、哈佛大学、耶鲁大学、约翰·霍普金斯大学、加州大学旧金山分校、得克萨斯州休斯顿贝勒医学院和俄亥俄州辛辛那提儿童医院的中美两国高校和科研机构的一线科研人员围绕共同感兴趣的脑科学技术、脑科学疾病和脑科学原理三项议题开展交流研讨。此次论坛有多家从事脑科学研究和产业化的高新技术企业研发人员现场参会，还吸引了两国3000多人次科研人员在线参会。

2022年6月24日　东部战区新闻发言人施毅就美P–8A反潜巡逻机穿航台湾海峡发表谈话指出，6月24日，美一架P–8A反潜巡逻机穿航台湾海峡并公开炒作。中国人民解放军东部战区组织空中和地面兵力对美机行动全程跟监警戒。美方行为蓄意干扰破坏地区局势，危害台海和平稳定，我们对此表示坚决反对。战区部队随时保持高度戒备，坚决捍卫国家主权和领土完整。

2022年6月25日　中国驻芝加哥副总领事边志春出席芝城华商会在中国城谭继平公园举办的第22届芝加哥龙舟赛开幕式。美国芝加哥市长莱特富特、伊利诺伊州财政厅长方仲华、伊州众议员马静仪、库克郡财政局长帕帕斯、芝加哥第15区区长洛佩兹、芝城华商会会长麦克肖恩、龙舟赛委员会主席黄安立及侨界代表参加了此次活动。

2022年6月26日　"2022赛珍珠国际学术研讨会"在江苏省镇江市开幕。中国人民对外友好协会会长林松添应邀发表视频致辞。江苏省人大常委会副主任曲福田、中国国际问题研究院院长徐步、教育部中外人文交流中心主任杜柯伟、镇江市政协主席郭建、江苏大学校长颜晓红、美国亚洲学会主席玛丽·苏·比塞尔、美国赛珍珠国际总裁安娜·凯茨等通过线上或线下方式出席并发言。来自中外各研究机构及高校的专家、学者等千余位代表通过线上或线下方式参会。

2022年6月26日　中国驻美使馆人员访问位于美国西弗吉尼亚州山间的中国民居项目复建现场，与项目负责人弗劳尔夫妇进行了交流，并与在现场参与复建的美国学生和民众一起参加劳动。美国务院礼宾司前司长马歇尔大使参加了此次活动。

2022年6月27日　针对白宫国安会战略沟通协调员柯比25日在谈及G7峰会时，再次对中国所谓"强迫劳动"问题表达关切一事，中国外交部发言人赵立坚表示，强迫劳动不在中国，而在美国。一段时间以来，美国为实现"以疆制华"的阴险图谋，反复翻炒所谓新疆存在"强迫劳动"的弥天大谎，妄图在新疆制造"强迫失业"。事实上，美国这些荒谬指控是美国自身罪责的映射。强迫劳动是美国自诞生伊始便已存在的顽瘴痼疾，漫长的蓄奴史就是其大搞强迫劳动的铁证。据统计，1525年至1866年间，累计有超过1250万非洲人被贩运到美洲从事强迫劳动。大量黑奴被迫从事社会底层劳动，被严苛的工作条件、高强度的劳动、奴隶主的皮鞭折磨侵害。美国的发家史，浸透着奴隶的血泪、汗水和生命。时至今日，美国依然是强迫劳动重灾区，堪称"现代奴隶制"国家。美国丹佛大学网站曾刊文披露，目前在美至少有50多万人生活在现代奴隶制下并被强迫劳动。美国强迫劳动现象无处不在，在家政、农业种植、旅游销售、餐饮行业、医疗和美容服务等23个行业或领域中贩卖劳动力现象尤为突出。美国是强迫劳动、奴役受害者的来源国、中转国和目的地，合法和非法行业都存在贩卖人口情况，每年从境外贩卖至全美从事强迫劳动的人口多达10万人。美国至今仍有约50万童工从事农业劳作，国际劳工组织连续多年对美国农场童工严重工伤表示关切。美国政府一边忙着罗织他国"强迫劳动"的谎言谣言，一边却对本国强迫劳动问题听之任之。美国至今仍未批准《1930年强迫劳动公约》。看样子，"人权灯塔"的光，照不亮美国自己的"黑历史"；美国"人权工具箱"里的枪，从不瞄准美国自己的社会痼疾。美方应该趁早正视自身严重的强迫劳动问题，回应国际社会关切。毕竟美国造别人的谣，洗不白自己的地。

2022年6月28日 中国国家卫生健康委员会主任马晓伟在京会见了美国新任驻华大使尼古拉斯·伯恩斯。

2022年6月28日 针对美台举行"21世纪贸易倡议"磋商一事，中国外交部发言人赵立坚表示，中方坚决反对建交国与台湾进行任何形式的官方往来，包括商签具有主权意涵和官方性质的协定。世界上只有一个中国，台湾是中国领土不可分割的一部分，中华人民共和国政府是代表全中国的唯一合法政府。美方应该以实际行动恪守一个中国原则和中美三个联合公报规定，停止任何形式的美台官方往来，停止与台湾当局商签具有主权意涵和官方性质的协定，不向"台独"分裂势力发出任何错误信号。民进党当局应趁早打消"倚美谋独"的算计，否则他们跳得越高，摔得越惨。

2022年6月29日 针对美国将所谓为俄罗斯军方提供支持的5家中国公司列入黑名单一事，中国外交部发言人赵立坚表示，美方以所谓支持俄罗斯军事和国防工业基地建设为由制裁打压中国企业，此举没有国际法依据，没有安理会授权，是美方搞的单边制裁和"长臂管辖"。中方一贯坚决反对。我们已向美方提出严正交涉。中国和俄罗斯在相互尊重、平等互利的基础上开展正常的经贸合作，不应受到任何第三方的干预和限制。美国在处理对俄关系时不得以任何方式损害中方正当权益。我们敦促美方立即纠正错误，撤销有关制裁措施，停止对中国企业进行长臂管辖和单边制裁。中方将采取一切必要措施，坚决维护中国企业的合法权益。

2022年6月30日　中国驻美使馆人员会见了新当选的美国中国总商会新一届常务理事。

7月

2022年7月1日　针对美国、英国等西方国家发表声明或谈话，声称香港民主法治遭到破坏，中方未能履行"一国两制"承诺之事，中国外交部发言人赵立坚表示，今天是香港回归祖国25周年庆典日。习近平主席赴香港出席香港回归祖国25周年大会暨香港特别行政区第六届政府就职典礼，并视察香港特别行政区，受到香港社会各界热烈欢迎。习近平主席在香港回归祖国25周年大会上发表重要讲话，高度肯定香港回归25年来"一国两制"实践取得举世公认的成功；明确指出"一国两制"是经过实践反复检验了的，符合国家、民族根本利益，符合香港、澳门根本利益，得到14亿多祖国人民鼎力支持，得到香港、澳门居民一致拥护，也得到国际社会普遍赞同的好制度；中国中央政府将长期坚持"一国两制"方针不会变的坚定立场；同时强调必须全面准确贯彻"一国两制"方针，必须坚持中央全面管治权和保障特别行政区高度自治权相统一，必须落实"爱国者治港"，必须保持香港独特地位和优势。习近平主席的重要讲话为处在由治及兴新阶段的香港发展擘画了蓝图，为"一国两制"行稳致远指明了方向。我们相信，有中央的坚强领导和坚定支持，有伟大祖国作为坚强后盾，有700多万香港同胞团结奋斗，香港一定能创造更加美好的明天。个别西方国家在这一属于包括香港同胞在内的全中国人民的喜庆时刻跳出来，对"一国两制"在港实践说三道四，对纯属中国内政的香港事务指手画脚，中方对此坚决反对和强烈谴责。我想强调，这些国家动辄把民主人权挂在嘴边，却对自身存在的严重问题和斑斑劣迹视而不见，他们没有资格对一个繁荣稳定和团结奋进的香港说三道四。我们要正告这些国家，任何对"一国两制"成功实践的抹黑都是徒劳的，任何对中国内政的插手干预都不可能得逞，任何外部势力都阻挡不了"一国两制"行稳致远、香港保持繁荣稳定的前进步伐。

2022年7月4日 针对美国国家航空航天局局长尼尔森日前接受德媒采访声称，中国的太空计划是一个军事太空计划一事，中国外交部发言人赵立坚表示，美国国家航空航天局局长已经不是第一次罔顾事实、信口开河"喷"中国了。美方一些官员不断构陷污蔑中国正常合理的外空事业。中方坚决反对此种不负责任的言论。作为美国航空航天部门的主管，他应当十分清楚美国太空计划的"黑历史"。美方在制造太空垃圾、挑动外空军备竞赛、破坏全球战略稳定等方面发挥了消极作用，对和平利用外空造成巨大威胁。近年来，美国更是公然将外空界定为"作战疆域"，加快组建外空军和外空司令部，研发部署进攻性外空武器。美方还长期消极抵制谈判外空军控法律文书，不断强化与盟友的外空军事合作。另一方面，美国又在航天合作上设置障碍，恣意制裁别国航天机构，出台法案限制与中国开展航天合作与交流。国际社会早已看透美方这种霸道行径、双标做法和虚伪言辞。中方一向倡导和平利用外空，反对外空武器化和军备竞赛，积极在外空领域推动构建人类命运共同体。中国探索外空，是为满足国家经济、社会、科技和安全等正当需求。中国航天事业的发展完全通过独立自主、自力更生实现，其权益和成就不容任何质疑和抹黑。我们敦促美方切实承担起大国应尽的责任，认真检视并修正自身在外空领域的消极言行，为维护外空持久和平与安全作出应有贡献。

2022年7月5日 中共中央政治局委员、国务院副总理、中美全面经济对话中方牵头人刘鹤应约与美国财政部长耶伦举行视频通话。双方就宏观经济形势、全球产业链供应链稳定等议题务实、坦诚交换了意见，交流富有建设性。双方认为，当前世界经济面临严峻挑战，加强中美宏观政策沟通协调意义重大，共同维护全球产业链供应链稳定，有利于中美两国和整个世界。中方表达了对美国取消对华加征关税和制裁、公平对待中国企业等问题的关切。双方同意继续保持对话沟通。

2022年7月7日 中央军委委员、军委联合参谋部参谋长李作成应约与美军参联会主席米莱进行视频通话。李作成说，习近平主席强调，新时期中美相处应该相互尊重、和平共处、合作共赢。拜登总统多次作出"四不一无意"的积极表态，中方对此高度重视。只要坚持两国元首战略引领，落实两国元首重要共识，中美完全可以共同发展、相互成就。当前形势下，两军要秉持相互尊重、客观理性态度，进一步加强对话、管控风险、推进合作，而不是蓄意制造对抗、挑起事端、相互排斥。李作成强调，中方在事关国家核心利益问题上，没有任何妥协退让的余地，如果有人肆意挑衅，就必然遭到中国人民坚定的反制回击。中方要求美方恪守一个中国原则和三个联合公报规定，停止开历史倒车，停止美台军事勾连，避免冲击中美关系和台海稳定。中国军队将坚决捍卫国家主权和领土完整。双方认为，保持两军关系稳定发展、避免引发冲突对抗符合双方共同利益，双方可就此保持沟通。双方还就海空军事安全、乌克兰危机等交换了意见。

2022年7月7日 针对美国国家反情报与安全中心警告美国各州和地方官员，声称中国正在加强影响力行动，目的是操纵有关官员向联邦政府施压，从而推行对中国更友好的政策一事，中国外交部发言人赵立坚表示，美方有关言论充满冷战"零和思维"和意识形态偏见，完全是疑邻盗斧、无中生有。中方有关机构同美方开展对话合作堂堂正正、光明正大，为深化两国人文交流互鉴、增进彼此了解与互信发挥了重要作用，受到两国民众普遍欢迎和积极拥护。地方交流合作是中美关系发展的重要基础，加强交流合作是民心所向、大势所趋。美方应该做的是摘掉有色眼镜，停止干扰破坏两国地方和民间交往。他们应该多做为两国民间友好架桥铺路的事。他们也应该同中方一道，共同维护中美关系稳定发展的民意基础。

2022年7月8日 针对美国史带集团首席执行官、美中关系全国委员会执行副主席莫里斯·格林伯格日前在《华尔街日报》发表题为《我们希望重塑对华关系》文章一事，中国外交部发言人赵立坚在例行记者会上表示，赞同格林伯格先生对中美经贸关系的看法。中美作为世界前两大经济体和彼此最重要的贸易伙伴之一，两国经贸深度交融。2021年中美贸易额达到创纪录的7500多亿美元，同比增长28.7%。其中，中国自美国进口1795亿美元，同比增长32.7%。中美经贸关系支撑了260

万个美国就业岗位。中国美国商会今年3月的报告显示，得益于中国超大市场规模和良好的投资环境，2021年，58%的在华美国企业实现了营业收入的增长，66%的美企计划增加对华投资。经贸方面的互利共赢只是中美两国所拥有的巨大共同利益的一个缩影。中美关系过去几十年的发展历程充分表明，只有合作共赢才是发展中美关系的唯一正确选择，才能造福两国人民乃至全世界。当前，中美关系正处在关键十字路口。中方希望美方认真倾听客观理性的声音，端正对华认知，作出正确选择，同中方相向而行，将相互尊重、和平共处、合作共赢三原则落实到改善中美关系的行动中，争取中美关系尽快重返稳定发展轨道。

2022年7月9日 中国国务委员兼外长王毅在巴厘岛出席二十国集团外长会后同美国国务卿布林肯举行会晤。双方就中美关系及共同关心的国际和地区问题进行了全面、深入、坦诚和长时间的沟通。双方都认为，此次对话是实质性的，也具有建设性，有助于增进彼此相互了解，减少误解误判，并为两国未来高层交往积累了条件。王毅说，当前，中美关系仍未走出上届美政府制造的困境，甚至还在遭遇越来越多的挑战。中美关系的历史叙事被人为歪曲，现实状况被所谓"政治正确"所绑架，发展方向面临被进一步引向歧途的危险。根本原因是美方的对华认知出现了问题，由此制定的对华政策自然也偏离了正确轨道。美国对华政策中的一些自相矛盾和言行不一，从深层次反映出美方的世界观、中国观以及中美历史观、利益观、竞争观都出现了严重偏差。许多人由此认为美国正患上越来越严重的"中国恐惧症"。如果任由这种"威胁膨胀"发展下去，美国对华政策将是一条走不出去的死胡同。王毅表示，中美关系摆脱困局的根本遵循是认真落实两国元首达成的共识。中方始终按照习近平主席提出的相互尊重、和平共处、合作共赢三原则发展中美关系。美方应将拜登总统"四不一无意"重要承诺真正落到实处。王毅强调，既然美方承诺不寻求改变中国体制，就应该尊重中国人民选择的中国特色社会主义道路，停止抹黑攻击中国政治制度和内外政策。既然美方承诺不寻求打"新冷战"，就应该摒弃冷战思维，不搞"零和博弈"，停止拉帮结伙搞"小圈子"。既然美方承诺不支持"台湾独立"，就应该停止掏空歪曲一个中国政策，停止在台湾问题上"切香肠"，不得打"台湾牌"阻挠中国的和平统一进程。既然美方承诺无意同中国发生冲突，就应该尊重中国的主权和领土完整，停止干涉中国内政，不要打着人权、民主旗号损害中国正当利益。美方还应尽快取消对华加征的关税，停止对中国企业的单边制裁。王毅强调，美方表示要给中美关系加装"护栏"。中美三个联合公报才是两国最可靠的"防护"。只要切实履行各自在三个联合公报中所作承诺，坚持正确方向，及时排除路障，打通前行道路，双边关系就不会脱轨失控。否则，再多的"护栏"也起不到作用。双方应遵照相互尊重、和平共处、避免对抗、合作共赢的精神，探讨确立双方的行动指南。要建立落实两国元首共识的渠道，更好协调各领域各部门的交往。要妥善管控矛盾分歧，努力解决突出问题。中方据此向美方提出四份清单：要求美纠正错误对华政策和言行的清单、中方关切的重点个案清单、中方重点关切的涉华法案清单、中美8个领域合作清单，希望美方切实认真对待。王毅就台湾问题全面阐述了严正立场，要求美方必须谨言慎行，务必不要向"台独"势力发出任何错误信号，务必不要低估中国人民捍卫领土主权的坚定决心，务必不要犯葬送台海和平的颠覆性错误。王毅还就涉疆、涉港、海上问题等据理批驳了美方的一些错误观点。布林肯介绍了美方的对华政策，表示美方不寻求对华打"新冷战"、不寻求改变中国体制、不挑战中国共产党执政地位、不寻求围堵中国、不支持"台湾独立"、不寻求改变台海现状。美致力于管控双边关系中的风险因素，对同中方开展合作持开放态度。双方就对等互惠推动中美联合工作组磋商取得更多成果达成共识，同意相互为双方外交领事人员履职创造更好条件，重启人文议题交流磋商。双方还同意加强气变、公共卫生等合作。中方还提出了中美在亚太地区良性互动的设想。双方并就乌克兰问题、朝鲜半岛局势等深入交换了意见。

2022年7月12日　针对美国驻港总领事史墨客7月11日发表离任演说一事，中国外交部发言人汪文斌表示，香港特区政府已就此作出严正回应。对美方有关驻港领事官员罔顾事实、危言耸听，对中方治港政策大放厥词，对香港政治经济形势抹黑污蔑，我们表示强烈不满和坚决反对。香港国安法实施以来，国家安全得到维护，香港社会重回正轨，法治正义得到伸张，广大香港市民和外国在港公民的各项合法权利和自由在更加安全的环境中得到更好保障，"一国两制"、"港人治港"、高度自治沿着正确的轨道前行。对此，香港社会各界高度认可，国际社会也普遍欢迎。民调显示，76.2%的香港市民认为国安法实施后基本法赋予的自由权利未受影响，63%的香港市民认为国安法使香港营商环境改善。铁一般的事实不容歪曲，香港的主流民意不容否认。中方一直为外国驻港领事机构依法履职提供必要协助和支持，同时，外国驻港领事机构和人员必须尊重、遵守包括香港国安法在内的香港法律以及包括《维也纳领事关系公约》在内的国际法和国际关系基本准则。任何干涉中国内政和香港事务、危害中国国家安全、破坏香港繁荣稳定的行为和活动都是不能允许的，也都是不会得逞的。

2022年7月13日 针对美国务院7月12日发布美在联合国人权理事会第50届会议成果清单，其中提及美公开谴责中国人权状况一事，中国外交部发言人汪文斌指出，美方发布的这份清单，与其叫"人权成果清单"，不如叫"侵犯人权清单"。美国以"种族灭绝""强迫劳动"谎言为借口，对新疆企业和人员实施制裁，试图把新疆从全球产业链中剥离，在新疆制造"强迫失业""强迫返贫""强迫脱钩断链"，严重伤害包括维吾尔族在内的新疆各族人民的就业权、发展权。美方清单当中还提到阿富汗人权问题，这荒唐又滑稽。难道美国不正是阿富汗人权悲剧的主要制造者吗？美方打算什么时候将杀害阿富汗无辜民众的凶手绳之以法，又打算何时归还阿富汗人民70亿美元的救命钱呢？美方应该发布的是一份美国的人权报告：还给弗洛伊德们呼吸的自由，保障美国儿童免受枪击的权利，挽救在疫情中挣扎的美国人民的生命。

2022年7月14日 中国驻芝加哥总领事赵建与美国伊利诺伊州德卡托市市长摩尔女士一道参访了位于该市的福耀玻璃伊利诺伊公司。

2022年7月15日 中国生态环境部部长黄润秋在华盛顿分别与美国商务部部长雷蒙多、美国联邦环保局代理局长麦卡碧、加利福尼亚州州长纽森等举行了双边会见。中国驻美使馆人员参加了相关会见。

2022年7月18日　中国驻美使馆人员访问美国科罗拉多州期间，应邀与当地各界代表一道出席了科州丹佛市市长汉考克举行的年度"市情咨文"活动。活动结束后，使馆人员与汉考克市长进行了会谈。

2022年7月18日　针对美国国防安全合作局7月15日发表声明称，美国国务院已批准向"驻美台北经文处"出售总额1.08亿美元军事技术援助一事，中国外交部发言人汪文斌指出，美国向中国台湾地区出售武器，严重违反一个中国原则和中美三个联合公报特别是《八一七公报》规定，严重损害中国主权和安全利益，严重损害中美关系和台海和平稳定。中方对此坚决反对，予以强烈谴责，已就此向美方提出严正交涉。中方敦促美方恪守一个中国原则和中美三个联合公报规定，撤销上述对台军售计划，停止售台武器和美台军事联系，停止制造台海局势紧张因素。中方将继续采取坚决有力措施，坚定捍卫自身主权和安全利益。

2022年7月19日　东部战区新闻发言人施毅陆军大校表示，美"本福德"号导弹驱逐舰7月19日过航台湾海峡并公开炒作。中国人民解放军东部战区组织海空兵力全程跟监警戒。美频频挑衅、作秀造势，充分说明美是台海和平稳定破坏者、台海安全风险制造者。战区部队随时保持高度戒备，坚决捍卫国家主权和领土完整。

2022年7月19日　针对美国务院发言人普莱斯应询声称，根据"与台湾关系法"，美有义务向台湾提供必要的国防用品和服务，使台湾保持足够自卫能力，这完全符合美方一个中国政策之事，中国外交部发言人赵立坚表示，昨天中方已经就美国出台新一轮售台武器计划阐明严正立场。他强调，中方对此坚决反对，予以强烈谴责。中方已经向美方提出严正交涉。所谓"与台湾关系法"是美单方面炮制的国内法，严重违反公认的国际法和国际关系基本准则，与一个中国原则和中美三个联合公报规定背道而驰，中方从未承认、一贯反对。美方根本没有资格拿着这样一部国内法招摇过市，干涉中国内政、向台湾出售武器。不论是一个中国原则还是一个中国政策，其核心都是一个中国。承认台湾是中国的一部分，是美方在中美三个联合公报中作出的郑重承诺。美国执意售台武器，严重违反一个中国原则和中美三个联合公报规定，助长"台独"分裂势力嚣张气焰，推高台海紧张局势。美方应该立即停止售台武器和美台军事联系，停止制造台海局势紧张因素，将美国政府不支持"台独"表态落到实处。此外，针对美国前国防部长访台并会见蔡英文一事，赵立坚表示，一个中国原则是中美关系的政治基础，也是国际社会的普遍共识。中方坚决反对任何人、任何势力企图玩弄"台湾牌"，干涉中国内政，损害中方核心利益。

2022年7月20日 中国国家国际发展合作署副署长邓波清应约会见比尔及梅琳达·盖茨基金会全球政策与倡导总裁加吉·戈什。

2022年7月20日 中国驻美使馆人员在美国科罗拉多州阿斯彭出席阿斯彭战略安全论坛，与《金融时报》美国版主编卢斯进行了专场"炉边谈话"。来自美国政府、战略界、智库、外交使团、非政府组织等各界约400多人参加了此次活动。

2022年7月20日 由中国对外文化集团有限公司出品的"中华风韵"旗下"东西之间"音乐会登台林肯中心爱丽丝·杜莉音乐厅。中国驻纽约总领事黄屏同纽约大学校长安德鲁·汉密尔顿、美中公共事务协会会长滕绍骏等800余位各界嘉宾和现场观众共同观看了演出。

2022年7月20日 中国山东青岛港与美国加州长滩港联合举办建立友好港25周年线上庆祝活动。中国驻洛杉矶总领事张平应邀出席并致辞。长滩市市长加西亚、青岛市副市长刘建军发表视频致辞。山东港口集团、青岛港集团、青岛市外办负责人和长滩港港口委员会、港务局、长滩—青岛友城协会负责人等出席了此次活动。

2022年7月20日 针对美国商务部副部长近日在众议院外交委员会听证会上声称,对俄罗斯的出口管制是应对"中国威胁"的模板之事,中国外交部发言人汪文斌表示,中方注意到美方相关官员在谈及减少对俄罗斯的出口时,是用"成功"这个词来形容的。中方不知道美方这位官员所谓的"成功"从何谈起?世人看到的是,当前,美国正面临40年来最严峻的通货膨胀,美国国内不断高企的食品和能源价格令美国民众苦不堪言,美国消费者情绪已降至1952年以来的最低点。有关民调显示,85%的美国成年人认为美国正朝着错误的方向发展。美方作为乌克兰危机的始作俑者,不断拱火递刀、激化矛盾,挥舞制裁大棒,大搞经济胁迫,不仅破坏了国与国之间的正常交往,违反国际贸易通行规则,更导致乌克兰危机的复杂化和扩大化。当前,世界股市、汇市、原油、天然气、粮食和有色金属期货市场持续反复震荡,令各国老百姓特别是那些经济基础本就薄弱的发展中国家人民深受其害。事实一再表明，固守冷战思维、热衷阵营对抗不会取得成功，只会反噬自身，冲击世界和平与安全。这值得美方深思。

2022年7月21日　中国科技部副部长张广军会见了中国美国商会总裁何迈可及商会部分会员企业代表。双方就中美科技关系、科技创新政策、在华跨国企业研发等议题进行了交流。诺华、玛氏、埃克森美孚、思爱普、标普全球、和睦家医疗、康宝莱、三菱商事、英特尔、辉瑞、默克、沃尔玛、福特、因美纳、杜比实验室、强生等企业代表参加了会见。

2022年7月21日　针对美国国家安全高官近日声称，美国选举正在面临中国、俄罗斯、伊朗等外国干预"威胁"以及美联邦调查局局长雷声称，中国正试图设法让美国衰落之事，中国外交部发言人汪文斌表示，中方注意到有关报道。正如一位美国前高官日前承认的那样，推翻别国政权、干涉别国内政是美方的行为方式，但从来不是中国的风格。中国一向坚持不干涉别国内政原则，不会去干预别国选举。奉劝美方不要以己度人，无端指责中方，还是把心思放在如何解决好美国自身的问题上。

2022年7月22日　中国国家主席习近平致电美国总统拜登，就拜登总统感染新冠病毒致以慰问。习近平主席在慰问电中表示，得知总统先生感染新冠病毒，谨向你表达诚挚的慰问，望你早日康复。

2022年7月25日　针对美军参谋长联席会议主席米莱声称，中方军队在过去五年里变得更加咄咄逼人、更加危险一事，中国外交部发言人赵立坚表示，美方有关表态完全是颠倒黑白。

美方一些人固守冷战"零和思维",言必称"中国挑战",他们无非是为自己扩充军力寻找借口而已。美国军费总额世界第一,近来又提交约8130亿美元的新财年国防预算草案。美国在全球拥有800多个海外军事基地,建国以来仅有16年没打过仗。到底是谁频频派遣军舰、军机到本国以外地区耀武扬威,到底是谁在挑战地区和平安全与稳定,到底是谁更具侵略性,事实一目了然。美方有关官员应该做的,是摒弃冷战零和思维,停止炒作"中国威胁论",停止动辄拿中国说事,为自身提升军费、扩张军力寻找借口。

2022年7月26日 中国人民对外友好协会会长林松添会见了美国联合通讯社(AP)大中华区新闻部主任森次健、美国有线电视新闻网(CNN)北京分社社长蒋欣以及美国消费者新闻与商业频道(CNBC)等在京美国主流媒体代表。双方就中国内外政策、中美关系、两国民间交往以及共同关心的问题坦诚、友好交流了意见。

2022年7月26日 中国驻美国使馆举行招待会,热烈庆祝中国人民解放军建军95周年。美国军方、国务院官员和各界友好人士,各国驻美使团、武官团以及部分华人华侨代表约300人出席了此次活动。

2022年7月26日 针对《华盛顿邮报》近日报道声称,中国严格的防疫措施导致美国在华外交官权利遭到"践踏",长期生活在"恐惧"之中一事,中国外交部发言人赵立坚指出,中国防疫政策从对人民生命健康高度负责的精神出发,对中国境内所有人一视同仁,同等保护中国公民和在华外国公民的健康。两年多来,中国是全球新冠肺炎感染率、死亡率最低的国家之一，为中国公民和所有在华外国公民提供了最大程度的保护。同时，中国的经济和社会始终保持良好运转，使中国民众和在华外国公民和企业的利益也得到最大程度的维护。中方始终高度重视包括美国在内的外国驻华外交领事人员涉疫问题，一贯按照《维也纳外交关系公约》《维也纳领事关系公约》有关规定和精神，为他们履职提供必要协助和便利。近两年来，中方在自身"外防输入"压力较大情况下，仍为美国等国驻华外交官及其家属来华离华、在华生活履职、探亲随居等提供了许多便利，对此各国驻华使领馆都有目共睹。据我了解，自2020年6月1日以来，搭乘包机来华的美国外交官及家属人数超过1000人。何来的对美外交官权利"践踏"和"恐惧"呢？外国在华外交领事人员有义务尊重和遵守中方防疫规定，这也是遵守我刚才提到的两个公约的义务。此外，就美国前国务卿基辛格近日接受采访时表示，在处理中美关系时，美国及其盟友必须保持实力，但也要尊重中国作为国际秩序参与者的角色；中美两国在台湾问题上的言辞"降温"将缓解紧张局势，减少冲突的可能性，改善两国关系一事，赵立坚表示，我们赞赏基辛格先生的有关表态。作为世界前两大经济体和联合国安理会常任理事国，中美两国只能搞好关系，不能把关系搞坏。我们敦促美方客观看待中国和中美关系，将拜登总统多次重申的"四不一无意"承诺以及布林肯国务卿作出的积极表态落到实处，特别是美国要恪守一个中国原则和中美三个联合公报规定，慎重妥善处理涉台问题，与中方相向而行，找到新形势下中美相互尊重、和平共处、合作共赢的正确相处之道。

2022年7月27日　美国国务院助理国务卿帮办朴正7月26

日声称，中国对南海声索国及其他在该地区进行合法活动国家的挑衅行为呈明显上升趋势一事，中国外交部发言人赵立坚表示，美方官员有关南海表态完全是颠倒黑白。南海是地区国家共同的家园。维护南海和平稳定是中国和东盟国家的共同诉求。不久前，中国同东盟国家一起隆重纪念《南海各方行为宣言》签署20周年，同意继续全面有效落实《宣言》，积极推进"南海行为准则"磋商，共同维护好南海及本地区和平稳定大局。同时，我们也清醒地认识到，今天的南海并非风平浪静。个别域外大国为维护自身霸权，不远万里，不断加大对南海军事力量投入，在南海周围建立多个部署进攻性武备的军事基地，派航母、战略轰炸机等军舰、军机频繁进入南海，并伙同域外盟友到南海"秀肌肉"。这些在南海横行滋事的国家才真正是地区和平稳定的威胁。南海不是域外大国博弈的竞技场。中方同东盟国家将进一步加强团结合作，共同抵制在南海搞各种捣乱破坏的恶劣行径。我们也将继续把解决南海问题的主动权和主导权掌握在地区国家自己手中，排除域外势力干扰，全面、有效落实《宣言》，持续推进"准则"磋商，将南海真正打造成和平之海、友谊之海、合作之海。

2022年7月28日 中国国家主席习近平应约同美国总统拜登通电话。两国元首就中美关系以及双方关心的问题进行了坦率沟通和交流。习近平指出，当前，世界动荡和变革两种趋势持续演进，发展和安全两大赤字不断凸显。面对变乱交织的世界，国际社会和各国人民都期待中美两国发挥引领作用，维护世界和平安全，促进全球发展繁荣。这是中美两个大国职责所在。习近平强调，从战略竞争的视角看待和定义中美关系，把中国视为最主要对手和最严峻的长期挑战，是对中美关系的误判和中国发展的误读，会对两国人民和国际社会产生误导。双方要保持各层级沟通，用好现有沟通渠道，推动双方合作。当前全球经济形势充满挑战。中美应该就宏观经济政策协调、维护全球产业链供应链稳定、保障全球能源和粮食安全等重大问题保持沟通。违背规律搞脱钩断链，无助于提振美国经济，也将使世界经济变得更加脆弱。双方要推动地区热点问题撤火降温，助力世界尽快摆脱新冠疫情，走出经济滞胀困局和衰退风险，维护以联合国为核心的国际体系和以国际法为基础的国际秩序。习近平重点阐述了中方在台湾问题上的原则立场。习近平强调，台湾问题的历史经纬明明白白，两岸同属一个中国的事实和现状清清楚楚。中美三个联合公报是双方的政治承诺，一个中国原则是中美关系的政治基础。我们坚决反对"台独"分裂和外部势力干涉，绝不为任何形式的"台独"势力留下任何空间。中国政府和中国人民在台湾问题上的立场是一以贯之的，坚决维护中国国家主权和领土完整是14亿多中国人民的坚定意志。民意不可违，玩火必自焚。希望美方看清楚这一点。美方应该言行一致恪守一个中国原则，履行中美三个联合公报。拜登表示，当今世界正处于一个关键时期。美中合作不仅有利于两国人民，也有利于各国人民。美方希望同中方保持畅通对话，增进相互了解，避免误解误判，寻求在利益交融的领域开展合作，同时妥善管控分歧。我愿重申，美国的一个中国政策没有改变也不会改变，美方不支持台湾"独立"。两国元首还就乌克兰危机等交换了意见，习近平重申了中方原则立场。两国元首认为，这次通话坦诚深入，同意保持联系，责成双方工作团队为此继续沟通合作。

2022年7月28日　针对美国国际开发署署长鲍尔7月27日声称，中国过去20年向斯里兰卡提供不透明高息贷款一事，中国外交部发言人赵立坚表示，一直以来，中国和斯里兰卡务实合作始终坚持斯方主导，经过科学规划和详细论证，从不附加任何政治条件，为斯里兰卡经济发展提供助力，给斯人民带来实实在在的好处。斯里兰卡外债构成多元，涉华债务比重远低于国际资本市场和多边开发银行。而且中方向斯提供的多为优惠性质贷款，利率低、期限长，为斯基础设施和民生改善发挥了积极作用。斯政府宣布中止偿付外债后，中方金融机构立即主动同斯方协商，就妥善处理到期涉华债务、帮助斯应对当前困难展现了积极姿态。美国长期实施量化宽松政策，不负责任搞"大水漫灌"，近期陡然加息缩表，导致美元加速回流，给全球经济和金融市场造成严重冲击。美国大搞单边制裁和关税壁垒，冲击全球供应链和产业链安全，加剧能源、粮食等大宗商品价格飙升，让包括斯里兰卡在内的发展中国家经济金融形势雪上加霜。美西方资本在斯市场投机交易，操弄斯信用评级，严重压抑了斯融资信誉与渠道。美国应该扪心自问，美国究竟为像斯里兰卡这样的发展中国家可持续发展做了什么？美国推行的单边主义经济金融以及对外政策给世界各国造成了多大的伤害？我们希望美国能够真心实意帮助斯里兰卡应对当前困难、缓解债务负担和实现可持续发展，不要毫无底线地利用一切机会甩锅推责、抹黑他国并搞地缘政治博弈。

2022年7月29日　中国人民对外友好协会会长林松添会见了安利（中国）总裁余放。

2022年7月29日　针对美国会近日通过《芯片和科学法案》一事，中国商务部新闻发言人表示，中方注意到，近日美国会通过了《芯片和科学法案》。法案对美本土芯片产业提供巨额补贴，是典型的差异化产业扶持政策。部分条款限制有关企业在华正常经贸与投资活动，将会对全球半导体供应链造成扭曲，对国际贸易造成扰乱。中方对此高度关注。美方法案的实施应符合世贸组织相关规则，符合公开、透明、非歧视的原则，有利于维护全球产业链供应链安全稳定，避免碎片化。中方将继续关注法案的进展和实施情况，必要时采取有力措施维护自身合法权益。

8月

2022年8月1日　针对美国白宫国安会战略沟通协调员柯比声称，美方未看到中方加强台湾方向军事部署的具体迹象，无论佩洛西是否访台，美方的一个中国政策不会改变，美中没有理由走到动手或加剧实际紧张局势的地步一事，中国外交部发言人赵立坚指出，我们已经多次表明坚决反对佩洛西众议长访台的严重关切和严正立场，将采取坚定有力措施维护国家主权和领土完整。一个中国原则是台海和平稳定的定海神针。在台湾问题上不断歪曲和掏空一个中国政策、发表不负责任言论、制造局势紧张因素的正是美方。美国最近开始强调要维护每一个国家的主权和领土完整，我们希望美方首先在台湾问题上言行一致，不要搞双重标准。

2022年8月2日　中国国务委员兼外长王毅出席上海合作

组织外长会并访问中亚后接受记者采访，就台湾问题阐明中方的严正立场。王毅表示，一个中国原则是国际社会普遍共识，是中国同各国交往的政治基础，是中国核心利益中的核心，是不可逾越的红线和底线。美国一些人在台湾问题上不断挑战中国主权，掏空一个中国政策，甚至蓄意在台海制造事端。中国人民对此绝不会接受，国际社会也对这种无端挑衅嗤之以鼻。王毅说，此访期间，各国领导人在会见会谈中都明确表示坚定奉行一个中国政策，都认为台湾是中国领土不可分割的一部分，反对外部势力在台湾问题上干涉中国内政。这再次表明，一个中国原则是国际社会人心所向、大势所趋。王毅强调，美方在台湾问题上背信弃义，令人不齿，只能使美国的国家信誉进一步破产。美国一些政客只顾一己之私，公然在台湾问题上玩火，与14亿中国人民为敌，绝不会有好下场。美方的霸凌嘴脸暴露于世，只能让各国人民愈发看清，美国才是当今和平的最大破坏者。

2022年8月2日 中国外交部副部长谢锋奉命紧急召见美国驻华大使伯恩斯，代表中国政府就美国国会众议长佩洛西窜访中国台湾地区向美方提出严正交涉和强烈抗议。谢锋表示，佩洛西冒天下之大不韪，蓄意挑衅玩火，严重违反一个中国原则和中美三个联合公报规定，严重冲击中美关系政治基础，严重侵犯中国主权和领土完整，严重破坏台海和平稳定，向"台独"分裂势力发出严重错误信号。性质极其恶劣，后果极其严重。中方绝不会坐视不管。美国政府必须承担责任。一段时间以来，美方说一套做一套，不断歪曲、篡改、虚化、掏空一个中国原则，企图越红线、搞突破，不择手段打"台湾牌"，而且愈演愈烈，删除美国国务院网站"台湾是中国的一部分"等关键表述，将台湾纳入所谓"印太战略"，明目张胆提升美台关系，变本加厉推进对台军售，公然叫嚣助台提升"非对称战力"，为"台独"分裂活动撑腰打气。美国政府本应约束佩洛西恣意妄为，制止佩洛西倒行逆施，却放任纵容，沆瀣一气，加剧台海紧张局势，严重损害中美关系。谢锋指出，美方必须为自己的错误付出代价。中方将采取必要措施坚决反制，我们说到做到。任何人企图操弄台湾问题捞取政治资本，只会"竹篮打水一场空"，幻想打"台湾牌"炮制政治遗产，终将被钉在历史的耻辱柱上。美方应该立即纠正错误，采取切实措施消除佩洛西窜台恶劣影响。不得错上加错、升级事态，把台海局势和中美关系引向不可收拾的境地。中方再次敦促美方悬崖勒马，停止在台湾问题上滋事挑衅，停止纵容支持"台独"分裂势力，停止以任何形式打"台湾牌"、搞"以台制华"，停止插手台湾事务、干涉中国内政，以实际行动遵守一个中国原则和中美三个联合公报规定，落实美国领导人作出的"四不一无意"承诺，不得在错误和危险的道路上越走越远。谢锋强调，大势不可逆，民意不可违，玩火必自焚。台湾是中国的台湾，终将回到祖国怀抱。中国人民不怕鬼、不惧压、不信邪。在中国人民心中，没有什么比捍卫国家主权和领土完整更神圣，没有什么比维护和实现国家统一更重要。任何国家、任何势力、任何人都不要低估中国政府和人民捍卫国家主权和领土完整、实现国家统一和民族复兴的坚强决心、坚定意志和强大能力。

2022年8月2日　中国外交部关于美国国会众议长佩洛西窜访中国台湾地区发表声明指出，8月2日，美国国会众议长佩洛西不顾中方强烈反对和严正交涉，窜访中国台湾地区，严重违反一个中国原则和中美三个联合公报规定，严重冲击中美关系政治基础，严重侵犯中国主权和领土完整，严重破坏台海和平稳定，向"台独"分裂势力发出严重错误信号。中方对此坚决反对，严厉谴责，已向美方提出严正交涉和强烈抗议。世界上只有一个中国，台湾是中国领土不可分割的一部分，中华人民共和国政府是代表全中国的唯一合法政府。1971年联大第2758号决议对此予以明确。1949年中华人民共和国成立以来，181个国家在一个中国原则基础上同中国建立外交关系。一个中国原则是国际社会的普遍共识和国际关系基本准则。

1979年，美方在中美《建交公报》中明确承诺，"美利坚合众国承认中华人民共和国政府是中国的唯一合法政府。在此范围内，美国人民将同台湾人民保持文化、商务和其他非官方关系"。美国国会作为美国政府的组成部分，理应严格遵守美国政府的一个中国政策，不与中国台湾地区进行任何官方往来。中方历来反对美国国会议员窜访中国台湾地区，美国行政部门有责任予以阻止。佩洛西众议长是现任美国国会领导人，她以任何形式任何理由赴台活动，都是升级美台官方交往的重大政治挑衅，中方绝不接受，中国人民绝不答应。

台湾问题是中美关系中最重要、最核心、最敏感的问题。当前，台海局势面临新一轮紧张和严峻挑战，根本原因是台湾当局和美方不断改变现状。台湾当局一再"倚美谋独"，拒不承认"九二共识"，大搞"去中国化"，推行"渐进式台独"。而美方企图搞"以台制华"，不断歪曲虚化掏空一个中国原则，加强美台官方往来，为"台独"分裂活动撑腰打气。这是十分危险的玩火行动，玩火者必自焚。

中国政府和中国人民在台湾问题上的立场一以贯之。坚决维护国家主权和领土完整是14亿多中国人民的坚定意志，实现祖国完全统一是全体中华儿女的共同心愿和神圣职责。民意不可违，大势不可逆。任何国家、任何势力、任何人都不要错估中国政府和人民捍卫国家主权和领土完整、实现国家统一和民族复兴的坚强决心、坚定意志、强大能力。针对美国国会众议长窜访中国台湾地区，中方必将采取一切必要措施，坚决捍卫国家主权和领土完整，由此产生的一切后果必须由美方和"台独"分裂势力负责。

中美作为两个大国，正确的相处之道只能是相互尊重、和平共处、避免对抗、合作共赢。台湾问题纯属中国内政，其他任何国家都无权做台湾问题的"裁判官"。中方严正敦促美方，停止打"台湾牌"搞"以台制华"，停止插手台湾事务干涉中国内政，停止以各种形式支持纵容"台独"分裂势力，停止在台湾问题上说一套、做一套，停止歪曲虚化掏空一个中国原则，以实际行动恪守一个中国原则和中美三个联合公报规定，切实将美国领导人作出的"四不一无意"承诺落到实处，不要在错误和危险的道路上越走越远。

2022年8月2日 中国国防部新闻发言人吴谦就佩洛西窜访台湾发表谈话指出，8月2日，美众议院议长佩洛西窜访中国台湾地区，中方对此强烈谴责、坚决反对。中方曾多次阐明窜访台湾的严重后果，但佩洛西明知故犯，恶意挑衅制造危机，严重违反一个中国原则和中美三个联合公报规定，严重冲击中美关系政治基础，严重破坏中美两国两军关系。美方此举向

"台独"分裂势力释放严重错误信号，进一步加剧了台海紧张局势升级。民进党当局挟洋自重，勾连外部势力作乱，执意邀佩洛西访台，其行径是非常危险的，势必引发严重后果。中国人民解放军高度戒备，将展开一系列针对性军事行动予以反制，坚决捍卫国家主权和领土完整，坚决挫败外部势力干涉和"台独"分裂图谋。

2022年8月2日 针对美国国会众议长佩洛西窜访中国台湾地区，全国人大常委会发言人代表全国人大常委会发表谈话。全文如下："8月2日，美国国会众议长佩洛西不顾中方严正交涉和坚决反对，执意窜访中国台湾地区。此举严重违反一个中国原则和中美三个联合公报规定，严重损害中国主权和领土完整，严重冲击中美关系的政治基础，向'台独'分裂势力发出严重错误信号。中国全国人大对此坚决反对，予以强烈谴责。世界上只有一个中国，台湾是中国领土不可分割的一部分，中华人民共和国政府是代表全中国的唯一合法政府。一个中国原则是中美建立外交关系的前提，也是中美关系的政治基础。美国在台湾问题上向中方作出过郑重承诺，但在行动中却不断提升美台实质关系和官方往来，纵容支持'台独'分裂势力，搞'以台制华'，严重损害台海和平稳定。中国政府和人民已经并将继续采取果断、有力措施，坚决维护自身主权、安全、发展利益。台湾问题事关中国主权和领土完整，中国没有任何妥协退让的余地。《反分裂国家法》对坚持一个中国原则、遏制'台独'分裂、反对外部势力干涉台湾问题等重大问题作出明确规定。中国政府和中国人民在台湾问题上的立场一以贯之，坚决维护中国国家主权和领土完整是14亿多中国人民的坚定意志。任何阻挠中国完全统一和民族伟大复兴的企图注定失败。"

2022年8月2日 全国政协外事委员会关于美国国会众议长佩洛西窜访中国台湾地区发表声明指出，8月2日，美国国会众议长佩洛西不顾中方坚决反对，窜访中国台湾地区。此举严重违反一个中国原则和中美三个联合公报规定，严重违反国际关系基本准则，严重破坏中美关系政治基础，严重损害中美关系，是对中方的重大政治挑衅。中国全国政协对此坚决反对、强烈谴责。世界上只有一个中国，台湾是中国领土不可分割的一部分，中华人民共和国政府是代表全中国的唯一合法政府。台湾问题是中国的内政。我们坚决反对一切分裂中国的图谋和行径，坚决反对任何外部势力干涉中国和平统一进程，绝不容许任何国家以任何方式插手台湾问题。中国必须统一，也必然统一，这是不可阻挡的历史大势。任何人都不要低估中国人民捍卫国家主权和领土完整的坚强决心、坚定意志、强大能力！台湾问题是中美关系中最重要、最敏感的核心问题。本届美国政府多次在台湾问题上作出坚持一个中国政策、不支持"台独"的承诺，但美方近期一些言行与此背道而驰。我们敦促美方恪守承诺，停止与中国台湾地区进行任何形式的官方往来，停止干涉中国内政，不向"台独"分裂势力发出任何错误信号，不要在危险的道路上越走越远。任何逆历史潮流而动、企图拿台湾问题做文章、危害中国主权和领土完整的错误行径注定不会得逞，必将自食其果。

2022年8月2日 中共中央台湾工作办公室就佩洛西窜台发表声明指出，8月2日，美国国会众议长佩洛西窜访中国台湾地区。这是台美勾连的升级，性质十分恶劣，后果十分严重。

这是对中国主权和领土完整的严重侵犯，是对一个中国原则和中美三个联合公报的严重违背，是对国际法和国际关系基本准则的严重践踏，是美国对中国作出严肃政治承诺的背信弃义，向"台独"势力发出严重错误信号。我们对此坚决反对，表示严厉谴责和强烈抗议。世界上只有一个中国，台湾是中国领土不可分割的一部分。一个中国原则是公认的国际关系准则和国际社会普遍共识。台湾问题是中国内政，不容任何外来干涉。一段时间以来，美国政府在台湾问题上屡屡采取错误言行，不断提升台美官方往来层级，加大台美军事勾连，不断售台武器，助台"以武拒统"。美国国会频频发表涉台错误言论，提出并审议通过多部涉台消极议案。美方的做法企图歪曲虚化掏空一个中国原则，打"台湾牌"，"以台制华"，阻挠中国完全统一和中华民族复兴进程。美国现任政府不仅不改变上届政府犯下的严重错误，反而进一步拉拢盟友，拉帮结伙打"台湾牌"，在国际上大肆攻击联合国大会第2758号决议，散布"台湾地位未定"谬论，企图推动台湾问题国际化。"台独"分裂是祖国统一的最大障碍，是民族复兴的严重隐患。民进党当局顽固坚持"台独"错误立场，甘心为美国反华势力充当遏华棋子，更加肆无忌惮谋"独"挑衅。这完全是误判了形势，打错了算盘！他们为了一己之私，顽固挑战一个中国原则，拒不承认"九二共识"，制造两岸对抗，顽固"倚美谋独"。民进党当局的谋"独"行径和出卖民族利益的与美勾连活动，只会将台湾推向灾难深渊，给广大台湾同胞带来深重祸害。祖国统一和中华民族伟大复兴已经进入不可逆转的历史进程。祖国必须统一，也必然统一。这不以美方一些顽固反华势力的意志而转移，不被"台独"分裂势力的痴心妄想而左右。实现祖国统一的时与势始终牢牢把握在我们的手中。美国反华势力和台湾民进党当局无论采取什么行径，都无法改变台湾是中国一部分的事实。佩洛西之流无论以什么方式"挺台遏华"，都无法阻挡中国统一的历史进程。我们敦促美方看清台湾问题的历史经纬，认清两岸同属一个中国的事实和现状，以实际行动恪守一个中国原则，履行中美三个联合公报，不要在错误道路上越滑越远。我们正告民进党当局，彻底放弃"台独"图谋，不要在"台独"的死路上一条道走到黑。否则，任何谋"独"行径都将在中国人民反"独"促统的强大力量下粉身碎骨。

2022年8月3日 中国国务委员兼外长王毅就美方侵犯中国主权发表谈话指出，美国国会众议长佩洛西不顾中方严正交涉，明目张胆到访中国台湾地区。这一行径严重违背一个中国原则，恶意侵犯中国主权，公然进行政治挑衅，激起中国人民强烈愤慨，引发国际社会普遍反对。这再次证明，一些美国政客已经沦为中美关系的"麻烦制造者"，美国已经成为台海和平和地区稳定的"最大破坏者"。美国不要幻想阻挠中国的统一大业。台湾是中国的一部分。实现国家完全统一是大势所趋，是历史必然。我们绝不会为"台独"分裂和外部势力干涉留下任何空间。美方不论以什么方式支持纵容"台独"，最终都将是"竹篮打水一场空"，只会在历史上留下更多美国粗暴干涉别国内政的丑陋记录。台湾问题是因当年国家弱乱而产生，今后必将随着民族复兴而终结。美国不要幻想破坏中国的发展振兴。中国已经找到符合自身国情的正确发展道路。在中国共产党领导下，14亿中国人民正在大踏步迈向中国式现代化。我们将国家和民族发展放在自己力量的基点上，也愿与各国和平共处、共同发展，但绝不允许任何国家破坏中国的稳定和发展。在台湾问题上挑衅滋事，企图迟滞中国的发展壮大，破坏中国的和平崛起，完全是徒劳的，必将碰得头破血流。美国不要幻想操弄地缘博弈把戏。求和平、谋稳定、促发展、图共赢是地区国家的普遍愿望。美方将台湾问题引入地区战略，渲染紧张、挑动对抗，是逆地区发展潮流而动，同亚太人民期待背道而行，十分危险和愚蠢。一个中国原则已成为国际关系基本准则，构成二战后国际秩序的组成部分。美方要做的，是立即停止违反联合国宪章宗旨和原则，立即停止打"台湾牌"搅乱亚太。美国不要幻想可以任意颠倒黑白。美方声称中方在升级局势，但最基本的事实是，美方先在台湾问题上向中方发起挑衅，公然侵犯中国的主权和领土完整。美方声称议长访台曾有先例，但最基本的道理是，过去的错误不能成为今天重犯的借口。美方声称三权分立无法约束议会，但最基本的国际法准则是，美国必须履行其国际义务，尤其是重要政治人物更不能胡作非为。美方还声称中国寻求统一是对台湾的"威胁"，但最基本的逻辑是，台湾是中国领土不可分割的一部分，台湾问题完全是中国内政。中方维护领土完整、反对国家分裂合理合法、天经地义。台海和平稳定的定海神针是一个中国原则，中美和平共处的真正"护栏"是三个联合公报。"倚美谋独"死路一条，"以台制华"注定失败。面对国家统一的民族大义，中国人有不信邪、不怕鬼的骨气，有吓不倒、压不垮的志气，有万众一心、众志成城的决心，更有坚决捍卫国家主权、民族尊严的能力。

2022年8月3日 中国驻美使馆就美国众议长佩洛西窜访

中国台湾地区向美白宫国安会和国务院提出严正交涉，表达强烈抗议。中国驻美使馆表示，美方不顾中方反复严正交涉和坚决反对，悍然安排众议长佩洛西于今日窜访台湾。这是美在台湾问题上消极动向的重大升级，严重违反一个中国原则和中美三个联合公报规定，严重冲击中美关系政治基础，严重侵犯中国主权和领土完整，严重破坏台海和平稳定，向"台独"分裂势力发出严重错误信号，性质极恶，危害极大，影响极坏。中方对此予以强烈谴责和强烈抗议。中国驻美使馆指出，一个中国原则是中美关系的政治基础和处理台湾问题最根本的遵循。美国会作为美政府组成部分，理应严格遵守美政府的一个中国政策，不与中国台湾地区进行任何官方往来。美方多次重申不改变一中政策、不支持"台独"等承诺。现在美方却派政府三号人物窜访台湾、挑衅中方。美方对一个中国原则和中美三个联合公报规定的承诺何在？美方对不支持"台独"的承诺何在？美方对国际义务的承诺又何在？事实证明，背信弃义、引发危机、破坏台海和平稳定的不是别人，正是美方！中国驻美使馆强调，坚决维护中国国家主权和领土完整是14亿多中国人民的坚定意志，民意不可违，玩火必自焚！中国的最终统一是不可阻挡的历史大势，中国人民不可欺！中华民族不可辱！任何试图干扰阻挠中国统一的图谋必将遭到失败！中方必将采取坚决应对和有力反制措施，由此造成的一切严重后果必须由美方和"台独"分裂势力负责。中国驻美使馆强调，中方严正敦促美方停止打"台湾牌"搞"以台制华"，立即纠正错误做法，管控和消除佩洛西窜访台湾的恶劣影响，不得进一步采取危险、挑衅举动侵犯中国主权和安全，以实际行动将拜登总统作出的"四不一无意"承诺落到实处。

2022年8月3日　针对美国国会众议长佩洛西8月2日晚发表声明声称，美众议员代表团此次访台，彰显美对台"民主"的坚定支持一事，中国外交部发言人华春莹指出，佩洛西窜访台湾问题的实质绝不是什么民主问题，而是事关中国主权和领土完整的问题。佩洛西所作所为绝不是对什么民主的捍卫和维护，而是对中国主权与领土完整的挑衅和侵犯。正如很多人一针见血地指出，佩洛西危险的挑衅行为纯属为了捞取个人政治资本，是一场彻头彻尾的非常丑陋的政治闹剧。而在这场丑陋的闹剧中，民主不过是美方惯用的廉价工具和幌子。哗众取宠的是佩洛西个人，但遭殃受害的是两国关系以及地区和平稳定。佩洛西口中的民主，不过是一件爬满虱子的袍子，乍看华丽，近看不忍卒睹。我们从"国会山冲击事件"、从弗洛伊德之死、从罗布枪击案以及死于新冠肺炎疫情的100多万美国民众身上，看到了佩洛西口中民主的虚伪和冷酷，我们也从美军在伊拉克、叙利亚所作所为以及喀布尔大撤退中看到这种民主的承诺和所谓的"强大"。作为美国政府三号人物，面对国内积重难返的民主问题，佩洛西花着纳税人的钱、坐着美国的军机窜台作秀，干着违反国际法和国际关系基本准则、损害他国内政和主权领土完整的勾当，只能让世人更加看清美国的虚伪丑陋，使美国的国家信誉进一步破产。连美国共和党议员马乔丽·格林都说："佩洛西没有留在国内，解决困扰美国人民的问题。她已经掌握了几十年的权力，而整个国家却在崩溃。这种捍卫民主的假'勇气'已经够多了。"佩洛西面对的是占全人类1/5人口的中国，挑衅的是14亿多中国人民。民意不可欺，民意不可违。佩洛西凭借此"秀"到底流芳百世还是遗臭万年，相信历史会给出公正答案。

2022年8月4日 中国国务委员兼外长王毅在金边出席东亚合作系列外长会期间就美方侵犯中国主权的挑衅行为进一步阐述中方立场。王毅表示，美方践踏国际法，违背双边承诺，破坏台海和平，支持分裂主义，鼓吹阵营对抗，是对中国人民与爱好和平的地区各国人民的公然挑衅，是必然带来恶劣影响的一场政治赌博。王毅说，佩洛西的表演，是美国政治、美国外交和美国信誉的再一次破产，证明美国是台海和平的最大破坏者，是地区稳定的最大麻烦制造者，证明美国的"印太战略"极其具有对抗性和危害性，证明美国对国际规则的虚伪与双标。如果中方不对美方这种狂躁、不负责任、极不理性的行径予以坚决抵制，尊重主权和领土完整的国际关系原则将成为一纸空文，各种分裂分子和极端势力将会变本加厉，本地区得来不易的和平稳定局面将受到严重损害。王毅强调，这次事件是美方一手策划和挑起的，前因后果一清二楚，是非曲直一目了然。为避免这场强加于中国的危机，中方作出了最大程度的外交努力，但同时我们绝不会容许危害中国的核心利益和民族复兴进程，绝不会坐视美国打"台湾牌"服务国内政治和政客的私欲，绝不会姑息在本地区制造紧张、挑动对抗和策动分裂。中方当前和今后采取的综合措施，是必要、及时的防守反制，经过慎重考虑和认真评估，旨在维护国家主权和安全，符合国际法和国内法，是对挑衅者的警示，也是对地区稳定和台海和平的维护。各方应认清当前危机的肇因和实质，共同反对美方的冒险与挑衅，继续支持中方的正当立场与举措，共同维护地区和台海和平。

2022年8月5日　中国国务委员兼外长王毅在金边出席东亚合作系列外长会后，面向中外媒体举行记者会。王毅说，我愿就台湾问题阐述中方的立场，考虑到美方刚刚就此散布了不少虚假信息和不实之词，更需要我们讲清事实，以正视听。王毅表示，美国众议长佩洛西不顾中方坚决反对和反复交涉，实际上在美国政府的纵容和安排下，明目张胆窜访中国台湾地区，这一倒行逆施严重侵犯中国主权，严重干涉中国内政，严重违背美方所作的承诺，严重危害台海和平稳定。中方理所当然要作出坚决回应。我们的立场正当、合理、合法，我们的举措坚定、有力、适度，我们的军事演训公开、透明、专业，符合国内法、符合国际法、符合国际惯例，旨在向肇事分子发出警示，对"台独"势力进行惩戒。我们将坚定维护中国的主权和领土完整，坚决遏阻美国"以台制华"的图谋，坚决粉碎台湾当局"倚美谋独"的幻想，同时，我们也是在维护国际法和国际关系基本准则，尤其是联合国宪章中规定的不干涉内政这一最为重要的国际法则。如果不干涉内政原则被无视、被抛弃，这个世界将重回丛林法则，美国将更加肆无忌惮地以所谓实力地位对待欺负其他国家，尤其是广大中小国家。我们不能允许这种事情发生，各国也应团结起来，不允许这种事情发生，不允许人类文明进程倒退。王毅说，正因为如此，已经有100多个国家公开站出来，重申坚定奉行一个中国政策，理解和支持中方的正当立场。联合国秘书长古特雷斯明确强调，联合国将继续坚持联大第2758号决议。核心就是一个中国原则，即世界上只有一个中国，中华人民共和国政府是代表全中国的唯一合法政府，台湾是中国的一部分。这才是国际社会共同的正义之声。王毅强调，美国"以台制华"只是空想，丝毫阻遏不了台湾回归祖国的历史大势，丝毫阻挡不了中华民族走向伟大复兴的历史进程。"台独"势力"倚美谋独"更是幻想，注定死路一条，脖子上的绞索只会越来越紧。王毅表示，佩洛西的台湾之行实际上沦为一场闹剧，搬起石头砸了自己的脚，反而巩固了国际社会的一中共识，激发了中国人民团结一致，加快建设社会主义现代化强国，实现祖国统一的意志和决心。针对美辩称美众议长访台曾有过先例，王毅强调，当年美众议长金里奇对台湾的访问是一个严重错误，中国政府当时就予以强烈反对。美国没有任何权利和资格再犯同样错误，不能把过去的错误当成今天重犯的借口和理由。难道美国要把历史上干过的坏事、丑事都再做一遍吗？针对美方称中方改变台海现状，王毅表示，这完全是造谣和污蔑。台湾从来不是一个国家，中国只有一个，两岸同属一国，这就是台湾自古到今的现状。1978年中美建交公报中明确强调，中华人民共和国政府是代表全中国的唯一合法政府，台湾是中国的一部分，这就是几十年来一直不变的台海现状。但这个现状确实被打破了。破坏者不是中国，而是美国和台湾分裂势力。2000年，美方把单方面炮制的所谓"与台湾关系法"置于中美三个联合公报之前，这不是改变现状吗？前几年，美方把秘而不宣的所谓"对台六项保证"公然放在美国一中政策表述中，这不是改变现状吗？不是在掏空一中政策吗？建议美国当政者重新把三个联合公报拿出来好好看一看，就知道什么才是真正的台海现状，是谁改变了台海现状。台湾方面同样如此。民进党上台后不断推进"渐进式台独"，大搞"去中国化"，在各种场合制造"两个中国""一中一台"，这难道不是在明目张胆改变现状吗？如果孙中山先生泉下有知，也会指着蔡英文的鼻子，称她为不肖子孙。针对有报道称美方正在加大在本地区的军事部署，王毅表示，希望各方对此高度警惕。美方的惯用手法就是先制造问题，然后利用问题实现自己的目标，但是在中国面前，这套做法行不通！我们要严正警告，美国不要轻举妄动，不要制造更大的危机。针对美国国务卿布林肯在会上表示，美方希望遵守国际法，维护各国国家主权和领土完整。王毅说，我们很长时间没有听到美方这样的表态了，美国迄今干了多少侵犯别国主权和领土完整的事情，如果真能改邪归正，我们予以鼓励，但关键是要落到实处。首先应该在台湾问题上履行尊重中国主权和领土完整的承诺，不要再干涉中国内政，不要再纵容和支持"台独"势力。

2022年8月5日　针对美国国会众议长佩洛西不顾中方强烈反对和严正交涉，执意窜访中国台湾地区，中国外交部8月5日宣布采取以下反制措施：

一、取消安排中美两军战区领导通话。

二、取消中美国防部工作会晤。

三、取消中美海上军事安全磋商机制会议。

四、暂停中美非法移民遣返合作。

五、暂停中美刑事司法协助合作。

六、暂停中美打击跨国犯罪合作。

七、暂停中美禁毒合作。

八、暂停中美气候变化商谈。

2022年8月5日　中国外交部发言人宣布中方对美国国会

众议长佩洛西实施制裁。美国国会众议长佩洛西不顾中方严重关切和坚决反对执意窜台，严重干涉中国内政，严重损害中国主权和领土完整，严重践踏一个中国原则，严重威胁台海和平稳定。针对佩洛西恶劣挑衅行径，中方决定，根据中华人民共和国有关法律，对佩洛西及其直系亲属采取制裁措施。

2022年8月5日 针对美国白宫国安会战略沟通协调员等官员声称，中国对佩洛西窜访台湾反应过度一事，中国外交部发言人华春莹表示，目前的局面完全是佩洛西及美国政客一手造成的。美方官员这种论调，让人有种看"穿新衣的皇帝"的感觉，美方这种傲慢、自私、虚伪、霸道的毛病真的应该好好改一改了。当前台海局势紧张的前因后果一清二楚，是非曲直一目了然，美方是主动挑衅者和危机制造者。台湾问题的本质不是所谓民主问题，而是事关中国主权和领土完整的重大原则问题。美方应该换位思考，如果美国某一个州试图从美国分裂出去并单独建国，而另一个国家向其提供武器和政治支持，美国政府和人民能够允许吗？佩洛西窜台事件是升级美台实质关系的严重挑衅举动，严重违反一个中国原则，严重践踏国际关系基本准则，严重损害中国主权和领土完整。中方作出了最大程度的外交努力，通过各渠道反反复复警告美方佩洛西窜台事件的严重性、危害性，明确指出中方不会坐视不理，不会给"台独"分裂势力任何空间，由此造成的一切后果由美方全部负责。国际社会各方也纷纷发出预警，指出佩洛西窜台是完全不必要的恶意挑衅，将引发严重危机。可惜，美方对此置若罔闻，一意孤行。美方恶意挑衅在先，中方正当防卫在后。中方有关反制举措是对挑衅者的必要警示、对国家主权和安全的正当捍卫。现在美方及其几个跟班跳出来指责中方反应过度，如果他们真关心地区和平稳定，他们为什么不早点站起来劝阻佩洛西窜访？早知如此，何必当初?!在涉及中国主权和领土完整的问题上，中国采取的反制措施是正当的、必要的、恰当的，毫不过度。美国作为这场危机的肇事者和始作俑者，应该也必须为此承担全部责任。中方有关举措也是对地区和平稳定以及国际法和国际关系基本准则的坚决维护。几十年来，我们看到美国以及以美国为首的北约对国际法合则用，不合则弃，编造诸如大规模杀伤性武器等各种所谓"威胁"借口，甚至不需任何理由就对别的主权国家大打出手、发动军事战争，在南联盟、伊拉克、利比亚、叙利亚、阿富汗等地制造了多少人间悲剧和惨案？造成了多少无辜平民伤亡、多少家庭妻离子散、家破人亡，他们对此有过任何反思反省吗？对自己造成的严重后果和灾难有过任何愧疚吗？他们对这些国家人民有过任何道歉吗？有过任何赔偿吗？在21世纪的今天，我们绝不能允许美国自诩世界警察、国际判官，继续把别的主权国家当作可以随意跪杀的弗洛伊德。如果中国面对美方步步紧逼的干涉内政和损害主权行为无动于衷，不对美方狂躁、不负责任的行径予以坚决抵制，尊重主权和领土完整等联合国宪章宗旨和国际关系基本准则就将沦为一纸空文，占世界人口80%以上的广大发展中国家将随时可能成为下一个目标。正因如此，已经有160多个国家近日发出正义的声音，重申坚持一个中国政策，支持中国坚决维护自身主权和领土完整。这是一场霸权与反霸权、干涉与反干涉、分裂与反分裂的重大斗争。中国历史上饱受列强侵略，今天仍然遭到美国及其几个伙计不时粗暴干涉内政、损害中国主权安全。但是，中国已经不再是120年前的中国，中国也不是伊拉克、叙利亚和阿富汗。中国人民绝不允许外来势力欺负、压迫、奴役我们，谁妄想这样干，必将在14亿多中国人民用血肉筑成的钢铁长城面前碰得头破血流。中国政府和中国人民在台湾问题上的立场是一以贯之的，坚决维护中国国家主权和领土完整是14亿多中国人民的坚定意志。希望美国和那几个所谓"民主"国家跟班清楚认识到这一点，重视和尊重占人类五分之一人口的中国人民的核心利益和坚定意志。

2022年8月6日 由美中友好协会、美国纽约大都会职业棒球俱乐部联合主办的第13届"中华之夜"活动在纽约花旗球场精彩举办。中国驻纽约总领事黄屏应邀出席活动，并在新闻发布会上发表致辞，为当晚比赛开球。美中友好协会会长张锦平、纽约大都会棒球队代表约翰·里科、纽约州长办公室副主任孙雯、纽约市议员马泰、纽约市长代表郑祺蓉及领区各界代表出席了此次活动。

2022年8月7日 中国国务委员兼外长王毅在访问孟加拉国期间，针对最新形势和美方无理狡辩，指出美方在佩洛西窜访中国台湾地区上犯了三个方面的错误。一是粗暴干涉中国内政。美方不顾中方反复劝告警示，一意孤行，安排美政府三号人物到中国台湾地区进行所谓"访问"。须知，台湾不是美国的一部分，而是中国的领土，美方自己也作出过公开承诺。美方的行径，是在严重侵犯中国主权。二是纵容支持"台独"势力。任何国家都必须维护国家统一，都不容许分裂势力肆意妄为。台湾地区执政的民进党把谋求独立写入党纲，近年来，千方百计搞渐进式"台独"，制造"两个中国"和"一中一台"。美国会众议长公开为其撑腰打气，与分裂势力为伍，与中国人民为敌。三是蓄意破坏台海和平。美国惯于先制造一个问题，再利用这个问题实现自身战略图谋。有迹象表明，美国在策划佩洛西窜访问题上又想故伎重演，正在借机加大地区军事部署，这值得各方高度警惕和坚决抵制。王毅说，中方的坚定立场和采取的举措正当、合理、依法、必要、公开、适度，旨在维护中国的神圣主权和领土完整，遏阻美国"以台制华"的图谋，粉碎台当局"倚美谋独"的幻想，真正维护好台海的和平、地区的稳定。王毅强调，不干涉内政原则是国与国交往的"黄金法则"，是发展中国家维护自身主权安全的"护身法宝"。我们感谢各国对中方立场的理解和支持。在单边霸凌行径不时横行的今天，国际社会应就此形成更明确的共识，发出更有力的声音，共同维护国际关系的基本准则和国际法，共同维护所有发展中国家的正当权益。

2022年8月9日 应《福布斯》杂志邀请，中国驻美使馆出席了福布斯第四届美中商业论坛。出席论坛的还包括美中关系全国委员会主席欧伦斯、美中贸易全国委员会会长艾伦、上海美国商会董事会主席谭森、美国中国总商会会长胡威及中美两国企业代表。

2022年8月9日 新华社发布了《美国在国内国际上实施强迫劳动的事实真相》报告。

2022年8月9日 中国人权研究会发布了《美国在中东等地犯下严重侵犯人权罪行》报告。

2022年8月10日 中国国务委员兼外长王毅近日在与蒙古国、韩国、尼泊尔外长接触中，针对台海局势新动向，阐明了中方的立场。王毅强调，美国众议院议长佩洛西窜访中国台湾地区，已被证实是一场彻头彻尾的政治挑衅。此举严重违反美方作出的承诺，严重侵犯中国的主权。中方从捍卫自身的主权和领土完整出发，从维护不干涉内政这一国际关系基本准则出发，从真正维护好台海的和平稳定出发，当然要作出必要和坚决的反制。王毅指出，这次窜访也已被证明是一场彻头彻尾的政治闹剧。佩洛西的表演只会使国际社会更加认清美国霸权霸凌的本质，只会让各国坚持一中政策的共识更加牢固，只会使中国人民更加团结一心，坚定不移推进国家统一大业。王毅说，台海形势目前还在发展，我们尤其要警惕三个危险动向：一是警惕美国不甘心失败，纠集一些伙计拱火浇油，加大地区军事部署，推动形势进一步升级，图谋制造新的更大危机。二是警惕"台独"势力误判形势，不自量力，继续加紧内外勾连，在分裂国家和民族的道路上一意孤行，越走越远。三是警惕一些国家的政治人物罔顾是非，跟风炒作，甚至企图借机效仿，进行政治表演，谋取政治私利。这将严重破坏与中国交往的政治基础，严重冲击联合国宪章和二战后国际体系。王毅说，中国政府正式发布了《台湾问题与新时代中国统一事业》白皮书，全面阐述了台湾问题的历史经纬和政策主张，旨在正本清源，向世界发出最权威的声音。我们愿与热爱和平、主持公道的各国朋友们一起，坚决反对一切干涉中国内政的言行，坚决抵制一切破坏台海和平的冒险动向，共同守护好一个中国原则，共同捍卫联合国宪章宗旨原则，共同维护地区稳定与世界和平。

2022年8月10日 针对美国国会众议长佩洛西窜访台湾回国后发表的有关错误言论，中国外交部发言人汪文斌表示，中方一贯反对美国议员窜访台湾。佩洛西是美国第三号政治人物，坐着美国军机赴台，在窜台期间张口闭口代表美国，声称这是一次官方访问，民进党当局更宣扬佩洛西窜台是"台美关系"重大突破。这些都充分表明，佩洛西窜台是升级美台交往的重大政治挑衅，违背美在中美《建交公报》中所作的仅与台保持非官方关系的承诺，违背国际社会广泛认可并由联大第2758号决议所确认的一个中国原则，违背《联合国宪章》确立的不干涉内政的国际法准则。中方4个多月前就已通过各种渠道、各个层级反复向美方表明坚决反对佩洛西窜台的严正立场，但美方对中方的劝阻和警告置若罔闻，一意孤行。是美国违背承诺而不是中国违背承诺，是美国侵犯中国主权而不是中国侵犯美国主权，是美国纵容支持"台独"分裂活动而不是中国纵容支持美国的分裂活动。美方挑衅滋事在前，中方正当反制在后，合理、合法、必要、适度。美方在虚化、掏空、歪曲一个中国原则的道路上越走越远，却指责中方改变现状。美方每年在中国周边海域搞的军演达上百次，却指责中方反应过度。对于这种强盗逻辑，中方不会接受，国际社会也不会认可。对于美方侵犯中国主权、干涉中国内政的严重挑衅行径，只要美方做一次，中方必定坚决斗争一次，绝不允许中国主权和领土完整受到肆意践踏和破坏。如果美方真的像其说的那样希望遵守国际法、希望维护各国主权和领土完整，就应当老老实实回到一个中国原则和中美三个联合公报上来，不要轻举妄动，不要一条道走到黑，而是要趁早打消"以台制华"的念头，为中美关系稳定发展、为台海和平稳定多做正事、实事。

2022年8月11日　针对美国商务部长雷蒙多接受彭博社采

访时声称，拜登总统对于特朗普政府时期美国对华加征的关税采取非常谨慎的态度，正在权衡各种选项一事，中国外交部发言人汪文斌表示，中方已经多次指出，贸易战没有赢家。美方单边加征关税不利于美国，不利于中国，不利于世界。尽早取消全部对华加征关税，有利于美国，有利于中国，有利于世界。当前台海局势紧张的前因后果一清二楚，是非曲直一目了然，美方是主动挑衅者和危机制造者。美方应当切实认清佩洛西窜台的恶劣性质，深刻反思由此造成的严重后果，立即纠正错误。美国不要指望中方会拿自己的核心利益做交易，而应老老实实回到一个中国原则和中美三个联合公报上来。

2022年8月12日 针对美国会众议长佩洛西等参与亚洲之行的美议员日前举行记者会一事，中国外交部发言人汪文斌指出，佩洛西的言论进一步证明其窜访中国台湾地区是对"台独"分裂势力的纵容支持。佩洛西公然将台湾称为"国家"，是违背一个中国原则和中美三个联合公报规定的严重政治挑衅。民进党当局在岛内大搞"去中国化""渐进台独"，在国际上竭力制造"两个中国""一中一台"。佩洛西在此情况下窜台，高调宣称代表美国，显然是一次官方性质的访问，旨在挑动两岸对立，干涉中国内政，性质极为恶劣。中方从捍卫自身主权和领土完整出发，从维护不干涉内政这一国际关系基本准则出发，从真正维护好台海和平稳定出发，完全有权，也十分必要对美方挑衅作出坚决反制。佩洛西拿所谓民主做幌子，为她窜访台湾找借口，完全是徒劳的。佩洛西窜台无关民主，而是违背包括台湾同胞在内的14亿多中国人民意志、挑战国际社会公认的一个中国原则的政治作秀，是对民主的践踏，是美国一己私利凌驾于国际公义之上的体现。佩洛西如果真的在乎民主与人权的话，她应当去访问阿富汗、伊拉克、叙利亚、利比亚，向数十万死于美军炮火下的无辜百姓表示忏悔，誓言绝不让美国肆意违反《联合国宪章》和国际关系准则的恶行再次上演。中方将与热爱和平、主持公道的各国朋友一起，坚决反对一切干涉别国内政的言行，坚决抵制一切破坏地区和平的冒险动向，共同捍卫联合国宪章宗旨原则，共同维护地区稳定与世界和平。

2022年8月15日　针对美国国会参议员马基率领议员团于周日抵达台北进行访问一事，中国外交部发言人汪文斌指出，美参议员马基一行不顾中方严正交涉和坚决反对，执意窜访中国台湾地区，公然违反一个中国原则和中美三个联合公报规定，侵犯中国主权和领土完整，向"台独"分裂势力发出严重错误信号。一个中国原则是国际社会普遍共识和国际关系基本准则，也是中美建交和两国关系发展的政治基础。实现中国统一是不可阻挡的历史大势，是中国人民坚不可摧的共同意志。中方再次敦促美方恪守一个中国原则和中美三个联合公报规定，慎重妥善处理涉台问题，停止在虚化、掏空、歪曲一个中国原则的错误道路上越走越远，以免对中美关系和台海和平稳定造成进一步损害。中方将采取坚决有力措施，捍卫国家主权和领土完整。美国少数政客与"台独"分裂势力沆瀣一气，妄图挑战一个中国原则，不自量力，注定失败。

2022年8月15日　针对美联邦参议员马基日前窜访中国台湾地区一事，中国国台办发言人马晓光在答记者问时表示，美国某些政客和议员窜访中国台湾地区是违背美方在台湾问题上作出的严肃承诺、蓄意破坏台海地区和平稳定的又一例证。这种错误行为严重违反一个中国原则和中美三个联合公报规定，我们对此坚决反对。美国某些人不汲取佩洛西窜台严重后果的教训，民进党当局一再拉拢外部反华势力谋"独"挑衅，充分暴露美"以台制华"和民进党当局"倚美谋独"险恶用心。我们捍卫国家主权和领土完整的斗争得到国际社会广泛支持。正告民进党当局，如果在挟洋自重、谋"独"挑衅的路上不知收敛，必将遭到更严厉的打击。

2022年8月16日 中共中央台办发言人受权宣布对列入清单的一批"台独"顽固分子等人员实施制裁。发言人指出，"台独"分裂是祖国统一的最大障碍，是民族复兴的严重隐患。一段时期以来，少数"台独"顽固分子为一己之私，极力勾连外部势力进行谋"独"挑衅，蓄意挑动两岸对立，肆意破坏台海和平稳定，在佩洛西窜台期间表现尤为恶劣，进一步暴露其冥顽不化的谋"独"本性。大陆方面绝不容忍任何分裂国家的行径，绝不容任何外部势力干涉祖国统一进程，绝不为任何形式的"台独"分裂活动留下任何空间。发言人说，为维护两岸关系和平发展和两岸同胞切身利益、坚决打击"台独"顽固分子，决定公布萧美琴、顾立雄、蔡其昌、柯建铭、林飞帆、陈椒华、王定宇等为列入清单的"台独"顽固分子，对他们及前已公布的苏贞昌、游锡堃、吴钊燮采取以下惩戒措施：禁止其本人及家属进入大陆和香港、澳门特别行政区，限制其关联机构与大陆有关组织、个人进行合作，绝不允许其关联企业和金主在大陆谋利，以及采取其他必要的惩戒措施，依法终身追责。决定对游锡堃担任董事长的"台湾民主基金会"的执行长、吴钊燮担任董事长的"国际合作发展基金会"的秘书长实施制裁，禁止其进入大陆和香港、澳门特别行政区。发言人指出，统一是历史大势，是正道。"台独"是历史逆流，是绝路。今天公布的"台独"顽固分子名单，不是清单的全部。我们正告"台独"顽固分子必须悬崖勒马，胆敢以身试法，必将遭受严厉惩罚。任何人不要低估我们捍卫国家主权和领土完整的坚强决心、坚定意志、强大能力！我们希望广大台湾同胞认清极少数"台独"分裂分子的害台本性，看清自身利益福祉所系，自觉与"台独"分裂分子划清界限，坚决抵制、反对"台独"分裂活动，与大陆同胞携手推动两岸关系和平发展，推进祖国统一进程。

2022年8月17日 针对美国白宫国安会"印太"事务协调员坎贝尔日前在电话吹风会上指责中方对佩洛西窜台反应过度一事，中国外交部发言人汪文斌表示，美方高官的有关表态，完全是颠倒黑白、混淆是非，充分暴露了美方的强词夺理、强盗逻辑和强权做派。他强调：第一，这次事件是美方一手策划和挑起的，前因后果一清二楚，是非曲直一目了然。美国无端挑衅在先，中方正当维权在后。佩洛西在美国政府的纵容和安排下，明目张胆窜访中国台湾地区，这一倒行逆施严重侵犯中国主权，严重干涉中国内政，严重危害台海和平稳定。中方理所当然要作出坚决回应。我们的立场正当、合理、合法，我们的举措坚定、有力、适度。目的是向肇事分子发出警示，对"台独"势力进行惩戒。全球已有170多个国家表示坚持一个中国原则、反对美方挑衅，其中包括20位国家元首、7位国家副元首、9位政府首脑、约60国外长以及联合国等10余个国际组织，形成压倒性声势。如果中方不对美方狂躁、不负责任、极不理性的行径予以坚决抵制，尊重主权和领土完整的国际关系原则将成为一纸空文，各种分裂分子和极端势力将会变本加厉，本地区得来不易的和平稳定局面将受到严重损害。第二，破坏台海和平稳定的是美方，不是中方。台湾从来不是一个国家，中国只有一个，两岸同属一国，这就是台湾自古到今的现状。1978年中美《建交公报》中明确强调，中华人民共和国政府是代表全中国的唯一合法政府，台湾是中国的一部分，这就是几十年来一直不变的台海现状。但这个现状确实被打破了。破坏者不是中国，而是美国和台湾分裂势力。2000年，美方把单方面炮制的所谓"与台湾关系法"置于中美三个联合公报之前。前几年，美方把秘而不宣的所谓"对台六项保证"公然放在美国一中政策表述中。民进党上台后不断推进"渐进式台独"，大搞"去中国化"，在各种场合制造"两个中国""一中一台"，这些才是改变现状的行为。第三，美方单方面炮制的"与台湾关系法"和"对台六项保证"与中美三个联合公报原则和国际关系基本准则背道而驰，中方从一开始就坚决反对。美方不断改变现状，不断"切香肠"，在虚化、掏空、歪曲一个中国原则的道路上越走越远，试图突破中国的红线和底线。但美方"以台制华"纯属痴心妄想。佩洛西制造的这场闹剧，根本不可能影响台湾回归祖国的历史大势，也丝毫不会损害一个中国的国际共识，更阻挡不了中华民族走向伟大复兴的历史进程。中国人民不信邪、不怕鬼，捍卫核心利益坚定不移。我们严正警告美方不要轻举妄动，不要制造更大的危机。玩火者绝对没有好下场，犯我中华者，必将受到惩处。第四，中方事先早已多次正告美方，佩洛西窜台是制造危机，将给双方交流合作造成重大干扰和破坏。美方对此置若罔闻，一意孤行。佩洛西窜台严重损害中方核心利益，中方当然要予以坚决回应。美方必须承担由此产生的一切后果。中方有言在先，说到做到，美方不应感到意外。受佩洛西窜台严重影响，中方不得不暂停中美双边气候变化商谈。美国不代表全世界，中方将一如既往积极参与应对气候变化国际和多边合作，继续坚定不移地推进碳达峰碳中和目标，积极参与气候变化主要渠道谈判，向发展中国家提供力所能及的支持和帮助，为应对气候变化这一全球性挑战作出自身贡献。美方要做的不是无端批评、恶意抹黑他国，而是认真履行自己应尽的义务，落实早就作出的承诺，不要混淆是非，转移视线。中方再次敦促美方恪守尊重他国主权和领土完整、不干涉内政的国际关系基本准则，回到一个中国原则和中美三个联合公报规定的正确道路上来，停止损害中方核心利益的言行，为中美合作创造必要条件。

2022年8月17日 今天是中美《八一七公报》发表40周年，中国外交部发言人汪文斌在例行记者会上就此答记者问时指出，世界上只有一个中国，台湾是中国领土不可分割的一部分。中华人民共和国政府是代表全中国的唯一合法政府。43年前，中美正是在一个中国原则基础上建立了外交关系。40年前的今天，中美共同发表了《八一七公报》。美方在公报中明确承诺，不寻求执行一项长期向台湾出售武器的政策，美售台武器在性能和数量上将不超过中美建交后近几年的供应水平，准备逐步减少向台湾出售武器，并经过一段时间导致最后的解决。《八一七公报》和《上海公报》《建交公报》等三个中美联合公报构成中美关系的政治基础，其核心要义都是一个中国原则。正是由于美国承认中华人民共和国政府是中国的唯一合法政府，承认中国的立场，即只有一个中国，台湾是中国的一部分，并在此基础上履行了中方提出的"断交、废约、撤军"三个前提条件，中美这两个社会制度、意识形态、发展水平存在巨大差异的国家才能够开展对话合作，并取得惠及双方、造福全球的重要成果。但美方在执行一个中国原则上采取了一系列倒退做法，大幅放宽美台官方交往约束，美台军事联系更趋频繁，美国售台武器的规模和性能不断提升。前不久美众议长佩洛西不顾中方反对窜访中国台湾地区，公然违背美方只与台发展非官方关系的承诺。美方还不断虚化、掏空一个中国原则。一个中国原则是中美恢复交往和发展关系的政治基础。美方违背承诺，在偏离一个中国原则的道路上越走越远，必然对两国互信造成严重破坏。一个中国原则也是维护台海和平稳定的定海神针。美方背弃一个中国原则，同"台独"势力相互勾连，纵容支持分裂活动，不断打破台海现状，必须为台海局势紧张升级负完全责任。一个中国原则为联大第2758号决议所确认，构成二战后国际秩序的组成部分，成为国际社会普遍共识和公认的国际关系基本准则。美方背弃一个中国原则，也是在挑战战后国际秩序，必然遭到国际社会普遍反对。实践表明，维护一个中国原则，中美关系就能顺利发展，台海和平就能得到有力保障。破坏一个中国原则，中美关系就会出现波折和倒退，台海局势就会面临严峻挑战。当前中美关系正处在关键当口。破坏一个中国原则是冒险和不负责任。正如曾部分参与起草中美三个联合公报的基辛格博士前不久所指出的，"坚持一个中国原则十分关键。美国不应该采取欺骗性手段或渐进方式推动'两个中国'方案"。希望美方总结历史经验和教训，回到中美三个联合公报规定上来，将一个中国原则不折不扣地落到实处，不要在歪曲、篡改、虚化、掏空一个中国原则的错误道路上越走越远。

2022年8月18日 中国驻旧金山总领事张建敏在美国塞勒姆市会见了俄勒冈州州长凯特·布朗。

2022年8月18日 针对美国国务卿布林肯日前访非期间再度炒作所谓"中国债务陷阱论"一事，中国外交部发言人汪文斌表示，所谓"中国债务陷阱"完全是美西方为转嫁自身责任炮制的谎言，根本站不住脚。第一，商业和多边债权人是发展中国家的主要债权方。世界银行国际债务数据库显示，截至2020年年底，82个低收入和中等偏下收入国家公共外债结构中，商业和多边债权人分别占比40%和34%，双边官方债权人仅占26%，中国占比不足10%。第二，近年来发展中国家债务增量主要来自西方商业债权人和多边机构。据世界银行统计，2015年至2020年间，中低收入国家新增的4752亿美元公共外债中，商业、多边和双边官方债务占比分别为42%、35%和23%，其中商业债务主要来自国际金融市场主权债券融资，占比达39%。欧洲债务与发展委员会（Eurodad）针对31个重点债务国进行研究，发现95%的主权债券被西方金融机构持有。第三，发展中国家中长期偿付债务主要流向西方商业债权人和多边机构。世界银行测算，未来7年内中低收入国家共须还本付息9400亿美元。其中，向西方商业债权人和多边机构分别偿还3566亿美元和2730亿美元，合计占比达67%；向中国政府和商业机构偿还1308亿美元，仅占14%。西方金融机构占绝对主导的主权债券持有者将收回超3000亿美元，是有关国家最大偿债压力源。第四，西方商业债权人融资成本远高于中方。以非洲地区为例，英国"债务正义"机构根据世界银行数据库测算，中国对非官方和商业贷款利率不仅低于其他国家商业利率（5%），更远低于非洲开发银行披露的非洲国家10年期主权债券利率（4%—10%）。此外，中方提供主权贷款采用固定利率，而西方商业债权人多以浮动利率计息。随着美元进入加息周期，进一步加重了债务国还款压力。第五，西方商业债权人和多边机构缺席国际减缓债行动。中方全面落实二十国集团缓债倡议，是最大贡献方。相较之下，债权占比最大的西方商业债权人和多边机构以维护自身信用评级为借口，始终拒绝参与有关缓减债行动，未对缓解发展中国家债务负担作出可比贡献。一些美西方政客和媒体枉顾事实，渲染炒作所谓"中国债务陷阱"，实质是企图制造离间中国同发展中国家关系、破坏中国同发展中国家合作、干扰发展中国家发展的"话语陷阱"。广大发展中国家和国际社会有识之士是不会上当的。

2022年8月18日　针对美台将启动所谓"美台21世纪贸易倡议"谈判一事，中国国台办发言人马晓光在答记者问时表示，我们坚决反对美国与中国台湾地区洽商任何具有主权意涵或官方性质的协议。我们敦促美方以实际行动恪守一个中国原则和中美三个联合公报规定。企图打"台湾牌"，阻止中国统一和民族复兴，不会得逞。马晓光表示，正告民进党当局，打着经贸合作的幌子，勾连外部势力，出卖岛内民众的利益，谋取政治私利的恶劣行径必遭清算。

2022年8月19日　针对美国国务院亚太事务助理国务卿康达近日声称中国对佩洛西访台反应过度一事，中国外交部发言人汪文斌表示，佩洛西众议长窜访中国台湾地区的事实经纬清清楚楚，是非曲直一目了然。是美方违背对"一个中国"的承诺，损害中国主权和领土完整，而不是中方违背承诺，损害美国主权和领土完整。是美国领导人跑到台湾支持"台独"分裂活动，而不是中方跑到美国支持阿拉斯加"独立"。中方对美方挑衅作出坚决回应，合理合法，天经地义，得到国际社会的广泛理解和支持。美方要想解决问题，出路只有一条，就是回到中美三个联合公报和一个中国原则上来，而不是推卸责任、倒打一耙，更不应轻举妄动，试图制造更大的危机。中方捍卫国家主权和领土完整的决心坚定不移，奉劝美方不要误判。

2022年8月22日 中国外交部发言人就美国驻华大使8月19日发表的涉台错误言论答记者问时指出，伯恩斯大使的有关表态颠倒黑白，再次暴露了美方的强词夺理和霸权逻辑。美国国会众议长佩洛西窜访台湾前，中方在各个层级多次向美方提出严正交涉，反复强调佩洛西窜台的严重性、危害性，明确指出由此造成的一切后果由美方承担，勿谓言之不预。佩洛西抵台后，谢锋副部长第一时间紧急召见伯恩斯大使，代表中国政府向美方提出严正交涉和强烈抗议，指出美方一意孤行，必须为自己的错误付出代价，必须立即纠正错误，采取切实措施消除佩洛西窜台恶劣影响。然而，美方不思悔改，反而倒打一耙。美方高级官员轮番上阵，歪曲事实，企图推卸造成台海局势紧张的责任，把脏水泼到中方头上。8月8日晚，谢锋副部长再次召见伯恩斯大使，就美方对中方反制佩洛西窜台大放厥词提出严正交涉。我们指出，挑起危机的是美方，不是中方；改变台海现状的是美方，不是中方；破坏台海和平稳定的是美方，不是中方；在全世界特别是在亚太耀武扬威的是美方，不是中方；

挥舞制裁大棒、霸凌全世界的是美方，不是中方；破坏中美关系政治基础、毫无沟通诚意的是美方，不是中方；破坏中美合作的是美方，不是中方。中方强调，明明是美方挑衅在先，把一场本可避免的危机强加给中国人民，却栽赃中方挑起危机；明明是美方不断"切香肠"、越红线，破坏一中原则，破坏台海现状，却诋毁中方改变现状；明明是美方在中国家门口大搞"炮舰外交"，却对中方正当合法、专业透明的军事演训污名化妖魔化；明明是美方破坏台海和平稳定，却将挑衅和升级紧张局势的脏水泼到中方身上；明明是美方肆意侵犯中方主权和领土完整，践踏中方底线，却污蔑中方反应过度、制造危机。美方做法毫无底线！不是中国不负责任，而是佩洛西极不负责任，美国政府极不负责任。一个中国原则是中国核心利益中的核心。任何国家、任何势力、任何人都不要低估中国政府和人民捍卫国家主权和领土完整、实现国家统一和民族复兴的坚强决心、坚定意志和强大能力。中方再次敦促美方恪守尊重他国主权和领土完整、不干涉内政的国际关系基本准则，回到一个中国原则和中美三个联合公报规定的正确道路上来，停止一切损害中方核心利益的言行。同日，中国外交部发言人就美国印第安纳州州长霍尔科姆窜访中国台湾地区一事答记者问指出，台湾是中国领土不可分割的一部分。台湾问题始终是中美关系中最重要最敏感最核心的问题。中方一贯坚决反对美以任何形式、任何名义与台开展官方交往，已就印第安纳州州长霍尔科姆窜台向美方提出严正交涉。中方敦促美有关方面恪守一个中国原则和中美三个联合公报规定，停止与台一切形式官方往来。

2022年8月24日 中国驻美国大使馆同美国史密森学会国

家动物园共同举办"大熊猫之夜"招待会，庆祝大熊猫抵美50周年暨展映《小奇迹》纪录片。使馆外交官及美各界嘉宾300余人参加了此次活动。

2022年8月24日 新华社播发题为《佩洛西窜台的若干事实》的文章。

2022年8月26日 中国驻旧金山总领事张建敏应邀访问旧金山大学，并与该校校长保罗·菲兹杰拉德进行了会谈。

2022年8月26日 中国外交部发言人就美国田纳西州共和党联邦参议员布莱克本于8月25日至27日窜访台湾一事答记者问表示，美国会有关议员窜访中国台湾地区，严重违反一个中国原则和中美三个联合公报规定，违反美方作出的仅同台湾保持非官方关系的承诺，中方对此强烈不满和坚决反对。世界上只有一个中国，台湾是中国领土不可分割的一部分，中华人民共和国政府是代表全中国的唯一合法政府。中方坚决反对"台独"分裂和外部干涉的决心坚定不移。我们敦促美方有关政客恪守一个中国原则和中美三个联合公报规定，立即停止与台开展任何形式的官方往来，立即停止向"台独"分裂势力发出任何错误信号。中方将继续采取有力措施，坚决维护国家主权和领土完整。

2022年8月28日 针对美"安提坦"号、"钱斯洛斯维尔"号巡洋舰过航台湾海峡并公开炒作之事，东部战区新闻发言人施毅表示，8月28日，美"安提坦"号、"钱斯洛斯维尔"号巡洋舰过航台湾海峡并公开炒作，中国人民解放军东部战区对美舰过航行动全程跟监警戒，一切动向尽在掌握。战区部队保持高度戒备，随时做好挫败任何挑衅准备。

2022年8月29日 针对两艘美国军舰上周日过航台湾海峡的"国际水域"之事，中国外交部发言人赵立坚表示，东部战区新闻发言人已经就此作出回应。对于美国军舰过航行动，东部战区全程跟踪监视，一切尽在掌握。美国军舰频繁打着"航行自由"的幌子炫耀武力，这不是对什么自由开放的承诺，而是谋求"横行自由"的挑衅，是对地区和平稳定的蓄意破坏。中方再次敦促美方停止虚化、掏空、歪曲一个中国原则，恪守尊重他国主权和领土完整、不干涉内政的国际关系基本准则，切实遵守一个中国原则和中美三个联合公报规定，不要做台海和平稳定的麻烦制造者。

2022年8月30日 针对美国白宫官员柯比声称，中方的军事行动使得台海局势升级，中方正试图在台海建立一种"新常态"，而美方不会接受一事，中国外交部发言人赵立坚表示，试图改变台海现状的是美国和台湾分裂势力，不是中方。世界上只有一个中国，台湾是中国的一部分，中华人民共和国政府是代表全中国的唯一合法政府。"台独"势力挟洋自重、"倚美谋独"是当前台海局势紧张的根源。美国打着西太平洋地区稳定的幌子，赤裸裸地试图"以台制华"，这何谈与中国无关、与中美关系无关呢？美国如果真的寻求局势回稳，就应该立即回到一个中国原则和中美三个联合公报规定上来，不要向"台独"分裂势力发出任何错误信号。

2022年8月31日 针对美国亚利桑那州共和党籍州长杜西抵台访问一事，中国外交部发言人赵立坚表示，世界上只有一个中国，台湾是中国领土不可分割的一部分。中方一贯坚决反对美国以任何形式、任何名义与台湾开展官方交往。我们敦促美国有关方面恪守一个中国原则和中美三个联合公报规定，停止与台湾开展任何形式的官方往来，停止向"台独"势力发出错误信号。中方将采取有力措施，坚决维护国家主权和领土完整。

9月

2022年9月1日 中国外交部副部长谢锋在出席《联合国海洋法公约》（以下简称《公约》）开放签署40周年国际研讨会期间接受媒体采访表示，早在《公约》谈判期间，美方就不顾发展中国家关切，顽固反对国际海底及其资源属于人类共同继承财产，企图在《公约》之外另搞一套，对《公约》出台制造障碍。美方在谈判中反对发展中国家提出的专属经济区制度，却在《公约》出台后主张了全球最大的专属经济区海域。美至今不批准《公约》，强调自身不受《公约》程序限制，却别有用心地鼓吹《公约》至上，动不动拿《公约》说事，把《公约》变成抹黑遏制打压他国的工具。美只想享受《公约》制度红利，却不愿承担《公约》义务，说一套做一套，根本没有资格拿《公约》说事。谢锋指出，美方当初炮制所谓"航行自由行动"的真实目的是，抵制《公约》专属经济区等制度，维护美海洋霸权，让美军舰机继续在海洋上不受限制地横行霸道。近年来，美方恶人先告状，倒打一耙，动不动打着"航行自由"的幌子，挑战他国海洋主张，毫无国际法包括海洋法依据。中国在南海的立场主张具有充分历史和法理依据，南海航行自由过去、现在和将来都不存在任何问题。美方仗势军力挑战他国主张，威胁他国安全和海洋权益，违背不使用武力或以武力相威胁等一般国际法原则，是逆历史潮流而动，企图继续推行海上"丛林法则"，理所当然遭到包括中国在内的国际社会的坚决反对。

2022年9月1日　中国驻旧金山总领事张建敏赴内华达州拉斯维加斯市斯科菲尔德中学出席由中美航空遗产基金会主办的纪念飞虎队老兵活动暨"飞虎队青少年领袖计划"启动仪式。中美航空遗产基金会主席杰夫·格林、内华达州克拉克郡学区委员琳达·卡瓦佐斯、斯科菲尔德中学校长特里·内普及该校师生近千人出席了此次活动。

2022年9月1日　中国驻洛杉矶总领事张平一行应邀访问加州大学欧文分校并会见了该校校长吉尔曼。

2022年9月1日　针对美国亚利桑那州州长与蔡英文进行会谈，同意双方半导体行业合作之事，中国外交部发言人汪文斌表示，全球产业链供应链的形成和发展，是市场规律和企业选择共同作用的结果。"台独"势力妄图通过操弄所谓"民主芯片"概念刷存在、博眼球，将经贸问题政治化，其假民主真谋"独"的图谋不会得逞。

2022年9月5日　针对美国政府批准向台湾新一轮军售之事，中国外交部发言人毛宁表示，美国公然违反一个中国原则和中美三个联合公报特别是《八一七公报》规定，向中国台湾地区出售武器，严重损害中国主权和安全利益，严重损害中美关系和台海和平稳定，向"台独"分裂势力发出严重错误信号。中方对此坚决反对，予以强烈谴责，并将采取坚决有力措施，坚定捍卫自身主权和安全利益。一段时间以来，美方一再践踏国际法和国际关系基本准则，违背美方领导人所作"不支持'台独'"的政治承诺，不断歪曲、虚化、掏空一个中国原则，在台湾问题上蓄意挑衅，支持和纵容"台独"分裂势力，对台海局势不断趋于紧张负有不可推卸的责任。中方敦促美方恪守一个中国原则和中美三个联合公报规定，停止售台武器和美台军事联系，停止制造新的台海局势紧张因素，停止借涉台问题搞政治操弄，停止搞"以台制华"，不要在错误和危险的道路上越走越远。中方再次正告美方，台湾是中国的台湾，台湾问题不容任何外来干涉，任何人任何势力都无法阻挡中国实现完全统一的历史大势。

2022年9月6日 针对美国国务院已批准总价约11亿美元的对台军售一事，中国国防部新闻发言人谭克非表示，美方向中国台湾地区出售武器，严重违反一个中国原则和中美三个联合公报特别是《八一七公报》规定，粗暴干涉中国内政，损害中国主权和安全利益，推高台海紧张局势，中方表示坚决反对。近期，美方屡屡违背不支持"台独"承诺，加紧与民进党当局军事勾连、拱火滋事，在对台军售问题上言行不一、毫无诚信，向"台独"分裂势力发出严重错误信号。我们要求美方立即撤销上述对台军售计划，立即停止美台军事联系。台湾是中国的台湾，台湾问题不容任何外来干涉，任何人任何势力都无法阻挡祖国完全统一的历史大势，"台独"分裂势力想靠买"洋武器""以武谋独"，不自量力、注定失败。民意不可违，玩火必自焚。中国人民解放军持续练兵备战，坚决挫败任何形式的外部势力干涉和"台独"分裂图谋。

2022年9月7日 针对美国国务院副发言人帕特尔9月6日在记者会上声称，美最新对台军售系出于防卫目的，中方没有理由作出回应一事，中国外交部发言人毛宁表示，中方反对美台军事联系和美对台出售武器的立场是一贯、明确的。台湾是中国的一个省，何来"防卫"一说？美方对台军售违背其在中美三个联合公报特别是《八一七公报》中作出的政治承诺，支持纵容"台独"，制造新的台海局势紧张因素。美方应恪守一个中国原则和中美三个联合公报规定，停止搞"以台制华"。中方将对损害中国主权安全、干涉中国内政的行径予以坚决回击。

2022年9月8日 中国外交部美大司司长杨涛就美国对我西北工业大学实施网络攻击窃密向美国驻华使馆提出严正交涉。杨涛指出，日前，中国国家计算机病毒应急处理中心和360公司发布美国国家安全局下属部门对中国西北工业大学实施网络攻击的调查报告，有关事实清清楚楚，证据确凿充分。这不是美国政府第一次对中国机构实施网络攻击和窃密敏感信息。美方行径严重侵犯中国有关机构的技术秘密，严重危害中国关键基础设施、机构和个人信息安全，必须立即停止。

2022年9月8日 针对佛罗里达州国会众议员墨菲率领的美国跨党派议员团一行8人于周三抵达台湾一事，中国外交部发言人毛宁表示，美国国会有关议员窜访中国台湾地区，严重违反一个中国原则和中美三个联合公报规定，违反美方作出的仅同台湾保持非官方关系的承诺，中方对此强烈不满、坚决反对。世界上只有一个中国，台湾是中国领土不可分割的一部分，中华人民共和国政府是代表全中国的唯一合法政府。中方坚决反对"台独"分裂和外部干涉的决心坚定不移。我们敦促美方有关政客恪守一个中国原则和中美三个联合公报规定，立即停止与台湾开展任何形式的官方往来，立即停止向"台独"分裂势力发出错误信号。中方将继续采取有力措施，坚决维护国家主权和领土完整。

2022年9月14日　中国驻洛杉矶总领事张平访问了加利福尼亚州科恩郡，应邀参观了当地的家族企业芒格农场，并与当地农业企业和农产品行业协会代表进行了交流。

2022年9月15日　中国驻美使馆访问位于美国密苏里州密西西比河之滨的圣路易斯市，出席圣路易斯—南京姐妹友城43周年纪念活动，并为当地棒球队红雀队主场比赛开球。

2022年9月15日　中国驻洛杉矶总领事张平赴美国加利福尼亚州贝克斯菲尔德市市政厅拜会了该市市长卡伦。

2022年9月15日　针对美国会参院外委会9月14日审议通过"2022年台湾政策法案"一事，中国外交部发言人毛宁表示，有关法案严重违背美方在台湾问题上对中方所作承诺，违反一个中国原则和中美三个联合公报，干涉中国内政，违背国际法和国际关系基本准则，向"台独"分裂势力发出严重错误信号。中方对此坚决反对，已向美方提出严正交涉。世界上只有一个中国，台湾是中国领土不可分割的一部分。中国将坚定不移推进国家完全统一。任何国家、任何势力、任何人都不要错估中国政府和人民捍卫国家主权和领土完整、实现国家统一和民族复兴的坚强决心、坚定意志和强大能力。一个中国原则是中美关系的政治基础，也是中美三个联合公报的核心内涵。该案如继续审议推进甚至通过成法，将极大动摇中美关系的政治基础，对中美关系以及台海和平稳定将造成极其严重的后果。我们强烈敦促美方恪守一个中国原则和中美三个联合公报，切实将美国领导人作出的不支持"台独"承诺落到实处，停止打"台湾牌"搞"以台制华",停止推进审议有关法案。中方将视该案进展情况和最终结果,采取一切必要措施,坚决捍卫国家主权和领土完整。

2022年9月15日 针对美联邦参院外委会美东时间9月14日通过"台湾政策法案"一事,中国国台办发言人朱凤莲答记者问表示,台湾是中国的一部分。台湾问题是中国内政,不容任何外来干涉。美国国会某些议员推动审议"台湾政策法案",严重违反一个中国原则和中美三个联合公报规定,严重违背美方严肃承诺,是对中国主权和领土完整的公然挑衅。从公布信息看,所谓"台湾政策法案"充斥错误信息和挑衅内容,包罗一段时间来美反华势力"挺台遏华"的一系列错误主张,妄图"以台制华",在台湾问题上制造根本性的破坏效果,颠覆中美关系的政治基础,阻挠中国统一和民族复兴。该法案内容荒谬,漏洞百出。比如恶意攻击联大第2758号决议,鼓吹美国与中国台湾地区洽签自贸协定,拉台参加"印太经济框架",予台湾"主权地位",要求"武装""协防"台湾等,是一部彻头彻尾的恶法提案。我们奉劝美国某些国会议员立即停止在涉台问题上的错误言行,恪守一个中国原则和中美三个联合公报规定,履行美国政府不支持"台独"的严肃承诺,停止在台湾问题上玩火。我们正告民进党当局,立即放弃"倚美谋独""倚外谋独"的幻想。一切"台独"分裂企图都将以失败告终。

2022年9月16日 中美气候智慧型农业圆桌会在密苏里州圣路易斯市美大豆出口协会总部举行。中国驻美使馆人员,美国农业部代理副部长帮办贾森·哈夫迈斯特,中国农业农村部国际合作司副司长韦正林,美国腹地中国协会会长、前密苏里州州长霍顿，世界粮食奖基金会名誉主席奎因大使，美大豆出口协会主席苏健，艾奥瓦州农场主金伯利，中美农业领域企业代表和专家学者等线上线下共同出席了此次会议。圆桌会结束后，使馆人员应邀来到圣路易斯郊外的农场，实地考察了农场耕作情况。当天下午，使馆人员还参访了密苏里州植物园内的中国园。

2022年9月19日　中国国务委员兼外长王毅在纽约与美中关系全国委员会、美中贸易全国委员会、美国商会代表成员进行座谈交流。王毅说，今天的世界很不太平，新冠疫情尚未结束，乌克兰危机硝烟又起。中美关系陷入建交以来的低谷，不少人担心中美将进入"新冷战"。今年是尼克松总统访华和《上海公报》发表50周年，是值得总结经验、重整行装再出发的重要年份。但当前中美关系前景中的确定性越来越少，不确定性越来越多。对此，王毅有针对性地阐述了中国的五个"确定性"：一是中国自身的发展前景是确定的。二是中国改革开放的决心是确定的。三是中国对美政策是确定的。四是中国继续加强两国经贸合作的态度是确定的。五是中国同美方开展多边协调的意愿是确定的。王毅强调，美方有人称"中国是唯一有能力挑战现行国际体系的国家"，这不符合事实。中国是现行国际体系的缔造者、受益者，理所当然是维护者。我们没有必要另搞一套、另起炉灶。中方反对的是单边霸凌，抵制的是冷战思潮。中美应共同遵守以《联合国宪章》和普遍认同的国际法为基础的国际关系基本准则。王毅强调，中美关系攸关两国前途命运和世界和平稳定。双方应共同努力，找到不同社会制度、不同历史文化的两个大国和平共处之道。王毅鼓励美中关系全国委员会、美中贸易全国委员会、美国商会做中美互利合作的维护者、和平共处的推动者、友好互信的促进者，为中美关系重回健康稳定发展轨道发挥积极作用。美方人员表示，当前，美中关系面临严重挑战。作为相互依存的世界前两大经济体，美中两国管理好双边关系，减少阻碍和负面因素，共同应对气变、公共卫生、粮食和能源安全挑战，将为两国和世界人民带来更多福祉。美中经贸合作给双方都带来了实实在在的利益，美企业界致力于长期在华经营。双方应本着合作精神，朝着正确方向努力，持续开展建设性、多层次、富有成果的对话，积小步为大成，增进互信，为世界和平稳定繁荣作出贡献。

2022年9月19日　中国国务委员兼外长王毅在纽约会见美国前国务卿基辛格。王毅祝贺博士将迎来百岁诞辰，表示博士是中国人民的老朋友、好朋友，为中美关系的建立和发展作出了历史性贡献。中方赞赏博士始终对华友好，对中美关系抱有信心。希望博士继续发挥独特重要作用，助力两国关系早日重回正轨。王毅表示，今年是尼克松总统访华和《上海公报》发表50周年，中美应该认真总结好50年交往的有益经验。中国对美政策保持连续性和稳定性，习近平主席提出中美应相互尊重、和平共处、合作共赢，既是中美关系50年经验的积累，也是下一步发展应共同遵循的基本原则。拜登总统也作出"四不一无意"的承诺，但美方的所作所为却与此背道而驰。美方出于错误的对华认知，执意把中国视作最主要对手和长期挑战，一些人甚至把中美交往成功的故事描绘成失败的叙事，这既不尊重历史，也不尊重自己。博士曾警示，中美关系已经处在"冷战的山脚"。中美之间爆发"新冷战"，不仅对中美、对全世界都将是灾难。美方应回归理性务实的对华政策，回归中美三个联合公报的正轨，维护好中美关系的政治基础。王毅强调，当务之急是妥善管控台湾问题，否则将对中美关系产生颠覆性影响。佩洛西众议长窜访台湾地区、美参议院审议"台湾政策法案"、有关"协防台湾"的言论，都严重挑战中美三个联合公报，严重破坏中美关系的政治基础。实现和平统一是我们的最大愿望，也将为此尽最大努力。但必须看到，"台独"越猖獗，和平解决台湾问题的可能性就越消减。中国有句老话：宁失千军，不丢寸土。这就是中国人的意志和决心。如果触犯《反分裂国家法》，中方必将依法采取坚决行动，捍卫国家的主权和领土完整。王毅强调，要维护台海和平稳定，美方就应认认真真回归一个中国本义，明明白白反对和制止"台独"。基辛格回顾了当年同中国领导人达成《上海公报》的历史经纬，表示应充分认识台湾问题对于中国的极端重要性，美中之间要对话而不要对抗，应打造和平共处的双边关系。

2022年9月21日 中国驻洛杉矶总领事张平访问了亚利桑那州立大学，并会见了该校副校长茱莉亚·罗森。

2022年9月21日 针对美国财长耶伦的首席顾问布伦特·奈曼周二在演讲中声称，中国在债务方面的举动是"不合常规"的，中国没有为中低收入国家进行有意义的减债之事，中国外交部发言人汪文斌表示，中方始终高度重视发展中国家债务问题。首先，商业和多边债权人才是发展中国家的主要债权方。世行国际债务数据库显示，截至2020年年底，82个低收入和中等偏下收入国家的公共外债结构中，商业和多边债权人分别占比40%和34%，双边官方债权人仅占26%，中国占比不足10%。近年来，发展中国家债务增量主要来自西方商业债权人和多边机构，且发展中国家中长期偿付债务主要流向西方商业债权人和多边机构。美方的有关言论不符合事实。第二，中方始终本着"共同行动、公平分担"原则，对发展中国家面临的困难给予力所能及的帮助。我们与二十国集团其他成员共同达成了"暂缓最贫困国家债务偿付倡议"及缓债延期共识，并认真全面落实，是二十国集团中缓债金额最多的国家。相比较之下，债权占比最大的西方商业债权人和多边机构以维护自身信用评级为借口，始终拒绝参与有关减缓债务行动，未对缓解发展中国家债务负担作出可比贡献。我们呼吁美方切实承担起应尽责任，为缓解发展中国家债务负担作出实质性贡献，而不是甩锅推责。

2022年9月22日 中国国务委员兼外长王毅在亚洲协会纽约总部就中美关系发表题为《中美新时代正确相处之道》的主旨演讲。王毅指出，这几年来，中美关系徘徊在建交后的低谷，给两国人民和世界各国的未来带来巨大的变数。从根本上讲，症结在于美方对中国、对世界、对自己的认知出了偏差，无论是挑动"全面对抗"，还是鼓吹"战略竞争"，都偏离了中美关系的正确轨道。关于中美两国的正确相处之道，习近平主席已经给出了明确答案，那就是相互尊重、和平共处、合作共赢。这三项原则是审视中美关系半个多世纪风云跌宕得出的重要论断，也是当今时代大国之间彼此交往的正确之道。王毅表示，相互尊重是中美交往积累的重要经验，也是双边关系重回正轨的基本前提。我们尊重美国人民选择的发展道路，乐见美国开放自信、发展进步。美国也应当尊重中国人民选择的发展道路，这就是中国特色社会主义。我们将沿着自主选择的道路和方向坚定不移地走下去，并走得更稳、走得更好。我们也愿继续借鉴一切国际上的有益经验和人类文明成果，始终张开双臂拥抱世界，把开放的大门越开越大。王毅国务委员指出，是伙伴还是对手，是合作还是对抗，这是中美关系的根本性问题，不能犯颠覆性错误。中国的选择是和平，坚持的是和平发展，对中美关系的最基本期待是和平共处。中国人没有扩张胁迫、称王称霸的基因。今日之中国是历史中国的传承和发展。我们将坚持和平发展写入执政党党章，也是世界上唯一将和平发展写进宪法的大国。美国有些人希望模仿当年对苏联的遏制来打压中国，希望通过"印太战略"等地缘游戏来围堵中国，这注定是徒劳的。王毅表示，合作共赢不仅可能，也是必须。这正是中美关系半个世纪以来的真实叙事，也是双方应当继续争取的共同目标。作为最大的发展中国家和最大的发达国家，中美具有高度互补性，无论经贸、能源、科技、教育、人文等诸多领域，都存在广泛合作空间，在抗击疫情、恢复经济、应对气变、反恐、防扩散、解决地区热点等全球性议题上承担着重大责任。合则两利，斗则俱伤，这是中美打交道一条颠扑不破的真理。合作始终是中美两国的最好选择。中国不否认中美之间在经贸等领域存在竞争，也不惧怕竞争，但我们不赞同简单地以竞争来定义中美关系，因为这绝不是中美关系的全部和主流。同时竞争也要有边界，更要讲公平。要进行良性而不是恶性竞争，要你追我赶而不是你死我活。王毅强调，一个中国原则是中美关系政治基础中的基础，三个联合公报是中美关系最重要的"护栏"。当前，台湾问题越来越成为中美关系的最大风险。

处理不好，很可能对两国关系造成颠覆性破坏影响。正如美国不会允许夏威夷被分裂出去一样，既然台湾是中国的一部分，中国就有权利维护国家的统一；既然中华人民共和国政府是代表全中国的唯一合法政府，就不应允许台湾当局加入任何具有主权意涵的国际组织；既然承认一个中国原则，就不应与台湾开展官方往来。这是再明白不过的道理。台湾问题因中华民族弱乱而产生，也必将随着中华民族伟大复兴而解决。这是历史大势，也是人心所向。美方应该站在历史正确的一边。我们希望，中美双方能从历史经验中寻求现实的启迪，汇聚前行的力量，共同探索构建新时代的中美关系，共同创造中美两国的美好未来！

2022年9月22日　针对美国总统拜登昨天在联大表示，他不愿与中国发生"冷战"或冲突，并且在演讲中还多次提及中国，其中包括联合国人权高专办发表的涉疆报告之事，中国外交部发言人赵立坚表示，中国对美政策保持连续性和稳定性，习近平主席提出中美应相互尊重、和平共处、合作共赢。这既是中美关系50年历程的经验积累，也是下一步发展应共同遵循的基本原则。拜登总统多次作出"四不一无意"的承诺。我们希望美方把美国领导人的表态落到实处，正确看待中国和中美关系，回归中美三个联合公报的原点，慎重、妥善处理涉台问题，维护好中美关系的政治基础。希望美方同中方一道努力，找到不同社会制度、不同历史文化的两个大国和平共处、合作共赢之道，既为中美两国人民谋福利，也为世界的和平、稳定、发展作出贡献。关于涉疆问题，所谓联合国人权高专办涉疆人权评估报告是美国及一些西方势力一手策划、制造的，完全非法、无效。该报告是虚假信息的大杂烩，是服务美西方以疆制华战略的政治工具。近年来，包括伊斯兰国家在内的近百个国家连续在人权理事会、联大三委等场合公开发声，支持中国在涉疆等问题上的正当立场，反对借所谓涉疆问题干涉中国内政，这些才是国际社会的主流声音。美西方祸乱新疆、"以疆制华"的险恶政治图谋失道寡助、不得人心、注定失败！美方应正视并改进自身存在的种族歧视、枪支暴力、侵犯土著人权利、侵犯移民权利、贩卖人口、散布虚假信息、滥施单边制裁等人权问题，给国际社会和广大受害者一个负责任的交代。

2022年9月22日 中国驻洛杉矶总领事张平前往凤凰城市政厅会见了该市市长凯特·加莱戈。同日，张平总领事还出席了由亚利桑那州立大学雷鸟国际管理学院和美中航空遗产基金会联合举办的"飞虎队"援华抗战纪念活动。美中航空遗产基金会主席格林、雷鸟学院副院长蒂加登和有关历史专家、"飞虎队"老兵子女等出席了此次活动。

2022年9月23日 中国国务委员兼外长王毅在中国常驻联合国代表团驻地会见美国国务卿布林肯。王毅说，当前中美关系遭遇严重冲击，其中的教训美方需要汲取。中美关系正处于关键当口，急需双方本着对世界、对历史、对两国人民负责的态度，建立两个大国正确相处之道，推动两国关系止跌回稳。王毅重点针对近期美方在台湾问题上的错误行径全面阐述了中方的严正立场。强调台湾问题是中国核心利益中的核心，在中国人心中的分量重如泰山。维护国家主权和领土完整是我们的使命所在，从不含糊。美方在台湾问题上对中方是有明确政治承诺的。远有中美三个联合公报，近有美本届政府多次表示不支持"台独"。但美方的行动却与此背道而驰，企图破坏中国的主权和领土完整，阻挠中国的和平统一大业，搞所谓"以台制华"，甚至公开声称要"协防台湾"，发出了十分错误和危险的信号。美方应原原本本回归中美三个联合公报和一个中国原则，干干净净重申一个中国政策，清清楚楚表明反对各种"台独"分裂活动。王毅强调，台湾问题是中国内政，以什么方式解决美方无权干预。中方解决台湾问题的立场是一贯的、明确的，将继续坚持"和平统一，一国两制"的基本方针。和平解决与"台独"分裂水火不容。"台独"活动越猖獗，和平解决的可能性就越消减。要真正维护台海和平，就必须明确反对和制止任何"台独"行径。王毅强调，中美两个大国既有共同利益也有深刻分歧，这一点不会改变。双方从接触第一天起，就知道是在和制度不同的国家打交道，这并未妨碍双方基于共同利益开展合作，也不应该成为中美对立对抗的理由。希望美方端正对华认知，反思和改变以遏制打压为主线的对华政策，不要再试图以实力地位同中国人打交道，不要总想着阻遏中国的发展，不要动辄就搞单边霸凌。要为双方恢复正常交往创造良好氛围，要推动中美关系回到健康稳定的发展轨道。布林肯表示，美中关系当前处于困难时期，推动双边关系重回稳定轨道符合双方利益。两国以往曾成功管控分歧，美方愿同中方坦诚沟通对话，避免误解误判，找到前行道路。布林肯重申美方不寻求打"新冷战"，一个中国政策没有改变，不支持"台独"。双方还就乌克兰局势等交换了意见。双方认为会晤是坦诚、建设性和重要的，同意继续保持沟通。

2022年9月24日 由中美两国物理学会联合主办、南京大学美国校友会承办的美籍华裔物理学家吴健雄诞辰110周年纪念活动在美国国家邮政总局会议中心举办。本次活动以线上和线下相结合方式举办，中国物理学会会长张杰、美国物理学会2024年候任会长金英姬代表主办方发表开幕致辞。中国驻美使馆受邀向本次活动致辞。中国科技部长王志刚、南京大学校长吕建、中国科学院高能物理研究所所长王贻芳等，美国前能源部部长朱棣文、普林斯顿大学校长伊斯格鲁布、哥伦比亚大学常务副校长周以真、卡内基研究院院长艾萨克、美国物理学会2021会长盖茨，瑞典诺贝尔奖评选委员会前主席、查尔姆斯理工学院教授布林克等参会发言。中国科学技术协会主席万钢、北京大学校长龚旗煌、中国科学技术大学校长包信和，美中关系全国委员会主席欧伦斯，美国前劳工部、前交通部长赵小兰，耶鲁大学校长沙洛维等向活动致贺信。

2022年9月26日　中国驻芝加哥总领事赵建在美国明尼苏达州圣保罗市会见了明州就业和经济发展厅厅长格罗夫。

2022年9月26日　中国驻洛杉矶总领事张平访问夏威夷期间，前往檀香山市政厅会见了市长布拉吉亚迪。

2022年9月26日　就美国斯坦福大学网络观察室近日发布报告，披露美国利用社交媒体针对包括中国在内的特定国家和地区散播虚假信息，影响国际舆论，操纵认知叙事之事，中国外交部发言人汪文斌在例行记者会上表示，中方注意到相关报告披露，多年来美国在社交媒体上搭建了针对中国、俄罗斯、伊朗等国的巨大宣传网，通过设立虚假账户、传播相似内容、制造话题热度等手段发动政治宣传和造谣行动。我还注意到，近期有多家美国媒体披露，这些虚假账号被怀疑是由美国军方管理运营的，目的是用来实施秘密信息战。从冷战时期发起"知更鸟计划"收买媒体操纵舆论，到新世纪借"洗衣粉""白头盔"对伊拉克、叙利亚发动战争，再到近年来污蔑中国新疆存在"种族灭绝""强迫劳动"，美国通过不断编织散布虚假信息，把侵略干涉美化成推进民主，把巧取豪夺粉饰成维护正义，把生灵涂炭描绘成保护人权。尤其具有讽刺意味的是，美国是最大的虚假信息散布者，却不断给别国扣帽子、泼脏水。明明是美国设立大量虚假账号，却推动社交媒体封禁中国网民的个人社交账号。明明是美国操纵舆论，却给中国媒体贴上官方标签。明明是美国借"灰黑滤镜"制造反华叙事，却指责中国"鼓动反美情绪"。也许美方一些人认为，只要散布足够多的谣言，就可以赢得信息战。然而，世界人民的眼睛是雪亮的。无论是伊拉克"大规模杀伤性武器"、叙利亚"白头盔"，还是中国新疆"种族灭绝"，都注定成为美国信誉破产的标志。美国散布的形形色色的虚假信息正被世界上越来越多的人所识破，也必将如同美国霸权一样遭到世人唾弃。

2022年9月27日　中国驻美国大使馆"庆祝中华人民共和国成立73周年招待会"在线上举行。美中关系全国委员会会长欧伦斯、美中贸易全国委员会会长艾伦、著名侨领张素久等嘉宾发表了贺词。

2022年9月27日　针对美国国务卿布林肯呼吁巴基斯坦向中国寻求债务减免，以更快从洪灾中恢复一事，中国外交部发言人汪文斌表示，自从巴基斯坦遭遇洪灾以来，作为巴患难与共的真朋友、同甘共苦的好兄弟，中方第一时间采取行动驰援巴方。中国政府已决定向巴方提供4亿元人民币的人道主义援助，中国民间也积极伸出援手。我们将继续为巴人民早日战胜灾情、重建家园提供力所能及的帮助。中巴两国在经济、金融领域开展了富有成效的合作，对此巴人民最有发言权。美方与其对中巴合作评头论足，不如为帮助巴人民做些实实在在的事。

2022年9月28日 针对美国副总统哈里斯访问日本期间在演讲中声称，美国将继续深化与台湾的非官方关系一事，中国外交部发言人汪文斌指出，中方注意到，美国副总统哈里斯还提到中国正破坏"基于规则"的国际秩序。美国众议长不顾中方长达4个月的反复劝阻，窜访中国台湾地区并将台湾称为"国家"。美方行径严重侵犯中国主权和领土完整，严重损害中美关系，也严重破坏台海和平稳定。一个中国原则是国际社会普遍共识和国际关系基本准则，也是中美建交和两国关系发展的政治基础。从1972年的中美《上海公报》，到1978年的中美《建交公报》，再到1982年的《八一七公报》，美方都明确承认：世界上只有一个中国，台湾是中国的一部分，中华人民共和国政府是中国的唯一合法政府。美方也明确承诺无意侵犯中国的主权和领土完整，无意干涉中国内政，也无意执行"两个中国"或"一中一台"政策。言而有信是最基本的规则。美方连自己作出的承诺都不遵守，还有什么资格谈论规则和秩序呢？恐怕只能成为国际规则的破坏者。我们敦促美方切实履行自身作出的承诺，原原本本回归中美三个联合公报和一个中国原则，干干净净重申一个中国政策，清清楚楚表明反对各种"台独"分裂活动。

2022年9月29日 中国美国商会2022年科技创新峰会通过线上线下结合方式举办。中国科技部副部长张广军视频出席会议开幕式并致辞。会议由中国美国商会总裁何迈可主持。来自埃克森美孚、默克、微软、领英、Meta（原Facebook）、霍尼韦尔、Zoom、雅培、耐克等在华美国企业代表以及美国战略与国际研究中心（CSIS）、美国半导体工业协会（SIA）、美国信息产业机构（USITO）等近百人参加了此次会议。

2022年9月29日　中国驻美大使就芬太尼问题接受美国《新闻周刊》高级外交政策记者汤姆·奥康纳尔专访。

2022年9月29日　针对近期美国国务院通过批准对台军售项目加大"挺台"力度，美加军舰过航台湾海峡，美参议院外委会审议通过"2022年台湾政策法案"等行径，中国国防部新闻发言人谭克非表示，美方有关行径严重侵犯中国主权和领土完整，严重冲击中美两国两军关系，我们对此高度关注、坚决反对，已向美方提出严正交涉。一段时间以来，美方一些人违背国际法和国际关系基本准则，违反一个中国原则和中美三个联合公报规定，背弃在台湾问题上对中方的严肃政治承诺，顽固抱守"以台制华"策略，不断虚化掏空一个中国原则，加强美台军事勾连，怂恿支持民进党当局加剧两岸对立对抗，这一系列挑衅行径十分危险、危害极大。台湾问题是中国内政，事关中方核心利益。对于美方涉台错误行径，我们将予以坚决反制。我们奉劝美方停止与台湾民进党当局的军事勾连，否则将承担由此造成的严重后果。

2022年9月29日　中国驻旧金山总领事张建敏会见了美国萨克拉门托市政官霍华德一行。

2022年9月30日　针对美国总统拜登宣布为太平洋岛国提供超过8亿美元资金，并表示美国和世界的安全取决于太平洋岛国一事，中国外交部发言人毛宁表示，中方注意到美国总统拜登出席了美国—太平洋岛国峰会，也注意到美国表示要加强在该地区的存在。中方对有意愿的国家加强同岛国正常交往合作持开放态度，但太平洋岛国不应成为大国博弈的棋子。我们希望美方能够真心实意为岛国应对气候变化、实现发展振兴提供支持，而不是以合作为名搞地缘政治博弈，更不应该把"阵营对抗"复制到太平洋岛国地区。

10月

2022年10月1日　中国驻旧金山总领事张建敏应邀出席第七届伯克利中美峰会并做主旨演讲，回答观众提问并接受媒体采访。加州大学伯克利分校、斯坦福大学等高校师生近千人参与了此次活动。

2022年10月3日　中国代表蒋端公使在联合国人权理事会第51届会议指出美国非洲裔面临执法不公，敦促美方切实采取行动解决国内系统性种族主义、种族歧视和警察暴力等问题。蒋端指出，殖民主义、奴隶贸易是种族主义和种族歧视的根源。尽管这一人类历史的黑暗篇章已经翻过，但支撑这种罪行的"白人至上"思想依然存在。在美国，数千万非洲裔仍在遭受着各种歧视和不公，正义和平等对他们而言只是空洞的法律条文。据统计，非洲裔遭警察射杀的概率是白人的两倍多，因警察暴力执法死亡的可能性是白人的2.9倍，监禁率几乎是白人的6倍。蒋端表示，中方敦促美方切实采取行动，着力解决国内系统性种族主义、种族歧视和警察暴力等问题，全面认真执行联大、人权理事会相关决议，落实好《德班宣言和行动纲领》，让弗洛伊德的悲剧不再重演。中方愿同各方一道努力，打击一切形式的种族歧视，确保所有人都能够有尊严地生活，建设一个包容、平等和自由的社会。

2022年10月6日 中国外交部发言人就联合国人权理事会未通过涉疆决定草案答记者问表示，一段时间以来，美国及一些西方国家反复借涉疆问题造谣生事，打着人权旗号搞政治操弄，企图抹黑中国形象、遏制中国发展。他们无视事实真相，在人权理事会散布涉疆谎言谬论，炮制出一份所谓决定草案，企图利用联合国人权机构干涉中国内政，推进其"以疆制华"图谋。国际社会的眼睛是雪亮的。虽然美国及一些西方国家竭力向其他成员国施压，但这份决定草案仍遭到人权理事会多数成员特别是广大发展中成员的强烈反对，美国等西方国家的图谋再次失败。涉疆问题根本不是什么人权问题，而是反暴恐、去极端化和反分裂问题。经过艰苦努力，新疆已经连续5年多未发生暴恐事件，新疆各族人民的人权得到最大限度的保护。国际社会对美国等西方国家"以疆制华"的险恶图谋心知肚明，对他们以人权为借口干涉别国内政的卑劣伎俩深恶痛绝。近年来，包括广大伊斯兰国家在内的近百个国家连续在人权理事会、联大三委等场合公开发声，支持中国在涉疆问题上的正当立场，反对借涉疆问题干涉中国内政。事实一再证明，大搞人权问题政治化和双重标准的行径不得人心，借涉疆问题打压遏制中国的图谋不会得逞。人权理事会真正应该关注和讨论的是美国、英国等西方国家严重侵犯人权问题，包括系统性种族主义和种族歧视、侵犯难移民权利、枪支暴力泛滥、滥施单边强制措施、海外军事行动造成大量无辜民众伤亡等，还广大受害者一个公道，给国际社会一个交代。我们奉劝美国等西方国家放弃政治操弄、造假抹黑和无理打压，回到对话合作轨道上来，为国际人权事业发展真正做些实事。

2022年10月8日　中国外交部副部长谢锋会见美国战略与国际问题研究中心（CSIS）高级顾问甘思德，就中美关系和共同关心的问题交换了意见。谢锋鼓励两国智库学者加强往来，开展更多沟通交流，为增进中美相互了解、推动中美关系重回健康稳定正轨发挥积极作用。

2022年10月8日　针对美国商务部宣布了旨在阻止中国获取敏感技术新的芯片出口管制措施以及美国将大疆等13家中国企业列入黑名单之事，中国外交部发言人毛宁表示，美方出于维护科技霸权需要，滥用出口管制措施，对中国企业进行恶意封锁和打压，这种做法背离公平竞争原则，违反国际经贸规则，不仅损害中国企业的正当权益，也将影响美国企业的利益。这种做法阻碍国际科技交流和经贸合作，对全球产业链供应链稳定和世界经济恢复都将造成冲击。美方将科技和经贸问题政治化、工具化、武器化，阻挡不了中国发展，只会封锁自己、反噬自身。

2022年10月10日　中国商务部新闻发言人就美商务部升级半导体等领域对华出口管制并调整出口管制"未经验证清单"应询答记者问表示，中方注意到相关情况。首先，通过中美双方前一阶段共同努力，9家中国实体最终从"未经验证清单"中移出，受到中美两国企业的欢迎，这表明双方只要本着坦诚合作、互利共赢的原则，完全可以找到对双方企业都有益的解决办法。但同时，美方又将31家中国实体列入"未经验证清单"，还进一步升级半导体等领域出口管制措施。这是典型的科技霸凌做法，不仅违背双方合作精神、罔顾双方合作事实，而且严重阻碍中美企业间正常经贸往来，严重破坏市场规则和国际经贸秩序，严重威胁全球产业链供应链稳定，中方对此坚决反对。美方的做法不仅影响中国企业的正当合法权益，也损害美国出口企业正当商业利益。美方应立即停止错误做法，给予包括中国企业在内的各国企业公平待遇。中方呼吁各方加强合作，共同构筑安全稳定、畅通高效、开放包容、互利共赢的全球产业链供应链体系。

2022年10月12日 中国驻芝加哥总领事赵建应邀出席2022年芝加哥大学美中关系论坛并发表讲话。本届论坛由芝加哥大学与北京大学联合举办，主题为"应对气候与能源挑战"。芝加哥大学校长保罗·阿利维萨托斯、北京大学校长龚旗煌、两国有关专家学者和工商界代表等出席了此次活动。

2022年10月13日 以"相约上海，共享未来"为主题的第五届中国国际进口博览会及上海城市推介大会海外预热活动在美国加利福尼亚州洛杉矶市举行。本次活动由上海市商务委员会主办，上海市外国投资促进中心（上海市对外投资促进中心）、洛杉矶世界贸易中心承办，中国驻洛杉矶总领事张平出席并致辞。美国洛杉矶市副市长艾琳·布罗马吉，洛杉矶市长办公室国际事务部、洛杉矶地区出口委员会、洛杉矶郡经济发展署和洛杉矶地区商会等合作方负责人及各界人士出席了此次活动。

2022年10月13日 针对美国白宫发布的《国家安全战略》

报告声称，即使在俄罗斯"入侵"乌克兰之后，中国仍是全球秩序的最大挑战，美国必须在同中国的竞争中获胜一事，中国外交部发言人毛宁表示，中方注意到美国政府发表的《国家安全战略》报告。当今世界正经历百年未有之大变局，但和平与发展仍是时代的主题，也是人类社会的共同愿望。我们反对固守冷战思维和"零和博弈"等陈旧观念，也不赞成渲染地缘冲突、大国竞争。这些做法都与当今时代潮流和国际社会的期待背道而驰，必定不受欢迎，终将遭到失败。中国发展的根本目的是为人民谋幸福、为民族谋复兴。中国始终是世界和平的建设者、全球发展的贡献者、国际秩序的维护者、公共产品的提供者和热点问题的斡旋者。国际社会对此有目共睹。中美作为最大的发展中国家和发达国家，对维护世界和平与稳定、促进经济繁荣与发展肩负责任。中美两国合则两利，斗则两伤。美方应秉持相互尊重、和平共处、合作共赢的原则，把拜登总统"四不一无意"的表态落实到行动上，与中方相向而行，推动中美关系重回健康稳定发展轨道。此外，针对美国财政部长耶伦本周三声称，中国将贸易武器化、工具化并用于地缘政治"胁迫"一事，毛宁表示，中国一贯反对将经贸问题政治化、武器化，致力于维护全球贸易投资自由化便利化，维护全球产业链供应链稳定。正是一些国家搞单边主义、保护主义，导致国际经贸合作受到阻碍。当前形势下，有关方应摈弃单边主义、保护主义做法，与国际社会一道维护产业链供应链安全畅通，共同维护世界经济体制、规则、基础的稳定，共同努力促进世界经济稳定复苏。

2022年10月14日 中国旅美科技协会30周年年会暨2022

年全球科技创新与经济领导力高峰论坛召开。中国教育国际交流协会会长刘利民应邀通过视频方式为活动致辞。中国驻纽约总领事馆代总领事江建军、美国前劳工部和交通部部长赵小兰、福茂集团创始人赵锡成、美国国家科学院和美国艺术与科学院双院士袁均瑛等政界、学界、商界代表出席了此次活动。

2022年10月14日　中国人民对外友好协会副会长姜江视频出席美国中国人民友好协会（美中友协）第24届华盛顿中美关系研讨会并发表主旨演讲。美中友协主席戴安娜·格里尔，新英格兰分会会长邓肯·麦克法兰，弗吉尼亚联邦大学、欧亚中心、美亚学会等高校和智库有关专家学者，就中美关系、经贸文化交流等议题进行了研讨。美中友协全美各分会代表出席了此次会议。

2022年10月18日　针对美国国务卿布林肯声称，中国决定收回台湾的时间比之前预想的要更快一事，中国外交部发言人汪文斌表示，中方注意到布林肯国务卿的相关言论。美国在"一个中国"问题上作出过明确承诺，承认世界上只有一个中国，台湾是中国的一部分，中华人民共和国政府是代表中国的唯一合法政府。这些承诺清清楚楚体现在中美三个联合公报之中。但美方却一再违背自己的诺言。美方承诺仅与台保持非官方关系，近年来却大幅放宽美台官方交往，美国会众议长甚至不顾中方强烈反对窜访台湾地区。美方承诺逐步减少对台售武，并经过一段时间导致最后解决，但实际上中美建交以来美售台武器的规模和性能不断提升，总额已超过700亿美元。布林肯国务卿还将美国的"一中"政策同中方承诺和平解决台湾问题相关联，而且将其作为美国"一中"政策的核心。这不是对承诺的重申，而是对承诺的篡改。以和平方式实现祖国统一，最符合包括台湾同胞在内的中华民族整体利益，最有利于中国的长期稳定发展，是中国共产党和中国政府解决台湾问题的第一选择。解决台湾问题是中国人自己的事，要由中国人来决定。我们愿意为和平统一创造广阔空间，但绝不为各种形式的"台独"分裂活动留下任何空间。和平解决台湾问题与"台独"分裂水火不容。"台独"活动越猖獗，和平解决的可能性就越消减。要真正维护台海和平就必须明确反对和制止任何"台独"分裂行径。美方应当切实履行承诺，回归"一个中国"的本源本义，将不支持"台独"的表态落到实处。

2022年10月21日 针对美国海军作战部部长声称，美国军队必须做好准备以应对今年可能对台湾的"入侵"一事，中国外交部发言人汪文斌表示，美方应当充分认识台湾问题的极端重要性和高度敏感性，恪守一个中国原则和中美三个联合公报规定，切实将不支持"台独"的承诺落到实处，不向"台独"分裂势力发出任何错误信号。需要强调的是，台湾问题纯属中国内政，不容任何外部势力干涉。我们坚决反对美方操弄涉台问题，在本地区挑动对抗的言行。

2022年10月24日至28日 中美欧日韩商标五局（TM5）合作和外观设计五局（ID5）合作年度系列会议以线上线下模式举行，会议由欧盟知识产权局轮值主办，中国国家知识产权局在线参加会议。欧盟知识产权局局长克里斯蒂安·阿尔尚博参加了本次系列会议开幕环节并致辞，中国国家知识产权局局长申长雨、日本特许厅厅长滨野幸一、韩国特许厅厅长李仁实、美国专利商标局局长凯瑟琳·维达尔分别以视频方式致开幕辞。会议通过了《TM5合作十周年联合愿景声明》和《ID5联合声明》。

2022年10月24日 中国驻纽约总领事黄屏应邀出席费城世界事务理事会"对话外交官"活动并发表主旨演讲。费城世界事务理事会会长斯沃茨主持了此次活动。活动在费城世界事务理事会网站同步直播，费城当地政、商、学、侨等各界人士和学生代表逾100人通过线上线下方式出席了此次活动。

2022年10月25日 中国外交学会与美国美亚学会合作举办美国会议员助手虚拟访华活动，邀请中国农业农村部官员与12名美国国会议员助手进行视频座谈。中国外交学会副会长赵卫平主持会议，农业农村部国际合作司副司长韦正林就中美农业合作等问题向美方介绍情况并回答提问。

2022年10月25日 针对美国一些势力近来散布"联大第2758号决议未解决台湾地位"的谬论，企图助台拓展所谓的"国际空间"之事，中国外交部发言人汪文斌表示，1971年10月25日，第26届联合国大会以压倒性多数通过第2758号决议。该决议不仅明确"恢复中华人民共和国的一切权利，承认她的政府的代表为中国在联合国组织的唯一合法代表"，还要求将台湾当局"代表"从其非法占据的席位上驱逐出去。决议通过后，美国等少数国家为保留台湾在联合国的席位而提出的所谓"双重代表权"提案成为废纸一张。联大第2758号决议不仅从政治上、法律上和程序上彻底解决了包括台湾在内全中国在联合国以及国际机构中的代表权问题，而且明确了中国在联合国的席位只有一个。一个中国原则成为国际社会普遍共识和公认的国际关系基本准则，彻底封堵了任何人、任何国家、任何势力企图制造"两个中国"或"一中一台"的空间。台湾没有任何根据、理由或权利参加联合国及其他只有主权国家才能参加的国际组织。51年来,在坚持一个中国原则的基础上,中国的建交国由60多个增加到181个。这充分表明,坚持一个中国原则是国际大义、人心所向,是不可抗拒的时代潮流。近年来,美方一些势力恶意曲解联大第2758号决议,散布"2758号决议未解决台湾地位"的谬论,炒作所谓"台湾参与联合国系统",试图虚化、掏空一个中国原则,纵容、支持"台独"分裂活动,给台海和平稳定造成严重负面影响。这种开历史"倒车"的行径,注定遭到国际社会普遍抵制和反对,也注定会在中国人民捍卫国家主权和领土完整的坚强决心、坚定意志、强大能力面前折戟沉沙。半个多世纪以来的历史证明,联大第2758号决议不容挑战,一个中国原则不可撼动。国家统一、民族复兴的历史车轮滚滚向前,中国完全统一一定能够实现!

2022年10月21日 中国驻芝加哥总领事赵建在芝加哥会见了全美中文学校协会会长倪小鹏一行。

2022年10月26日 中国国家主席习近平向美中关系全国委员会年度颁奖晚宴致贺信。习近平主席对美中关系全国委员会董事会副主席、安达集团董事长埃文·格林伯格获奖表示祝贺,对委员会及其成员一直以来积极促进中美关系发展和两国各领域交流合作表示赞赏。习近平主席指出,当今世界既不安宁也不太平。中美作为大国,双方加强沟通和合作,有助于推动世界增加稳定性和确定性,有助于推动世界和平与发展。中方愿同美方一道努力,相互尊重,和平共处,合作共赢,找到新时代中美正确相处之道,既有利两国,又造福世界。习近平主席希望美中关系全国委员会和关心支持中美关系的各界朋友继续发挥积极作用，助力中美关系重返健康稳定发展的轨道。同日，美国总统拜登亦向美中关系全国委员会年度颁奖晚宴致贺信。

  2022 年 10 月 27 日 针对美国白宫日前发布《国家安全战略》报告，声称中国是唯一一个既有意图又有能力重塑国际秩序的竞争者，对美构成最严重地缘政治挑战之事，中国国防部新闻发言人谭克非表示，美方这一报告充斥冷战思维和"零和博弈"观念，刻意渲染中国"挑战"、地缘冲突和大国竞争，以意识形态划线恶意制造阵营对抗，质疑中国正常军力发展，这是对中美关系的误判和中国发展的误读，与和平发展的时代主题和国际社会的普遍期待背道而驰。中国作为联合国创始成员国和安理会常任理事国，坚定不移走和平发展道路，积极参与全球治理体系改革和建设，始终是以联合国为核心的国际体系和以国际法为基础的国际秩序的坚定维护者，这在国际社会早有共识、已成公论，不是哪个国家发一份报告就能把是非黑白给颠倒的。反观美方这一报告，仍在按照制造敌人、拉帮结派、扩充军力的套路，在军事上推行"一体化威慑"，加速"三位一体"核力量建设，为谋求和巩固霸权强权制造借口，将自身利益凌驾于国际公义之上。这才是对国际体系、国际秩序的重大威胁和严峻挑战。中美合则两利、斗则俱伤。我们敦促美方客观理性看待中国和中国军队发展，把拜登总统"四不一无意"的表态落到实处，与中方相向而行，推动中美关系重回健康稳定发展轨道。

  2022 年 10 月 28 日 中共中央政治局委员、国务委员兼外长王毅会见美国驻华大使伯恩斯。王毅有针对性地介绍了中国共产党第二十次全国代表大会主要成果和重大意义。王毅说，中美关系处于紧要关头。习近平主席指出，中美应相互尊重、和平共处、合作共赢，这是中国同美国发展关系的最根本遵循。中美谁也改变不了谁，美方不要再试图从实力地位出发同中国打交道，不要总想着打压遏制中国。伯恩斯表示，美方愿同中方加强沟通，管控分歧，推进合作。

2022年10月28日 针对美国国防部27日发布《2022年核态势审议报告》（NPR）一事，中国外交部发言人汪文斌表示，中方注意到，美方《2022年核态势审议报告》极力渲染大国竞争、阵营对抗，充斥着冷战思维、零和理念，将核武器作为推进地缘政治目标的工具，与防止核战争、避免核军备竞赛的国际期待背道而驰。美方作为拥有最大核武库的国家，持续升级"三位一体"核力量，有选择性地推动打压对手的国际核军控议程。美方政策反映出其谋求绝对军事优势的霸权逻辑，将刺激核军备竞赛。美方声称要使用核武器应对核攻击与非核战略攻击，大力发展并谋求前沿部署战术核武器。美方强化核武器在国家安全政策中的作用，降低核武器使用门槛，日益成为核冲突风险的源头。美方渲染特定国家的核威胁，为其量身定制核威慑战略，鼓吹违反《不扩散核武器条约》的"核共享"安排，声称要加强与亚太地区盟友的延伸威慑。此举损害大国互信，挑动核军备竞赛与核对抗，刺激核扩散，严重破坏国际和地区和平稳定。美方在报告中对中国正常的核力量现代化指手画脚、妄加揣测，明目张胆针对中国量身定制核威慑战略，中方对此严重关切并坚决反对。我们正告美方，中方有能力、有信心维护国家安全利益，美方的核讹诈吓不倒中国。我们奉劝美方摒弃冷战思维和霸权逻辑，采取理性、负责任的核政策，切实履行核裁军特殊优先责任，为维护全球战略稳定、增进世界和平与安全发挥应有作用。

2022年10月31日　中共中央政治局委员、国务委员兼外长王毅应约同美国国务卿布林肯通电话，就当前及今后一段的中美关系交换了意见。布林肯表示美方密切关注中共二十大和大会报告。王毅表示，二十大是一次团结、民主、进取的大会。大会最重要的成果是，响应全党全国人民的共同愿望，确立习近平总书记在党中央、全党的核心地位，确立习近平新时代中国特色社会主义思想为必须长期坚持的指导思想。中国将继续沿着中国特色社会主义这条已经被证明成功的道路坚定不移走下去。中国党和政府的大政方针将保持高度连续性和稳定性。大会对外发出的重要信息是，中国将坚持维护世界和平、促进共同发展的外交政策宗旨，继续奉行对外开放的基本国策，以中国式现代化推动人类整体进步，以中国的新发展为世界带来新机遇，这是中国为动荡不安的国际形势提供的最大稳定性。王毅说，美方如果真想了解中国，就请认真研读二十大报告。中国的内外政策公开透明，战略意图光明磊落。美方不要再戴着有色眼镜主观臆测，更不要让意识形态偏见蒙蔽双眼。王毅指出，推动中美关系重回稳定发展轨道不仅符合中美共同利益，也是国际社会的普遍期待。美方应停止对华遏制打压的做法，不要为两国关系制造新的障碍。美方出台对华出口管制新规，限制对华投资，严重违反自由贸易规则，严重损害中方正当权益，必须予以纠正。布林肯表示，世界期待美中合作。美方愿就下阶段美中关系同中方保持沟通，开展合作，探讨两国关系的基础。双方还就乌克兰等问题交换了看法。王毅强调，各方应保持克制，冷静决断，加大外交努力，避免局势进一步升级甚至失控。只要有一线希望，就不能关闭谈判的大门；只要有百分之一的可能，就要为和平付出百分之百的努力。

11月

2022年11月1日　中国驻美国大使馆公使井泉应邀访问美国南卡罗来纳州福尔曼大学，就中美关系发表了演讲，与学生代表进行了座谈，并会见了当地各界人士。

2022年11月1日　2022年中美电视节之中美视听产业高峰论坛举办。论坛在洛杉矶和北京分设两个会场，中美两国影视业界人士通过视频连线的方式相聚一堂。本次活动由广电总局国际司、中国驻洛杉矶总领事馆共同支持，中美电视节组委会、中华广播影视交流协会、中国电视剧制作产业协会、首都广播节目制作产业协会联合主办。中国驻洛杉矶总领事张平应邀出席并致辞。

2022年11月1日　针对美国国防部公布"2022年美国防战略"报告，认为中国对美国家安全构成"最严重的系统性挑战"，还称中方寻求损害美"印太"盟友和安全伙伴关系，利用自身经济和军事影响力"威胁"地区国家利益之事，中国外交部发言人赵立坚表示，中方注意到美国政府发布的国防战略报告。该报告与前不久美国白宫发布的《国家安全战略》报告一样，渲染大国竞争，蓄意歪曲中国外交国防政策，充满冷战零和思

291

维和唯我独尊的霸权逻辑，充分暴露了美方为遏制打压中国刻意编造借口的险恶用心。当今世界正经历百年未有之大变局，和平、发展、合作、共赢的历史潮流不可阻挡。另外，恃强凌弱、巧取豪夺、零和博弈等霸权霸道霸凌行径危害深重。中国始终坚持维护世界和平、促进共同发展的外交政策宗旨，致力于推动构建人类命运共同体。中国奉行防御性的国防政策。中国的发展是世界和平力量的增长。无论发展到什么程度，中国永远不称霸、永远不搞扩张，始终是世界和平的建设者、全球发展的贡献者、国际秩序的维护者、公共产品的提供者和热点问题的斡旋者。同时，我们坚决反对讹诈、遏制、封锁、极限施压等一切形式的霸权主义和强权政治，反对冷战思维，反对搞双重标准。我们坚决捍卫国家主权、安全和发展利益。我们敦促美方顺应和平与发展的时代大潮，摒弃冷战零和思维，放弃以对抗视角看待当今世界和中美关系，停止歪曲中方战略意图。美方应该把拜登总统"四不一无意"的表态落实到行动上，与中方相向而行，推动中美关系重回健康稳定发展轨道。这才是符合中美两国和世界各国利益的正确选择。

2022年11月2日　美中贸易全国委员会会长艾伦一行赴复旦大学美国研究中心参访交流并会见了复旦大学国际问题研究院院长、美国研究中心主任吴心伯教授。当晚，吴心伯院长与艾伦会长共同出席了"中美关系对话"活动。

2022年11月2日　针对美国政府已经要求日本等国采取措施，对中国实施半导体出口限制一事，中国外交部发言人赵立坚表示，一段时间以来，美方一再滥用出口管制措施，对中国企业进行恶意封锁和打压，胁迫盟友参与对华经济遏制，对全球产业链供应链稳定造成极大破坏，严重违反自由贸易规则，严重损害各国经济发展和民生福祉。我们将继续同国际社会一道，反对美方的经济胁迫和霸凌行径，共同维护世界经济体制、规则和基础的稳定。我们也希望相关国家从本国长远利益和国际社会根本利益出发，独立自主作出正确判断。

2022年11月3日 针对美国国务院一名高官周三表示，美国政府告诫德国不要允许中远集团获得汉堡港码头的控股权一事，中国外交部发言人赵立坚表示，中德之间的务实合作是两个主权国家之间的事情，美方不应无端攻击，更没有资格插手干预。美方官员对于干涉包括所谓"伙伴国家"在内的别国事务还洋洋自得，这充分暴露了他们一贯的霸权主义心态和胁迫外交恶习。

2022年11月4日 中国科学技术部副部长、国家外国专家局局长李萌会见了美国杜克大学法学院创新政策中心执行主任、2006年中国政府友谊奖获得者丹尼斯·西蒙。

2022年11月4日 第18届中美电影节和中美电视节在美国洛杉矶拉开帷幕。中国驻洛杉矶总领事张平、中美电影节和中美电视节主席、美国鹰龙传媒公司董事长苏彦韬、美国联邦众议员赵美心等分别发表致辞。数百名中美影视界人士及政府官员等通过线上线下结合方式参加了在圣盖博市喜来登酒店举行的开幕式暨"金天使奖"颁奖典礼。

2022年11月4日 针对美国防部日前发布《2022年国家防务战略》报告一文中有大量涉华内容之事，中国国防部新闻发言人谭克非表示，美方《2022年国家防务战略》报告中的涉华内容，延续其《国家安全战略》报告"威胁驱动"的错误论调，罔顾事实渲染所谓中国"挑战"和大国竞争，借规划美国防务战略抹黑中国正常军力发展，属于冷战思维和零和博弈观念的老调重弹。我们对此表示坚决反对，已向美方提出严正交涉。中国坚定不移走和平发展道路，坚定维护以联合国为核心的国际体系。中方一直以实际行动维护亚太和平、促进亚太发展、参与亚太合作，致力于构建亚太命运共同体。一支强大的中国军队，不仅是捍卫国家主权、统一、领土完整的战略支撑，也是维护世界和地区和平稳定的坚定力量。这是国际社会有目共睹的。那些顽固奉行本国利益优先，在亚太地区拉帮结派搞"一体化威慑"的国家，才是国际体系和亚太地区"步步紧逼的挑战"。台湾是中国的台湾，台湾问题是中国的内政，不容任何外来干涉。当前，美方不断虚化掏空一个中国原则，变本加厉搞"以台制华"，这些恶劣行径严重侵犯中国主权和领土完整，严重危害台海地区和平稳定。中国人民解放军持续练兵备战，坚决反制任何形式的"台独"分裂活动和外部势力干涉。中国坚定奉行自卫防御的核战略，恪守在任何时候和任何情况下都不首先使用核武器的核政策，一直把核力量维持在国家安全需要的最低水平。中方积极参与国际军控、裁军和防扩散进程，已签署或加入包括《不扩散核武器条约》等20多个多边军控、裁军和防扩散条约。反而是美方在军控和防扩散领域毁约退群，加快核武器及其运载工具升级换代，降低核武器使用门槛，与英国、澳大利亚开展核潜艇合作，加剧地区核扩散风险。我们敦促美方摒弃冷战零和思维，摘掉有色眼镜，纠正对华错误认知，理性看待中国和中国军队发展，采取客观务实的态度，多做有利于维护世界和地区和平稳定的事。

2022年11月7日　　针对美国总统拜登近期准备向日本和荷兰施加压力，要求两国和美方一道阻止先进芯片技术流向中国之事，中国外交部发言人赵立坚表示，美方此举不是堂堂正正的大国所为。当然，美方滥用国家力量，倚仗技术优势对盟国经济胁迫以维持自身霸权私利，这早已不是什么新鲜事。美方将科技和经贸问题政治化、工具化、意识形态化，对别国搞"技术封锁""技术脱钩"，其用心人尽皆知。企图堵别人的路，最终只会堵死自己的路。我们希望有关方面秉持客观、公正立场，从自身长远利益和国际社会根本利益出发，独立自主作出正确判断。

2022年11月8日至16日　　中国人民外交学会会长王超率团访问美国纽约。代表团成员包括商务部前部长陈德铭，国务院侨办前主任、中央外办前常务副主任裴援平，国家发展改革委前副主任宁吉喆，前驻美国大使崔天凯，中国人民银行前副行长朱民，国防大学国家安全学院副院长唐永胜，中国贸促会副会长于健龙，北京大学国际战略研究院院长王缉思，中共中央党校（国家行政学院）科研部主任林振义，复旦大学国际问题研究院院长吴心伯，隆基绿能科技股份有限公司董事长钟宝申和万向集团董事倪频等。

其间，11月10日至11日，代表团与美国史带集团董事长兼首席执行官格林伯格牵头的美方团队举行了中美前政府官员和工商界人士对话。美方代表主要包括前联邦参议员利伯曼，前驻华大使博卡斯、布兰斯塔德，前参谋长联席会议主席马伦等。11月14日，代表团部分成员出席了外交学会与美中跨太平洋基金会共同举办的中美知名人士论坛第四次会议。美方代表主要包括美中跨太平洋基金会董事会主席罗仕杰、前新墨西哥州州长理查德森、前参谋长联席会议主席迈尔斯、前联邦巡回上诉法院首席大法官雷德、前驻印度大使罗默、前国际安全与防扩散事务助理国务卿拉德梅克、前路易斯安那州共和党联邦众议员布斯坦尼、科文顿·柏灵律师事务所政府事务负责人戈尔德等。在美期间，代表团部分成员还拜会了美国前国务卿基辛格等各界人士，并与《纽约时报》、《华尔街日报》、有线电视新闻网（CNN）、《外交事务》、"旗语新闻社"、《屋大维报告》、《南华早报》北美分社等美国主流媒体进行了座谈。

2022年11月9日 针对美国白宫宣布，决定延续实施上届政府颁发的对华禁令，禁止美国人投资与中国军方有关联的中国公司一事，中国外交部发言人赵立坚表示，美方延续上届政府错误做法，出于政治目的实施针对所谓中国"涉军企业"的投资禁令，这完全无视事实和相关公司的实际情况，严重破坏了正常的市场规则和秩序，不仅损害中国企业的合法权益，也伤害包括美国投资者在内的全球投资者的利益。中方对此坚决反对。美方应该尊重法治、尊重市场，纠正错误，停止采取损害全球金融市场秩序、投资者合法权益的行径。中方将采取必要措施，坚决维护中国企业的正当合法权益，坚决支持中国企业依法维护自身利益。

2022年11月10日 中国科技部部长王志刚在京会见美国驻华大使尼古拉斯·伯恩斯。双方就中美科技关系等交换了意见。

2022年11月10日 就中国气候变化事务特使解振华和美国总统气候问题特使克里均表示，在《联合国气候变化框架公约》第二十七次缔约方大会（COP27）期间举行了非正式会谈之事，中国外交部发言人赵立坚表示，中美气候特使一直保持着非正式沟通。中方在中美气候变化商谈上的立场没有改变。中国是生态文明的践行者，是气候治理的行动派，一直坚定不移积极应对气候变化。近十年来，中国在节能、提高能效、发展可再生能源、交通、建筑等领域所作贡献占全球总量的30%—50%。中国共产党二十大报告强调，中国将积极稳妥推进碳达峰碳中和，积极参与应对气候变化全球治理，彰显了中国推动绿色发展、促进人与自然和谐共生的坚定决心。我们希望发达国家尽快兑现1000亿美元承诺，并提出适应资金翻倍路线图，增进南北互信和行动合力。

2022年11月11日　针对美国总统国家安全事务助理沙利文声称，美方将向台湾通报中美元首会晤情况一事，中国外交部发言人赵立坚表示，世界上只有一个中国，台湾是中国领土不可分割的一部分。当前台海局势紧张，根源是台湾当局一再企图"倚美谋独"，而美方一些人有意搞"以台制华"。这种行径才是对台海和平稳定的破坏。美台"官方"往来违反美方作出的仅同台湾保持非官方关系的承诺。所谓美将向台湾通报中美元首会晤情况更是严重违反一个中国原则和中美三个联合公报规定，性质十分恶劣。中方对此坚决反对。美方单方面炮制的所谓"与台湾关系法"与中美三个联合公报原则和国际关系基本准则背道而驰，中方从一开始就坚决反对。美方无权将国内法凌驾于国际法之上，更不得借此干涉中国内政。在台湾问题上，美方应该遵守的是一个中国原则和中美三个联合公报规定，而不是所谓"与台湾关系法"。中方敦促美方恪守一个中国原则和中美三个联合公报规定，停止美台官方往来和军事联系，停止售台武器，以实际行动落实不支持"台独"的承诺，不要将中美关系引向危险境地。

2022年11月12日 全美中国和平统一促进会联合会2022年年会举行，中国驻美使馆以视频方式致贺。

2022年11月14日 中国国家主席习近平在印度尼西亚巴厘岛同美国总统拜登举行会晤。两国元首就中美关系中的战略性问题以及重大全球和地区问题坦诚深入交换了看法。

习近平指出，当前中美关系面临的局面不符合两国和两国人民根本利益，也不符合国际社会期待。中美双方需要本着对历史、对世界、对人民负责的态度，探讨新时期两国正确相处之道，找到两国关系发展的正确方向，推动中美关系重回健康稳定发展轨道，造福两国，惠及世界。

习近平介绍了中国共产党第二十次全国代表大会主要情况和重要成果，指出，中国党和政府的内外政策公开透明，战略意图光明磊落，保持高度连续性和稳定性。我们以中国式现代化全面推进中华民族伟大复兴，继续把实现人民对美好生活的向往作为出发点，坚定不移把改革开放进行下去，推动建设开放型世界经济。中国继续坚定奉行独立自主的和平外交政策，始终根据事情本身的是非曲直决定自己的立场和态度，倡导对话协商、和平解决争端，深化和拓展全球伙伴关系，维护以联合国为核心的国际体系和以国际法为基础的国际秩序，推动构建人类命运共同体。中国将坚持和平发展、开放发展、共赢发展，做全球发展的参与者、推动者，同各国一起实现共同发展。

习近平指出，世界正处于一个重大历史转折点，各国既需要面对前所未有的挑战，也应该抓住前所未有的机遇。我们应该从这个高度看待和处理中美关系。中美关系不应该是你输我赢、你兴我衰的零和博弈，中美各自取得成功对彼此是机遇而非挑战。宽广的地球完全容得下中美各自发展、共同繁荣。双方应该正确看待对方内外政策和战略意图，确立对话而非对抗、双赢而非零和的交往基调。我高度重视总统先生有关"四不一无意"的表态。中国从来不寻求改变现有国际秩序，不干涉美国内政，无意挑战和取代美国。双方应该坚持相互尊重、和平共处、合作共赢，共同确保中美关系沿着正确航向前行，不偏航、不失速，更不能相撞。遵守国际关系基本准则和中美三个联合公报，这是双方管控矛盾分歧、防止对抗冲突的关键，也是中美关系最重要的防护和安全网。

习近平系统阐述了台湾问题由来以及中方原则立场。习近平强调，台湾问题是中国核心利益中的核心，是中美关系政治基础中的基础，是中美关系第一条不可逾越的红线。解决台湾问题是中国人自己的事，是中国的内政。维护祖国统一和领土完整，是中国人民和中华民族的共同心愿。任何人想把台湾从中国分裂出去，都违背中国的民族大义，中国人民都绝不会答应！我们希望看到并始终致力于保持台海的和平稳定，但"台独"同台海和平稳定水火不容。希望美方言行一致，恪守一个中国政策和中美三个联合公报。总统先生多次讲过不支持"台独"，无意将台湾作为谋求对华竞争优势或遏制中国的工具。希望美方将总统先生的承诺落到实处。

习近平指出，自由、民主、人权是人类的共同追求，也是中国共产党的一贯追求。美国有美国式民主，中国有中国式民主，都符合各自的国情。中国全过程人民民主基于中国国情和历史文化，体现人民意愿，我们同样感到自豪。任何国家的民主制度都不可能至善至美，都需要不断发展完善。对双方存在的具体分歧，可以进行探讨，前提是平等交流。所谓"民主对抗威权"不是当今世界的特点，更不符合时代发展的潮流。

习近平指出，美国搞的是资本主义，中国搞的是社会主义，双方走的是不同的路。这种不同不是今天才有的，今后还会继续存在。中国共产党领导和中国社会主义制度得到14亿人民拥护和支持，是中国发展和稳定的根本保障。中美相处很重要一条就是承认这种不同，尊重这种不同，而不是强求一律，试图去改变甚至颠覆对方的制度。美方应将有关承诺体现在具体行动上，而不是说一套做一套。

习近平强调，中美是两个历史文化、社会制度、发展道路不同的大国，过去和现在有差异和分歧，今后也还会有，但这不应成为中美关系发展的障碍。任何时候世界都有竞争，但竞争应该是相互借鉴、你追我赶，共同进步，而不是你输我赢、你死我活。中国有自强不息的光荣传统，一切打压和遏制只会激发中国人民的意志和热情。打贸易战、科技战，人为"筑墙设垒"，强推"脱钩断链"，完全违反市场经济原则，破坏国际贸易规则，只会损人不利己。我们反对把经贸科技交流政治化、武器化。当前形势下，中美两国共同利益不是减少了，而是更多了。中美不冲突、不对抗、和平共处，这是两国最基本的共同利益。中美两国经济深度融合，面临新的发展任务，需要从对方发展中获益，这也是共同利益。全球经济疫后复苏、应对气候变化、解决地区热点问题也离不开中美协调合作，这还是共同利益。双方应该相互尊重，互惠互利，着眼大局，为双方合作提供好的氛围和稳定的关系。

拜登表示，我同习近平主席相识多年，保持着经常性沟通，但无论如何也代替不了面对面的会晤。祝贺你再次连任中共中央总书记。美中作为两个大国，有责任保持建设性关系。美方致力于保持两国元首以及政府各层级沟通渠道畅通，就双方存在分歧的问题开展坦诚对话，为应对气候变化、粮食安全等重要全球性挑战加强必要合作，发挥关键作用。这对美中两国和两国人民至关重要，对整个世界也十分重要。我愿重申，一个稳定和发展的中国符合美国和世界的利益。美国尊重中国的体制，不寻求改变中国体制，不寻求"新冷战"，不寻求通过强化盟友关系反对中国，不支持"台湾独立"，也不支持"两个中国""一中一台"，无意同中国发生冲突。美方也无意寻求同中国"脱钩"，无意阻挠中国经济发展，无意围堵中国。拜登表示，美中关系如何发展，对未来世界走向至关重要。美中双方有共同责任向世界展示，美中能够管控分歧，避免和防止由于误解误判或激烈竞争演变成对抗甚至冲突。美方认同应确立指导美中关系的原则，可由双方团队在已有的共识基础上继续谈下去，争取尽早达成一致。美国政府奉行一个中国政策，不寻求利用台湾问题作为工具遏制中国，希望看到台海和平稳定。

两国元首同意，双方外交团队保持战略沟通，开展经常性磋商。同意两国财金团队就宏观经济政策、经贸等问题开展对话协调。同意共同努力推动《联合国气候变化框架公约》第二十七次缔约方大会取得成功。双方就开展两国公共卫生、农业和粮食安全对话合作达成一致。同意用好中美联合工作组，推动解决更多具体问题。同意中美人文交流十分重要，鼓励扩大两国各领域人员交往。

两国元首还就乌克兰危机等问题交换了意见。习近平指出，中方高度关切当前乌克兰局势。危机爆发后，我就提出了"四个应该"，前不久我又提出"四个共同"。面对乌克兰危机这样的全球性、复合性危机，有这么几条值得认真思考：一是冲突战争没有赢家；二是复杂问题没有简单解决办法；三是大国对抗必须避免。中方始终站在和平的一边，将继续劝和促谈，支持并期待俄乌双方恢复和谈，同时希望美国、北约、欧盟同俄罗斯开展全面对话。

两国元首都认为，会晤是深入坦诚和建设性的，责成两国工作团队及时跟进和落实两国元首达成的重要共识，采取切实行动，推动中美关系重返稳定发展轨道。两国元首同意继续保持经常性联系。

丁薛祥、王毅、何立峰等参加会见。

2022年11月14日　中国国家主席习近平在印度尼西亚巴厘岛同美国总统拜登举行会晤。会晤结束后，中国国务委员兼外长王毅向媒体介绍情况并回答了提问。在介绍会晤情况时，王毅表示，今天下午，由美方提议，中国国家主席习近平同美国总统拜登在巴厘岛举行了面对面会晤。两国元首就事关中美关系以及世界和平发展前景的重大问题进行了坦诚、深入、建设性、战略性沟通。中方已经发布了会晤新闻稿。王毅强调，一是意义重大。会晤创下了三个"首次"：这是中美元首三年来首次面对面会晤，是拜登总统执政后两位领导人首次面对面会晤，也是中美各自完成今年国内重大议程后两国最高领导人的首次互动。二是沟通深入。两位领导人相识已久，这段时间多次通话和视频会晤，每次都是长时间深入沟通。本次会晤既是迄今交往的延续，也预示着一个新的起点。会晤持续了三个多小时，超过事先商定的时长，而且使用的是同传。两位元首的交流全面、深入、坦诚，富有建设性和战略性。三是内容丰富。两国元首在会晤中谈到了各自内外政策、中美关系、台湾问题、各领域对话与合作、重大国际地区问题等五方面议题，可以说覆盖了两国关系最重要的方面和当前最紧迫的地区和全球性问题。四是引领未来。元首外交是中美关系的"指南针"和"定盘星"，对两国关系发展发挥着不可替代的战略引领作用。当前中美关系面临严重困难局面，处于何去何从的关键节点。两国元首在会晤中既把舵定向，又作出规划部署。习近平主席介绍了中共二十大的主要成果和重大意义，强调中国党和政府的内外政策公开透明，战略意图光明磊落，保持高度连续性和稳定性。习近平主席表示，中美关系不应该是你输我赢、你兴我衰的"零和博弈"，21世纪的世界必须避免重蹈"冷战"的覆辙。两国应该正确看待对方内外政策和战略意图，确立对话而非对抗、双赢而非零和的交往基调。拜登总统介绍了美国中期选举的情况，表示美方尊重中国的体制，不寻求改变中国的制度，不寻求打"新冷战"，不寻求强化同盟关系反对中国，无意同中国冲突，无意围堵中国。两国元首都重视中美关系的世界性意义，都强调确立中美关系指导原则的重要性，都希望推动双边关系止跌回稳，都同意加强沟通交流、推进务实合作。这为今后一个时期中美关系的发展明确了方向，将有利于推动两国关系逐步重回健康稳定的正轨。

就各方都关心中美关系的走向问题，王毅表示，这次元首会晤不仅具有重大现实指导意义，而且将对下阶段乃至更长时期的中美关系产生重要深远影响。一是明确了一个方向，就是要防止中美关系脱轨失控，找到两个大国正确相处之道。习近平主席指出，当前中美关系面临的局面不符合两国和两国人民根本利益，也不符合国际社会期待。双方应本着对历史、对世界、对人民负责的态度，确保中美关系沿着正确航向前行，不偏航、不失速，更不能相撞。拜登总统在会晤时表示，一个稳定和发展的中国符合美国和世界的利益。美中应向世界展示，双方能够管控分歧，避免由于误判或激烈竞争导致滑向冲突对抗。二是确定了一个框架，就是要共同探讨确立中美关系指导原则，或者说战略性框架。习近平主席表示，中美这么两个大国，没有一些大的原则性共识是不行的。有了原则，才有方向，有了方向，才能妥处分歧、拓展合作。中方提出中美应坚持相互尊重、和平共处、合作共赢，就是基于这一考虑。拜登总统也多次重申"四不一无意"等重要表态。两国元首一致认同确立中美关系指导原则的重要性，就此进行了建设性探讨，责成双方工作团队跟进磋商，争取在迄今已有共识基础上尽快达成一致。三是启动了一个进程，就是要将两国元首重要共识落到实处，管控和稳定中美关系。元首外交是外交的最高形式，中美元首巴厘岛会晤对双边关系的战略引领体现在方方面面，既包括会晤前的一系列重要准备，也包括会晤后的跟进和落实。管控和稳定中美关系是一个持续不间断的进程，是进行时，不是过去时也没有完成时。双方团队将按照两国元首确定的工作重点，保持对话沟通，管控矛盾分歧，推动交往合作，为中美关系增添正能量、装上安全阀，为动荡变革的世界注入稳定性和确定性。必须指出，中方有自己长期坚守的原则和底线，有必须坚定维护的正当合法利益，不会屈服于任何霸权霸凌。美方应该把拜登总统的积极表态切实体现到具体的政策和行动中，停止对华遏制打压，停止干涉中国内政，停止损害中国主权安全发展利益，同中方相向而行，共同搭建有利于中美关系健康稳定发展的"四梁八柱"，共同夯实中美关系行稳致远的"坚实地基"。

就两位领导人围绕台湾问题的沟通情况，王毅表示，台湾是中国的一部分，台湾问题是中国的内部事务。之所以中美之间要讨论台湾问题，是因为美国干涉了中国内政。我们的要求十分清晰明了，就是停止干涉中国内政，尊重中国的主权和领土完整。这次会晤当中，习近平主席向拜登总统介绍了过去几百年来台湾被外部势力殖民和侵略的历史，强调中国反对"台独"、维护领土完整，就是要守护住祖祖辈辈属于中国的土地。任何人想把台湾从中国分裂出去，都违背中国的民族大义，中国人民必将同仇敌忾，绝不会答应。习近平主席指出，中方将坚持"和平统一、一国两制"的基本方针，以最大诚意、尽最大努力争取和平统一的前景。但如果出现《反分裂国家法》规定的三种严重情况，中方必将依法行事。中国是最希望台海和平稳定的，而"台独"同台海和平稳定水火不容，要想维护台海和平稳定，就应当坚决反对和遏阻"台独"。习近平主席强调，台湾问题是中国核心利益中的核心，是中美关系政治基础中的基础，是美国不能也不应逾越的红线。中方要求美方言行一致，恪守一个中国政策和中美三个联合公报规定，履行"不支持'台独'"的承诺，停止虚化掏空一中政策，约束制止"台独"分裂言行，不要让局势发展到不可收拾的地步。拜登总统表示，美方坚持一个中国政策，不支持"台独"，不支持"两个中国"或"一中一台"，不寻求把台湾问题作为工具遏制中国。

就中美在双多边合作方面问题，王毅指出，中美关系发展的历史表明，中美合则两利，斗则俱伤。在世纪疫情和百年变局交织、人类社会面临前所未有挑战的大背景下，中美作为两个大国，在双多边领域加强合作，同各国一道共克时艰，不仅符合中美两国利益，也是国际社会的普遍期待。会晤中，习近平主席表示，中美合作对两国和世界都是好事。中美有差异和分歧，分歧不应成为中美关系发展的障碍，差异应是两国交流合作的动力。合作需要好的氛围和稳定的关系，不能是单方面拉单子，要照顾双方关切，要有取有予。无论中美关系如何，两国在国际事务中履行大国责任的意愿不能降低。习近平主席指出，中美双方应努力使合作清单越拉越长，不要越缩越短。两国元首同意，双方团队可以就宏观经济政策、两国经贸等问题进行对话，共同努力推动《联合国气候变化框架公约》第二十七次缔约方大会取得积极成果。协调落实在公共卫生、农业领域形成的两份合作文件，鼓励支持开展中美人文交流，扩大各领域人员往来，持续开展中美联合工作组磋商，解决更多具体问题。事实一再说明，不能简单用竞争定义全部的中美关系，合作始终是中美两国的最好选择。中美合作有利于各方，开辟的是中美双赢、世界共赢的未来。

王毅介绍了双方还就一些重要和共同关切的问题交换了意见，他说，习近平主席就美方以及国际社会关心的一系列重大问题阐明了中方立场，亮明了中国态度。关于民主人权问题。习近平主席指出，自由、民主、人权是人类的共同追求，也是中国共产党的一贯追求。美国有美国式民主，中国有中国式民主，都符合各自的国情。中国全过程人民民主是基于中国国情和历史文化，体现了人民意愿。对双方存在的具体分歧，可以进行探讨，前提是平等交流。把本国定义为民主，把别国定义为威权，这本身就是不民主的表现。所谓"民主对抗威权"是个伪命题，不是当今世界的特点，更不符合时代发展的潮流。关于制度道路问题。习近平主席表示，美国搞的是资本主义，中国搞的是社会主义，双方走的是不同的路。这种不同从双方打交道的第一天起就已经存在，今后还会继续存在。中美相处很重要一条就是承认这种不同，尊重这种不同。中国共产党领导和中国社会主义制度，得到14亿人民拥护和支持，是中国发展和稳定的根本保障。企图颠覆中国共产党领导和中国社会主义制度，那就踩了底线、越了红线，动摇了两国关系的根基。关于经贸问题。习近平主席指出，中美经贸关系的本质是互惠互利，打贸易战、科技战，人为"筑墙设垒"，强推"脱钩断链"，完全违反市场经济原则，破坏国际贸易规则，只会损人不利己。中国将坚定不移把改革开放进行下去，把发展进步的基点放在自己身上。中国有自强不息的光荣传统，一切打压和遏制只会激发中国人民的意志和热情。如果美方在"脱钩"这个问题上一条道走到黑，最终将搬起石头砸自己的脚。

王毅介绍了双方围绕当前国际社会高度关注的乌克兰危机和朝鲜半岛问题进行的互动，他表示，两国元首就包括乌克兰问题、朝鲜半岛核问题在内的国际地区问题深入交换了意见。

关于乌克兰问题，习近平主席重申了中方处理乌克兰问题的"四个应该"，阐明了中方应对乌克兰局势最新演变的"四个共同"。强调开展对话谈判，和平解决危机是当务之急，核武器用不得、核战争打不得，应防止亚欧大陆出现核危机，还应共同努力确保全球产业链供应链稳定，避免出现更大规模人道主义危机，中方始终站在和平的一边，将继续劝和促谈。在朝鲜半岛核问题上，习近平主席阐述了中方的既定立场，强调应正视半岛问题的症结所在，坚持均衡解决各自关切尤其是朝方的合理关切。王毅最后介绍了双方的有关后续安排，他说，此次会晤中，两国元首同意继续保持经常性联系，同时责成两国外交安全团队持续开展战略沟通，跟进他们讨论的重大问题，落实他们达成的共识。美方表示美国国务卿布林肯希尽早访华，跟进会晤后续工作。中方对此表示欢迎。两国财金、经贸团队也将围绕宏观经济政策、中美经贸关系等问题进行沟通与协调。总之，这次会晤达到了深入沟通、明确意图、划清红线、防止冲突、指明方向、探讨合作的预期目的。

2022 年 11 月 14 日 针对美国总统拜登就中国军队在柬埔寨军事基地进行可能的活动向柬埔寨领导人表达了关切一事，中国外交部发言人毛宁表示，中柬是全面战略合作伙伴，两国各领域合作公开透明、合理正当。中国援助的柬埔寨云壤海军基地升级改造项目是正常的对柬援助活动，旨在加强柬海军维护海洋领土完整的能力，符合两国国内法、相关国际法和国际实践，不针对任何第三方。柬方也多次就此作出澄清。希望域外国家正确看待中柬之间的正常交往合作。

2022 年 11 月 15 日 "第十一次友好省州领导人峰会系列活

动启动仪式"以视频方式成功举办，山东省委常委、常务副省长曾赞荣在济南出席启动仪式并致辞。奥地利上奥州副州长哈博兰德、德国巴伐利亚州欧洲和国际事务部部长胡默尔、南非西开普省政府办公厅主任马里拉、美国佐治亚州经济发展署署长韦宏森、巴西圣保罗州国际关系厅常务副厅长阿丰索、加拿大魁北克省国际关系和法语事务部副部长助理奥黛及各友好省州有关部门负责人、山东省和济南市有关部门负责人等线上线下出席活动。

2022年11月15日 中国驻美使馆会见了美国友人、"鼓岭之友"成员穆言灵、安妮·莫斯卡里诺等一行。驻美使馆表示延续百年的鼓岭故事是中美友谊的象征，并高度赞赏"鼓岭之友"为挖掘鼓岭故事、促进中美人民了解和友谊所做的大量工作。目前，中美关系面临很多困难和挑战，越是这个时候，就越需要加强人文交流，珍惜、传承、弘扬好中美关系中的珍贵记忆和动人故事。鼓岭故事是中美友好历史中的动人篇章，驻美使馆愿与美国友人一道继续传播、发扬好这个故事，为中美关系增添积极因素。穆言灵等表示，"鼓岭之友"为曾在中国福州鼓岭生活过的美国家族后代组成，旨在传承鼓岭的历史，讲述中美友谊故事。鼓岭的历史告诉我们，尽管存在差异，但来自不同国家和文化的人们可以一起合作，建立延续数代人的友谊。"鼓岭之友"将继续在两国人民之间架起友谊桥梁，并传播"和平、友谊、爱"的"鼓岭精神"。

19世纪80年代起，许多西方人来到福州，并在鼓岭避暑，与当地居民结下深厚情谊，体现出中西方文化的和谐共生。1992年4月，《人民日报》刊登题为《啊！鼓岭》的文章，讲述美国老人加德纳在临终前仍念念不忘幼时曾生活过的福建鼓岭的动人故事，时任福州市委书记习近平看到文章后，邀请加德纳夫人访华完成丈夫重回儿时故乡的遗愿并授予其"福州市荣誉市民"称号。2012年，时任国家副主席习近平访美时在美国友好团体举行的午宴上再次提到此事，表示中美应加强人民交流，厚植中美互利合作最坚实民意基础。

2022年11月16日　中国人民银行行长易纲在印度尼西亚巴厘岛G20领导人峰会期间，会见了美国财政部长耶伦，就相关经济金融问题进行了交流。

2022年11月16日　中国国家发展改革委副主任连维良会见美中贸易全国委员会会长艾伦和其率领的美国企业代表团。来自埃克森美孚、波音、嘉吉等美国企业的代表参会。

2022年11月16日　针对美国联邦调查局长雷重申该部门长期以来对中国视频软件TikTok的安全关切一事，中国外交部发言人毛宁表示，散布虚假信息，并以此为借口打压中方有关企业已经成为美国政府的惯常做法，中方对此坚决反对。美方应采取负责任的方式，切实尊重和遵守公平、开放和非歧视的国际规则。

2022年11月17日　中国工业和信息化部副部长张云明会见美中贸易全国委员会会长克雷格·艾伦及相关美资企业代表。双方就中美产业发展合作等问题交换了意见。

2022年11月17日　中国驻美使馆访问了位于美国犹他州普罗沃市的杨百翰大学，并会见了杨百翰大学学术事务副校长里斯、国际事务副校长弗尔斯特。

2022年11月17日　中国驻芝加哥总领事赵建在美国得梅

因会见了艾奥瓦州大豆协会首席执行官利兹。

2022年11月18日　中国商务部部长王文涛在泰国曼谷APEC领导人非正式会议期间应约会见美国贸易代表戴琪。在中美两国元首巴厘岛会晤之后，双方对共同关心的中美经贸问题和多边、区域经贸问题，进行坦诚、专业、建设性的交流。双方同意继续保持沟通。

2022年11月18日　中国驻洛杉矶总领事张平应邀出席了由南加州美国飞虎队传播协会举办的"跨越太平洋——纪念美国飞虎队二战期间援华论坛"。美国联邦众议员赵美心、飞虎队老兵麦克马伦、美中航空遗产基金会会长格林以及当地华侨华人代表近300人参加了此次活动。同日，张平总领事还出席了美国长滩—青岛友城协会年度午餐会并发表演讲。长滩市市长加西亚、副市长理查森和青岛市副市长刘建军发表致辞，长滩港港务局、洛杉矶市和长滩市有关企业和机构负责人、加州州立大学长滩分校学者等参加了讨论，长滩市友城委员会、长滩—青岛友城协会、美中人民友好协会长滩分会负责人等约100人出席了此次活动。

2022年11月19日　中国国家主席习近平在曼谷出席亚太经合组织领导人非正式会议期间，应约同美国副总统哈里斯简短交谈。习近平主席表示，我同拜登总统在印尼巴厘岛的会晤富有战略性和建设性，对下阶段中美关系具有重要指导意义。希望双方进一步增进相互了解，减少误解误判，共同推动中美关系重回健康稳定的轨道。希望副总统女士为此发挥积极作用。哈里斯表示，两国元首刚刚举行成功会晤。美方不寻求同中方对抗或冲突，双方应在全球性问题上开展合作，保持沟通渠道畅通。

2022年11月19日　参加《联合国气候变化框架公约》第二十七次缔约方大会的中国代表团就包括中美气候谈判进程在内的多个受到各方关心的问题举行了专场记者发布会。习近平主席特别代表、中国气候变化事务特使解振华在会上表示，总体来看，中美间的气候谈判很有建设性。解振华表示，中美两国领导人在G20峰会上会晤之后，根据两国领导人的要求，中美两国的气候问题特使在沙姆沙伊赫正式磋商，如何来合作推动COP27成功。中美双方之间的正式磋商是非常坦诚、友好、积极、正面、很有建设性的。中美双方今天商定在这次大会结束之后，双方会继续开展正式的磋商，甚至还要进行面对面的磋商。关于磋商的结果，现在只能说很有建设性，但是最后的结果，待双方正式磋商之后会向各方公布。

2022年11月22日　在柬埔寨出席第9届东盟防长扩大会议的中国国务委员兼国防部长魏凤和应约与美国国防部长奥斯汀举行会谈。魏凤和首先介绍了中共二十大有关情况。他说，习近平主席和拜登总统在二十国集团领导人第十七次峰会上举行会谈，达成一系列重要共识，为中美关系发展指明了方向。当前中美关系面临的局面，责任在美方不在中方。中方重视发展两国两军关系，但美方必须尊重中方的核心利益。希望美方说到做到、信守承诺，把两国元首共识真正落到实处，采取理智务实对华政策，推动中美关系重回健康稳定发展轨道。魏凤和强调，台湾问题是中国核心利益中的核心，是中美关系第一条不可逾越的红线。台湾是中国的台湾，解决台湾问题是中国人自己的事，任何外部势力都无权插手干涉。中国军队有骨气、有底气，有信心、有能力坚决维护祖国统一。会谈中双方认为，两军应认真落实两国元首达成的重要共识，保持沟通接触，加强危机管控，努力维护地区的安全稳定。双方还就国际和地区形势、乌克兰危机、南海和朝鲜半岛问题等交换了意见。

2022年11月22日　美中公共事务协会、美国乒乓球协会在纽约市耶鲁俱乐部联合举办纪念中美"乒乓外交"50周年纪念活动。中国驻纽约总领事黄屏应邀出席活动，并同美中关系全国委员会副会长白莉娟、当年亲身参与中美"乒乓外交"的美国运动员斯威里斯夫妇举行了炉边谈话。美中公共事务协会会长滕绍骏主持了此次活动，美国乒协首席执行官沈伟妮致欢迎辞。美国乒协主席查尔、纽约州劳工局副局长孙雯，美国外交政策协会会长拉蒂夫，亚洲协会政策研究院副院长、美国国务院前亚太事务助理国务卿拉塞尔，纽约犹太社区关系理事会荣誉会长菲什拜因，香港驻纽约经贸办处长聂继恩，亚美商业发展中心总裁王章华，巴基斯坦驻纽约总领事阿里，日本驻纽约副总领事远藤，泰国驻纽约副总领事吉拉南塔基等150余名各界来宾出席了此次活动。

2022年11月22日　四川省与美国华盛顿州举办了缔结友好省州关系40周年纪念活动。四川省委常委、常务副省长李云泽，中国驻旧金山总领事张建敏，中国人民对外友好协会副会长姜江，美国华盛顿州州务卿霍华德，以及两省州代表性友城负责人、友好组织、企业代表等以线上或线下方式出席活动并发表致辞。

2022年11月22日　针对美国前财长萨默斯表示，美国应该专注于建立自身的经济优势，而非攻击中国一事，中国外交部发言人赵立坚表示，国际社会有识之士已经不止一次地就中美关系发出理性声音。这再次表明，合则两利、斗则俱伤是中美关系发展的铁律。中美经贸关系的本质是互惠互利。打贸易战、科技战，人为"筑墙设垒"，强推"脱钩断链"，完全违反市场经济原则，破坏国际贸易规则，只会损人不利己。美方应该认真倾听理性声音，放弃零和思维，停止泛化国家安全概念，停止将经贸科技问题政治化、工具化、武器化。中方愿同美方一道努力，落实中美两国元首巴厘岛会晤达成的重要共识，推动中美关系重返健康稳定发展轨道。

2022年11月24日　就近日美中公共事务协会和美国乒乓球协会在纽约举办了纪念中美"乒乓外交"50周年纪念活动一事，中国外交部发言人毛宁表示，中美人文交流十分重要，要鼓励扩大两国各领域人员交往，这是中美两国元首在巴厘岛会晤时达成的重要共识。我注意到曾参与中美"乒乓外交"的美国运动员在活动中表示，希望人文交流和民间往来继续为两国关系发展增添正能量。犹他州杨百翰大学艺术团团员也表示，与中国和中国人民之间不断延续的友谊已成为生命中最珍贵的部分，无论世界发生什么，无论中美关系遇到什么情况，人们总会记得爱和友谊。这份诚挚的情谊确实令人动容。中美历史文化、社会制度、发展道路不同，但这不是两国人民相互信任、构筑友谊的障碍，更不是中美关系发展的障碍。中方愿同美方一道努力，落实好两国元首巴厘岛会晤达成的重要共识，促进人文交流和民间往来，为两国关系健康稳定发展筑牢民意基础。

2022年11月25日　针对日前美国多家产业协会组成的联合团体致函美国国会参院军委会主席里德、共和党首席成员英霍夫,称美"2023财年国防授权法案"中关于禁止政府机构同中国芯片制造商开展业务的修正案内容缺乏法律依据,将给承包商和政府均带来巨大负担一事,中国外交部发言人毛宁表示,"国防授权法案"本质上是美国国内立法,但中方坚决反对美方借有关法案夹带通过涉华消极内容。全球产业链供应链的形成和发展,是市场规律和企业选择共同作用的结果。美国企业界的呼声表明,人为干扰破坏全球产业链供应链,不得人心,不符合任何一方利益。美方应认真倾听客观理性声音,停止将经贸科技问题政治化、武器化、意识形态化,停止对中国企业进行恶意封锁和打压,切实尊重市场经济规律和自由贸易规则,维护全球产业链供应链的安全稳定。

2022年11月27日 第90届好莱坞圣诞大游行在洛杉矶好莱坞明星大道盛大举行。中国驻洛杉矶总领事张平受邀同洛杉矶市长贾赛提以及数万民众一道参加了此次活动。

2022年11月28日 中国驻纽约总领事黄屏访问位于美国新泽西州的肯恩大学,并会见了该校校长雷波雷特、副校长巴斯克斯、温州肯恩大学执行副校长安德森等。

2022年11月28日 针对美国联邦通信委员会近日发布声明称,委员会已禁止有关中国公司向美国提供电信设备和视频监控设备,并称这对美国的国家安全构成威胁一事,中国外交部发言人赵立坚表示,美方此举是泛化国家安全概念,滥用国家力量无理打压中国企业的又一恶劣案例。这种做法违反市场经济原则,破坏国际贸易规则,损害中国企业利益。中方对此坚决反对。美方应该纠正错误做法,停止将经贸科技问题政治化、武器化,为包括中国企业在内的各国企业提供公平、公正、非歧视的市场环境。中方将继续坚定维护中国企业的正当合法权益。

12月

2022年12月1日 针对美国国务卿布林肯昨天指责中国的防疫政策一事，中国外交部发言人赵立坚表示，美方言论挑拨离间、颠倒黑白，具有不可告人的政治目的，我们坚决反对。疫情发生近三年来，中国政府始终把人民群众生命安全和身体健康放在第一位，坚持人民至上、生命至上，因时因势优化完善防控措施，统筹疫情防控和经济社会发展取得重大积极成果。事实证明，中国疫情防控政策是科学、正确、有效的。

2022年12月2日 2022年《中美人才培养计划》121项目中方项目院校工作会议在线上召开。中国教育国际交流协会副秘书长安延、教育部国际合作与交流司美大处处长尤佳、美国州立大学与学院协会国际事务执行主任唐纳德·贝茨等出席会议并致辞。

2022年12月2日 针对美国商务部长雷蒙多11月30日对记者声称，美奉行对华接触政策，希望中方对外开放市场，但中方不断提升国家主导作用，推动军民经济和技术融合，并称美不寻求对华"脱钩"，但将加强出口管控，提升供应链韧性，以应对中国"经济胁迫"一事，中国外交部发言人赵立坚表示，美方官员有关言论与事实不符。改革开放是中国的基本国策。中国开放的大门不会关闭，只会越开越大。前不久，中方就扩大外资流入、稳定外商投资规模提出15条政策措施，并发布2022年版《鼓励外商投资产业目录》，这些都充分展示了中国对外开放的坚定决心。与中国相对比，美国为了维护霸权私利，将对华贸易投资和科技问题政治化、武器化、意识形态化，蓄意抹黑中国军民融合战略，滥用出口管制，胁迫盟友组建各种排华产业链供应链。这些行径损人害己，更不利于世界经济复苏。我们敦促美方端正对华认知，将拜登总统无意寻求同中国"脱钩"、无意阻挠中国经济发展、无意围堵中国的承诺落到实处，停止滥用国家力量无理打压中国企业，停止人为"筑墙设垒"、强推"脱钩断链"，停止为了一己之私利裹挟世界经济，不要一条道走到黑。

2022年12月4日　南北卡华人工商总会联合美国乒乓球协会在北卡罗来纳州罗利市共同举办纪念中美"乒乓外交"50周年活动暨南北卡华人工商总会年会，中国驻美国使馆公使徐学渊应邀出席并致辞。当地政要、美国乒乓球协会主席查尔、美中关系全国委员会副会长白丽娟、前美国国家乒乓球队队员斯威里斯夫妇及各界代表250余人参加了此次活动。

2022年12月6日　中国驻美使馆应邀出席美中贸委会年度晚宴并发表主旨演讲。美国前驻华大使洪博培、中国气候变化事务特使解振华等嘉宾线上出席晚宴并发表致辞。晚宴由美中贸委会董事会主席葛士柏和会长艾伦共同主持，中美两国政界、工商界代表等600余人现场或在线参加了本次活动。

2022年12月6日　中国国防部新闻发言人谭克非就美方2022年《中国军事与安全发展报告》发表谈话指出，近日，美国国防部发布2022年《中国军事与安全发展报告》，歪曲中国国防政策和军事战略，无端臆测中国军力发展，在台湾问题上粗暴干涉中国内政，这是其渲染炒作所谓"中国军事威胁"的惯用伎俩。中方对此表示强烈不满和坚决反对，已向美方提出严正交涉。中国坚持走和平发展道路，奉行防御性的国防政策，始终是世界和平的建设者、全球发展的贡献者、国际秩序的维护者。中国发展军力旨在维护国家主权、安全和发展利益，无论发展到什么程度，永远不称霸、永远不搞扩张。反观美国，建国近250年仅16年没打仗，为一己私利四处煽风点火，在世界上制造分裂和对抗，所到之处带去的多是动荡和灾难。事实一再证明，美国是世界和平稳定的最大麻烦制造者、最大破坏者。台湾是中国的台湾，解决台湾问题是中国人自己的事，由中国人来决定。当前，美方一些人抱守"以台制华"幻想，民进党当局妄图"倚美谋独"，这是造成台海局势紧张的根源。我们致力于保持台海和平稳定，但决不承诺放弃使用武力，保留采取一切必要措施的选项。中国军队有信心、有能力挫败任何外部干涉和"台独"分裂图谋，实现祖国完全统一。美国在报告中对中国核力量现代化指手画脚、妄加揣测，实际上最应该深刻检讨反思自身核政策。美国拥有世界上最庞大核武库，持续升级"三位一体"核力量，大力发展并谋求前沿部署战术核武器，降低核武器使用门槛，通过美英澳"三边安全伙伴关系"进行核扩散，日益成为核冲突的源头。需要强调的是，中国坚定奉行自卫防御的核战略,始终恪守任何时候和任何情况下都不首先使用核武器的政策，把核力量维持在国家安全需要的最低水平。我们敦促美方摒弃冷战思维，纠正对华错误认知，客观理性看待中国国防和军队建设，停止发表错误言论和有关报告，切实以实际行动推动两国两军关系重回健康稳定发展轨道。

2022年12月7日 中国驻美使馆到访位于美国马萨诸塞州波士顿市的伯克利音乐学院并会见了该校校长穆尔。

2022年12月8日 中国驻美使馆在芝加哥出席美国中国总商会芝加哥分会2022年年会晚宴并发表主旨演讲。美国中国总商会芝加哥分会会长倪频致欢迎辞。美国商务部长雷蒙多致贺信。芝加哥市长莱特福特、伊利诺伊州民主党联邦众议员克瑞什纳摩西、科罗拉多州州长波利斯、芝加哥市副市长梅耶卡尔分别线上、现场出席年会并致辞。美前驻华大使博卡斯、布兰斯塔德，密歇根州前州长斯奈德，美中关系全国委员会主席欧伦斯及伊利诺伊、密歇根、俄亥俄、明尼苏达州相关市市长等出席年会。活动当晚还举行了"乒乓外交50周年巡回赛"芝加哥站颁奖仪式，并播放纪念视频。中国驻芝加哥总领事赵建出席年会晚宴活动并致闭幕辞。

2022年12月8日 针对美国国防安全局12月6日发表声明称，美国国务院已批准向台出售飞机标准零部件及有关装备共两笔军售之事，中国外交部发言人毛宁表示，美国公然违反一个中国原则和中美三个联合公报特别是《八一七公报》规定，向中国台湾地区出售武器，损害中国主权和安全利益，损害台海和平稳定，向"台独"分裂势力发出错误信号。中方对此表示强烈不满，坚决反对，将采取有力措施，坚定捍卫自身主权和安全利益。中方敦促美方恪守一个中国原则和中美三个联合公报规定，切实将美国领导人作出的不支持"台独"的承诺落到实处，停止售台武器和美台军事联系，停止制造新的台海局势紧张因素，停止搞"以台制华"，不要在错误和危险的道路上越走越远。

2022年12月8日　针对美方近日宣布，将向中国台湾地区出售总额4.28亿美元的军机零部件及有关装备之事，中国国防部新闻发言人谭克非表示，美方此举公然置中方严正立场于不顾，再次粗暴干涉中国内政，严重违反一个中国原则和中美三个联合公报规定，严重危害中国主权和安全利益，严重损害中美两国两军关系和台海地区和平稳定，中方对此强烈不满、坚决反对，已向美方提出严正交涉。近年来，美方在台湾问题上一边向中方作出严肃承诺，一边却虚化掏空一个中国原则，持续对台军售，推动出台涉台消极法案，派遣高官赴台活动，进一步加剧台海紧张局势。美方言犹在耳却出尔反尔，自相矛盾的做法充分暴露其说一套、做一套的虚伪面目，严重损害其政治信用和国际信誉。台湾问题是中国核心利益中的核心，是中美关系政治基础中的基础，是中美关系第一条不可逾越的红线。"台独"同台海和平稳定水火不容。解决台湾问题是中国人自己的事，是中国的内政。我们敦促美方切实尊重中方核心利益和重大关切，倘若一再食言背信、执意妄为，纵容支持"台独"，势必加剧台海紧张局势，最终必将引火烧身。中国人民解放军将采取一切必要措施，坚定捍卫国家主权和领土完整，坚决挫败任何形式的外部势力干涉和"台独"分裂图谋。

2022年12月8日　针对美方近日宣布，将向中国台湾地区出售总额4.28亿美元的军机零部件及有关装备之事，中国国台办发言人朱凤莲答记者问表示，我们坚决反对美国向中国台湾地区出售武器。美方的售武行径严重违反一个中国原则和中美三个联合公报规定，是对"台独"势力的纵容支持，是对台海地区和平稳定的破坏。敦促美方切实恪守一个中国原则，立即停止售台武器和美台军事联系，把不支持"台独"的政治承诺落到实处。"台独"是绝路。"以武拒统"，勾连外部势力谋"独"挑衅，只会把台湾同胞推向火坑。

2022年12月9日 针对美国国会众议院通过"国防授权法案"，内容包括未来5年向中国台湾地区提供总计最高100亿美元的军事贷款之事，中国外交部发言人毛宁表示，我们坚决反对美国借"国防授权法案"夹带通过涉华消极内容。台湾是中国的台湾，台湾问题纯属中国内政。美方应当恪守一个中国原则和中美三个联合公报规定，删除法案中的涉华消极内容，停止打"台湾牌"搞"以台制华"，停止美台军事联系，以免进一步损害中美关系。中方将采取一切必要措施，坚定捍卫自身主权和安全利益。

2022年12月9日 针对美联邦参众两院近日就"2023财年国防授权法案"达成共识，包含涉台消极内容之事，中国国台办发言人朱凤莲答记者问表示，台湾是中国的一部分。台湾问题纯属中国内政，不容任何外来干涉。美有关议案塞入涉台内容，严重违反国际关系基本准则，严重干涉中国内政，严重违反一个中国原则和中美三个联合公报规定，我们对此坚决反对。我们敦促美方立即停止在台湾问题上玩火，不得与中国台湾地区进行任何形式的军事联系。民进党当局"倚美谋独"，注定失败。

2022年12月11日至12日 中国外交部副部长谢锋在河北廊坊同来访的美国国务院亚太事务助理国务卿康达、白宫国安会中国事务高级主任罗森伯格举行会谈。双方围绕落实中美元首巴厘岛会晤共识、推进中美关系指导原则磋商、妥善处理双边关系中的台湾等重要敏感问题、加强各层级交往和开展相关领域合作进行了深入沟通，并就共同关心的国际和地区问题广泛交换了意见。中方在会谈中表示，中美双方要将落实两国元首巴厘岛会晤重要共识作为下阶段稳定和发展中美关系的主轴主线，坚持元首外交战略引领绝不动摇，落实两国元首会晤共识不打折扣，推进双边关系全过程管理绝不放松，对外释放正确信号毫不含糊，本着对两国、世界和历史高度负责的态度，加强沟通对话，开展互利合作，妥善管控分歧，推动中美关系重回健康稳定正轨。"零和博弈"的冷战思维必须摒弃，意识形态对立和集团阵营对抗必须反对，"脱钩断供"和科技打压的错误做法必须停止。中方强调，中方按照相互尊重、和平共处、合作共赢三原则发展中美关系的建设性态度始终如一，捍卫自身主权安全发展利益的决心坚定不移。台湾问题是中国核心利益中的核心，是中美关系政治基础中的基础，是中美关系第一条不可逾越的红线。中方就美台高层往来、美售台武器、涉台法案等错误行径再次表明严正立场，敦促美方以实际行动恪守一个中国原则和中美三个联合公报。中方指出，中方不回避也不惧怕竞争，但反对以竞争定义整个中美关系，反对以竞争之名行遏制打压之实。美国有美国的价值观，中国有中国的价值观，应相互尊重，不能强加于人，更不能干涉别国内政。中方坚定维护以联合国为核心的国际体系、以国际法为基础的国际秩序和以《联合国宪章》宗旨和原则为基础的国际关系基本准则，不接受个别或少数几个国家捣鼓出来的所谓"规则"。中方依法处理有关人员个案，美方应尊重事实，尊重中国法治。在乌克兰、朝鲜半岛核等问题上，谢锋副部长重申了中方明确、一贯的立场。双方一致认为会谈是坦诚、深入、建设性的，同意继续保持沟通。

2022年12月11日 中国驻洛杉矶总领事张平和夫人陈蔚应邀出席了美国洛杉矶市市长巴斯的就职典礼。

2022年12月12日 针对美国驻华大使伯恩斯12月10日就世界人权日发表声明，对中国人权状况指手画脚，对新疆、西藏、香港人权状况表达关切一事，中国外交部发言人汪文斌表示，美方有关声明无端指责中国人权状况，充斥着谎言和偏见，充分反映了美方霸权霸道霸凌的本性，暴露了借人权问题干涉中国内政、危害中国稳定发展和民族团结的政治目的。中方对此强烈不满、坚决反对。中国人权状况怎么样，中国人民最有发言权。我们将"尊重和保护人权"载入中国宪法，坚持走中国特色社会主义政治发展道路，全面发展全过程人民民主，坚持以人民为中心的发展思想。中国实现了14亿人从贫困到温饱再到小康，人均预期寿命增长到78.2岁，建成世界上规模最大的教育、社保、医疗和基层民主体系。中国民众的获得感、幸福感、安全感更加充实、更有保障、更可持续，人民生活全方位改善。同时，中国认真履行国际人权义务，是世界上唯一持续制定和实施四期"国家人权行动计划"的主要大国。我们将继续走中国人权发展道路，积极参与全球人权治理，推动人权事业全面发展。所谓中国在新疆搞"种族灭绝"和"反人类罪"，完全是世纪谎言。所谓中国在西藏执行"镇压"政策，完全是颠倒黑白。所谓中方"瓦解对香港的自治承诺"，完全是混淆是非。我们要指出的是，美方动辄对别国人权状况指手画脚，却对本国人权问题视而不见。美国存在系统性种族主义、强迫劳动、侵犯难移民和印第安人权利等严重问题。美国以保护人权为由对他国霸凌制裁、发动战争，导致当地生灵涂炭、经济萧条、社会动乱，制造了无数人权灾难、人权危机，对世界人权事业造成严重践踏和破坏。在这些斑斑劣迹面前，美方根本没有资格以"教师爷"自居，更没有权力对别国颐指气使。国际社会的眼睛是雪亮的。我们敦促美方停止就人权问题诬蔑抹黑中国，停止借人权问题干涉中国内政、破坏中国稳定，切实反省自身人权劣迹，先把美国人权"欠账"补上。

2022年12月13日 中国驻旧金山总领事张建敏应邀访问了加州大学戴维斯分校，与校长加里·S.梅、副校长帕桑·莫哈帕特拉等分别进行了会谈。

2022年12月14日 中国驻洛杉矶总领事张平和夫人陈蔚举行离任招待会。美国国务院领团办洛杉矶办公室负责人及当地政要、外国驻洛杉矶的总领事、友好组织负责人等各界人士、领区华侨华人、中资机构和留学生代表等300多人出席了此次活动。美中航空遗产基金会和一百零二岁的"飞虎队"老兵莫耶向张平总领事夫妇赠送了"飞虎队"夹克。

2022年12月14日 针对拜登政府计划将长江存储等30多家中国企业列入禁止购买部分美国零部件的"实体清单"一事，中国外交部发言人汪文斌表示，美方一再泛化国家安全概念，滥用出口管制措施，对他国企业采取歧视性、不公平做法，将经贸科技问题政治化、武器化，这是赤裸裸的经济胁迫和科技霸凌行径。美方做法严重损害中美企业间正常经贸往来合作，严重破坏市场规则和国际经贸秩序，严重威胁全球产业链供应链稳定，这不利于中美两国，也不利于世界。中方将坚决维护中国企业和机构的合法权益。

2022年12月15日　中国驻美使馆会见了美国财政部长耶伦。双方就落实中美元首巴厘岛会晤重要共识以及共同关心的双边和多边经济财金问题交换了意见。双方同意继续保持交往，加强宏观经济政策协调及在双边经贸问题上的沟通，促进共同应对全球性挑战，推动中美关系健康稳定发展。

2022年12月15日　中国驻美国使馆公使井泉出席江苏省无锡市与美国得克萨斯州圣安东尼奥市结好十周年市长视频会并发表致辞，代表中国驻美国使馆对无锡市与圣安东尼奥市结好十周年表示热烈祝贺。无锡市市长赵建军、圣安东尼奥市市长尼伦伯格等出席了此次活动。

2022年12月15日　中国驻旧金山总领事张建敏出席了山东省人民对外友好协会向旧金山公共图书馆捐赠图书仪式并致辞。旧金山公共图书馆馆长迈克尔·兰伯特、北加州山东同乡会会长于海燕、美中交流促进会会长张汝惟等参加了此次活动。

2022年12月16日　中国商务部新闻发言人就美国商务部将36家中国实体列入美出口管制"实体清单"应询答记者问表示：美国商务部发布了两个公告，一份公告将中国25家实体移出"未经验证清单"，中方对此表示欢迎，这表明，双方是可以在相互尊重基础上通过沟通解决具体关切的；另一份公告将36家中国实体列入美出口管制"实体清单"，中方对此坚决反对。近年来，美方无视中美两国企业开展正常商业交易和贸易往来的事实，不顾中美两国业界的强烈呼声，泛化国家安全概念，滥用出口管制等措施，动用国家力量扩大打击中国企业和机构，这是典型的市场扭曲和经济霸凌做法。美方频繁将中国企业列入"实体清单"的做法，干扰中美企业间的正常经贸往来合作，违背市场规律，破坏市场规则和国际经贸秩序，影响全球产业链供应链稳定，损害全球和平发展利益。这不利于中国，不利于美国，也不利于整个世界。中方主张，出口管制应当遵守公正、合理、非歧视原则，不应损害其他国家和平利用出口管制物项的正当权益，不应对合理利用科技进步成果促进发展、开展正常国际科技交流与经贸合作、维护全球产业链供应链安全顺畅运转设置障碍。中方希望美方立即停止错误做法，回到维护以世界贸易组织为主的多边贸易体制规则的正确道路上来。同时，针对美方的行为，中方将采取必要措施，坚决维护中国企业和机构的合法正当权益。

2022年12月20日　由美国乒乓球协会、中国驻洛杉矶总领事馆和美国南加州华人华侨联合总会联合主办的纪念中美"乒乓外交"51周年论坛暨晚宴在加利福尼亚州洛杉矶举行。国际乒乓球联合会主席佩特拉·索林、中国驻洛杉矶总领事张平、美国乒乓球协会首席执行官沈伟妮等出席并致辞。国际乒联及中美两国官员、体育界人士和南加州华侨华人代表500余人出席了此次活动。

2022年12月20日　针对美国国务院发言人19日在记者会上称，全球都高度关注中国国内疫情影响，希望中国妥善应对，考虑到中国经济体量，这对中国及全球均有利一事，中国外交部发言人毛宁表示，疫情发生近三年来，中国政府坚持人民至上、生命至上，从自身国情出发制定符合最广大人民利益的防疫政策。事实证明，过去3年中国疫情防控政策最大程度保护了人民生命安全和身体健康，最大限度地减少了疫情对经济社会发展的影响，也为科学认识疫情、研发疫苗和治疗药物、提高全民疫苗接种率争取了宝贵时间，实现了以最小代价，实现最好效果的目标。当前，根据疫情出现的新变化，中方正不断优化防控措施，确保更好地统筹疫情防控和经济社会发展。相信在中国人民齐心协力、团结应对下，我们一定能迎来经济社会平稳有序发展新阶段。我们愿继续同国际社会团结合作，共同应对疫情挑战，更好保护人民生命健康，推动世界经济恢复健康增长，推动构建人类卫生健康共同体。

2022年12月21日 第一期"中美百千万院校长云携手"以线上与线下相结合的方式举办。此次活动由中国教育国际交流协会主办，南京工业职业技术大学承办，来自中美两国职业院校与学区的400余名代表参会。中国教育国际交流协会副秘书长余有根、江苏省教育厅副厅长杨树兵、美国加利福尼亚州圣巴那迪诺郡郡长科特·海德曼、南京工业职业技术大学党委书记吴学敏出席活动并致辞。

2022年12月22日 中共中央政治局委员、国务委员兼外长王毅在北京会见美国亚洲协会董事会联席主席桑顿。王毅表示，中美关系要实现稳定可持续发展，首先美方要树立正确对华认知，坚持对话而非对抗、双赢而非零和的交往基调。两国元首在巴厘岛会晤时就探讨确立两国关系指导原则达成重要共识。中方愿按照相互尊重、和平共处、合作共赢三个原则，构建中美两国的正确相处之道。美方应放弃对华无理遏制打压，将拜登总统积极表态真正付诸行动，回归积极务实的对华政策。王毅表示，面对此起彼伏的地区热点问题和气候变化、粮食能源危机等全球性挑战，中美作为两个大国应开展必要合作，发挥表率作用，展现大国担当，这也是国际社会的普遍期待。我们对同美方开展各层面对话持开放态度，欢迎包括桑顿先生在内的美国工商、战略、学术界人士更多来华面对面交流，增进两国相互理解。桑顿表示，美中理应成为可以合作的战略伙伴。我愿继续为促进美中经贸往来、增进美国民众对华全面了解、推动美中关系稳定发展发挥作用。

2022 年 12 月 23 日　中共中央政治局委员、国务委员兼外长王毅应约同美国国务卿布林肯通电话。王毅说，上个月，习近平主席同拜登总统在巴厘岛成功会晤，为推动两国关系走出严重困难局面、重回健康稳定轨道进行战略引领，对外发出了积极信号。双方团队按照两国元首共识开展了一系列接触，总的看是有益的。但必须指出的是：美方不能一边要对话，一边搞遏制；一边谈合作，一边捅刀子。这不是合理竞争，而是无理打压；不是管控分歧，而是激化矛盾，实际上还是搞单边霸凌的老套路。这在中国过去就行不通，今后更行不通。中方将继续坚决捍卫自身主权安全发展利益。美方必须重视中方正当关切，停止遏制打压中国发展，尤其不能以"切香肠"方式不断挑战中方的红线。王毅强调，双方应聚焦将两国元首巴厘岛共识转化为实际的政策和具体的行动。双方主管官员的廊坊会晤是深入、建设性的，要加紧中美关系指导原则磋商，有序推进各层级、各领域对话，通过联合工作组解决两国之间的具体问题。王毅表示，新年应有新气象。两国和世界人民都普遍希望中美关系止跌回升，零和思维只会导致两个大国相互消耗、迎头碰撞。孰是孰非，一目了然。何去何从，事在人为。双方要按照两国元首指明的方向，探索中美两个大国的正确相处之道，为两国人民福祉和世界和平稳定作出应尽努力。布林肯表示，美方愿同中方探讨两国关系指导原则，负责任管理美中关系，在符合双方共同利益的领域开展合作。美方继续奉行一个中国政策，不支持台湾"独立"。布林肯表示，美方赞赏中方发挥领导力和联合国《生物多样性公约》缔约方大会第十五次会议主席国作用，推动达成富有雄心的生物多样性保护"框架"，期待美中共同推动实施。王毅表示，中国将继续以习近平生态文明思想为遵循，努力构建人与自然生命共同体，愿同各方携手努力，维护好我们共同居住的唯一星球。双方还就乌克兰问题交换了意见。王毅强调，中国始终站在和平一边，站在联合国宪章宗旨一边，站在国际社会劝和促谈一边，将继续以自己的方式为化解危机发挥建设性作用。

2022年12月24日 针对美国总统于北京时间12月24日签署"2023财年国防授权法案"，其中包括多项涉华内容之事，中国外交部发言人表示，中方对美方执意通过并签署含有涉华消极内容的"2023财年国防授权法案"表示强烈不满和坚决反对，已向美方提出严正交涉。该案罔顾事实渲染"中国威胁"，肆意干涉中国内政，攻击抹黑中国共产党，是对中方的严重政治挑衅。中国共产党的领导是历史的选择、人民的选择。中国人民对美国打压遏制中国发展、阻挠中华民族复兴的险恶用心看得很清楚，挑拨中国人民和中国共产党关系的图谋绝不会得逞。该案还包含大量涉台消极条款，严重违反一个中国原则和中美三个联合公报规定，向"台独"分裂势力发出严重错误信号，给台海和平稳定造成严重损害。台湾是中国的台湾，中国内政不容任何外来干涉。美方应立即停止搞"以台制华"，停止虚化、掏空、歪曲一个中国原则，不要在错误和危险的道路上越走越远。我们敦促美方把两国元首巴厘岛会晤的重要共识落到实处，摒弃冷战零和思维和意识形态偏见，客观理性看待中国发展和中美关系，不得实施有关法案中的涉华消极条款。中方将采取坚决有力措施，坚定捍卫自身主权安全发展利益。

2022年12月24日 针对美国总统于北京时间12月24日签署"2023财年国防授权法案"，其中包括多项涉华内容之事，中国国防部新闻发言人谭克非表示，美方出台包括多项涉华负面条款的"2023财年国防授权法案"，罔顾事实渲染"中国威胁"，肆意干涉中国内政，为增加军费、维持霸权寻找借口，企图将充斥臆断与偏见的国内法案凌驾于国际关系基本准则之上，这不仅损害中国国家主权、安全、发展利益，同时也将毒化中美两国两军关系。中方对此表示强烈不满和坚决反对，已向美方提出严正交涉。中国坚定不移走和平发展道路，坚定奉行防御性国防政策，始终以实际行动维护世界和平、促进共同发展，推动构建人类命运共同体。中国军队发展壮大、走向世界，始终是维护世界和平稳定的坚定力量。这一点国际社会有目共睹、不容诋毁。与此形成鲜明对比的是，美国顽固奉行本国利益优先，为一己私利肆意对其他国家发动战争、制造冲突，造成大量无辜平民伤亡和流离失所。事实一再证明，美国才是国际秩序的直接威胁、地区动荡的幕后推手。解决台湾问题是中国人自己的事，是中国的内政，不容任何外来干涉，美方无权说三道四。一个时期以来，美方不断虚化、掏空、歪曲一中原则，频繁对台军售、加强美台军事勾连、炮制损害中国主权的涉台法案文件，这只会严重危害台海地区和平稳定，推高中美军事对抗风险。中国人民解放军将一如既往严阵以待，坚决捍卫祖国统一和领土完整。中方敦促美方摒弃"零和博弈"的执念，客观理性看待中国国防和军队建设，切实尊重中方核心利益和重大关切，与中方一道贯彻好、落实好两国元首共识。只有这样，中美两军关系才有可能重回正轨。

2022年12月24日 针对美国总统于北京时间12月24日签署"2023财年国防授权法案"，其中包括多项涉华内容之事，全国人大外事委员会发言人尤文泽发表谈话指出，当地时间12月23日，美方将"2023财年国防授权法案"签署成法。该法案含有多项涉华消极条款，大肆操弄涉台、涉港、涉疆等问题，无端抹黑中国发展道路，粗暴干涉中国内政，严重损害中方主权安全发展利益。我们对此表示强烈不满和坚决反对。世界上只有一个中国，台湾是中国领土不可分割的一部分，中华人民共和国政府是代表全中国的唯一合法政府。台湾除了作为中国的一部分，没有其他国际法地位。这既是不容改变的历史和法理事实，也是不容挑战的现状。美方在中美三个联合公报中，就台湾问题作出过严肃承诺。美方无权将国内法凌驾于国际法之上，更不得借此干涉中国内政。任何搞"以台制华"、支持纵容"台独"分裂势力的图谋只会进一步加剧台海紧张局势，进一步冲击中美关系政治基础。香港、新疆事务纯属中国内政，任何外国无权干涉。中国始终坚持走和平发展道路，秉持共同、综合、合作、可持续的安全观，坚定奉行防御性国防政策，中国人民追求美好生活的权利神圣不可侵犯。我们强烈敦促美方摒弃冷战零和思维，不得实施有关法案中的涉华消极条款，不要低估中国捍卫国家主权和领土完整的坚定意志和强大能力，不要在涉及中国主权和核心利益问题上存有侥幸冒险心理。任何企图干涉中国内政、损害中国利益的挑衅行径，都必将遭到中方坚决反制。

2022年12月24日 针对美国总统于北京时间12月24日签署"2023财年国防授权法案"，其中包括多项涉华内容之事，中国国台办发言人朱凤莲答记者问表示，台湾是中国的台湾。台湾问题纯属中国内政。美国"2023财年国防授权法案"作为美国国内法，公然在台湾问题上说三道四，甚至包含为中国台湾地区提供"军事融资"和售武等内容。这严重违反一个中国原则和中美三个联合公报规定，严重违背美方在台湾问题上对中方所作的严肃政治承诺，严重干涉中国内政，向"台独"分裂势力发出严重错误信号，给台海和平稳定造成严重损害。我们对此表示强烈不满和坚决反对。一段时间来，美方一些人在台湾问题上变本加厉采取错误言行。美国"2023财年国防授权法案"有关美国政府5年内向台提供100亿美元的"军事援助"和20亿美元的"军事贷款"、加速对台军售等内容，进一步表明美国内有一股势力"挺台遏华"贼心不死，企图在军事上武装支持"台独"分裂势力，为其"递刀子""送枪炮"，鼓动两岸对抗，在台海拱火，把台海推向战争边缘，将台湾民众推向生灵涂炭的境地。民进党当局出于"台独"政治目的，顽固"倚美抗陆""倚美谋独"，不惜牺牲岛内民众生命福祉，甘当外部反华势力"棋子"，一条道走到黑。我们正告美方一些人，解决台湾问题是中国人自己的事，要由中国人来决定。美方一些人应立即纠正在台湾问题上错误言行，回到恪守一个中国原则和中美三个联合公报的正确道路上来。我们正告民进党当局，"台独"没有出路,"倚美谋独"是绝路。任何人都不要低估中国人民捍卫国家主权和领土完整的坚强决心、坚定意志、强大能力。

2022年12月25日 中国东部战区新闻发言人施毅表示,12月25日,中国人民解放军东部战区位台岛周边海空域组织诸军兵种联合战备警巡和联合火力打击演练。这是针对当前美台升级勾连挑衅的坚决回应。战区部队将采取一切必要措施,坚决捍卫国家主权和领土完整。

2022年12月28日 针对美国正考虑对来自中国的旅客实行新冠疫情入境限制措施之事,中国外交部发言人汪文斌表示,当前,需要各方科学抗疫、携手共进,保障各国人员安全往来,维护全球产业链供应链稳定,推动世界经济恢复健康增长。中方始终认为,各国防疫措施应当科学适度,不应影响正常的人员交往。我们也注意到,不少国家对中方制定中外人员往来暂行措施表明了积极态度,期待中外人员往来进一步恢复,便利化程度进一步提升。

2022年12月30日 针对美国国务院近日批准向中国台湾地区出售价值约1.8亿美元的"火山"反坦克布雷系统一事,中国外交部发言人汪文斌表示,我们历来坚决反对美国向中国台湾地区出售武器。中方敦促美方恪守一个中国原则和中美三个联合公报规定,切实将美国领导人作出的不支持"台独"的承诺落到实处,停止售台武器和美台军事联系,停止制造新的台海局势紧张因素。中方将采取有力措施,坚定捍卫自身主权和安全利益。

2022年12月30日 针对美国国务院近日批准向中国台湾地区出售价值约1.8亿美元的"火山"反坦克布雷系统一事,中国国防部新闻发言人谭克非表示，我们历来坚决反对美方向中国台湾地区出售武器。美方此举严重违反一个中国原则和中美三个联合公报特别是《八一七公报》规定，损害中国主权和安全利益，助长"台独"分裂势力嚣张气焰，破坏台海和平稳定，中方对此强烈不满，将予以坚决反制。美方企图借打"台湾牌"遏制中国发展、阻挠中国统一，完全是痴心妄想。我们敦促美方停止售台武器和美台军事联系，停止制造新的台海局势紧张因素，停止向"台独"分裂势力发出错误信号，否则终将引火烧身，由此造成的严重后果将由美方承担。

2022年12月30日 针对美国国务院近日批准向中国台湾地区出售价值约1.8亿美元的"火山"反坦克布雷系统一事，中国国台办发言人朱凤莲答记者问时表示，我们坚决反对美国向中国台湾地区出售武器。美方的售武行径严重违反一个中国原则和中美三个联合公报，特别是《八一七公报》规定，是对"台独"势力的纵容支持，是对台海地区和平稳定的破坏。我们敦促美方恪守一个中国原则和中美三个联合公报规定，将不支持"台独"的承诺落到实处，停止售台武器和美台军事联系，慎重处理台湾问题。正告民进党当局，企图"以武拒统"，勾连外部势力谋"独"挑衅，注定失败。

图书在版编目（CIP）数据

中美关系战略报告 . 2022年 / 吴心伯主编 . ––北京：
世界知识出版社，2024.1

ISBN 978-7-5012-6752-1

Ⅰ . ①中⋯ Ⅱ . ①吴⋯ Ⅲ . ①中美关系—研究报告—
2022 Ⅳ . ① D822.371.2

中国国家版本馆 CIP 数据核字（2024）第 064901号

书　　名	**中美关系战略报告 2022年** Zhongmei Guanxi Zhanlüe Baogao 2022 Nian
主　　编	吴心伯
责任编辑	车胜春
责任出版	赵　玥
责任校对	张　琨
出版发行	世界知识出版社
地址邮编	北京市东城区干面胡同51号（100010）
网　　址	www.ishizhi.cn
电　　话	010-65233645（市场部）
经　　销	新华书店
印　　刷	北京虎彩文化传播有限公司
开本印张	710毫米×1000毫米　1/16　21½印张
字　　数	247千字
版次印次	2024年4月第一版　2024年4月第一次印刷
标准书号	ISBN 978-7-5012-6752-1
定　　价	89.00元